KB213506

수능
100일
공부법

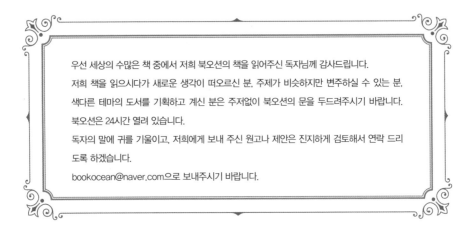

우선 세상의 수많은 책 중에서 저희 북오션의 책을 읽어주신 독자님께 감사드립니다.

저희 책을 읽으시다가 새로운 생각이 떠오르신 분, 주제가 비슷하지만 변주하실 수 있는 분,

색다른 테마의 도서를 기획하고 계신 분은 주저없이 북오션의 문을 두드려주시기 바랍니다.

북오션은 24시간 열려 있습니다.

독자의 말에 귀를 기울이고, 저희에게 보내 주신 원고나 제안은 진지하게 검토해서 연락 드리

도록 하겠습니다.

bookocean@naver.com으로 보내주시기 바랍니다.

수능 100일 공부법

초판 1쇄 인쇄 | 2019년 8월 14일
초판 1쇄 발행 | 2019년 8월 20일

지은이 | 김경모
펴낸이 | 박영욱
펴낸곳 | 북오션 에듀월드

편　집 | 이상모
마케팅 | 최석진
디자인 | 서정희 · 민영선

주　소 | 서울시 마포구 월드컵로 14길 62
이메일 | bookocean@naver.com
네이버포스트 | m.post.naver.com('북오션' 검색)
전　화 | 편집문의: 02-325-9172　　영업문의: 02-322-6709
팩　스 | 02-3143-3964

출판신고번호 | 제313-2007-000197호

ISBN 978-89-6799-483-9 (03370)

이 도서의 국립중앙도서관 출판예정도서목록(CIP)은 서지정보유통지원시스템
홈페이지(http://seoji.nl.go.kr)와 국가자료공동목록시스템
(http://www.nl.go.kr/kolisnet)에서 이용하실 수 있습니다.
(CIP제어번호: CIP2019028420)

*이 책은 북오션 에듀월드가 저작권자와의 계약에 따라 발행한 것이므로 내용의 일부 또는 전부를
　이용하려면 반드시 북오션 에듀월드의 서면 동의를 받아야 합니다.
*책값은 뒤표지에 있습니다.
*잘못 만들어진 책은 구입하신 서점에서 교환해 드립니다.

수능 100일 전 학습전략이
대학입시를 좌우한다

수능 100일 공부법

김경모 지음

보통 학생일수록
수능 100일 공부법을 배워라

북오션
에듀월드

수능 100일 공부법으로
마지막에 챔피언이 되어라!

2019 FIFA U-20월드컵에서 대한민국이 1983년 4강에 진출했던 역사를 넘어 최초로 결승에 진출했고 준우승으로 막을 내렸다. 막내형이라고 불리는 이강인 선수는 대회 MVP(골든볼)를 수상했다.

대한민국은 죽음의 F조에 편성되었다. 우승 후보인 포르투갈, 아르헨티나와 아프리카의 강호 남아공이 같은 조였다. 대회 시작 전만 하더라도 예선 통과는 물론이고 1승도 힘들 것이라고 대부분의 사람들이 예상했다. 2년 전 우리나라에서 개최한 2017 FIFA U-20 월드컵 멤버와 비교하면 이번 대표팀에는 이강인 선수 외에 스타선수도 없었고 객관적인 실력도 떨어진다고 평가받았다.

2017년에는 1차전에서 이승우 선수의 활약으로 기니를 상대로 3:0으로 승리했고 아르헨티나와의 2차전에서는 바르셀로나 듀오, 이승우 선

4

수와 백승호 선수가 나란히 골을 넣어 2:1 승리를 거두며 16강 진출을 확정지었다.

반면에 이번 월드컵에서는 1차전에서 강력한 우승 후보 포르투갈에 0:1로 패배했다. 이때까지만 해도 사람들은 남은 2경기에서 우리나라가 1무 1패, 잘해봐야 1승 1패 정도의 성적을 거두고 운이 좋으면 와일드카드로 16강에 진출할 수 있을 것이라고 했다. 하지만 우리 대표팀 선수들은 그 예상을 완전히 뒤엎었다. 남아공과의 2차전에서 1:0으로 승리했고 3차전에서는 우승 후보 아르헨티나를 2:1로 격파하면서 2승 1패로 당당하게 16강에 진출했다. 16강전은 한일전이었다. 팽팽한 접전 끝에 83분, 오세훈 선수가 헤딩골을 넣으면서 1:0으로 일본을 이기고 8강전에 진출했다(2017년 U-20 월드컵에서 대한민국은 16강에서 탈락했다). 8강 진출을 한 이후부터 언론은 물론 많은 사람들이 U-20 월드컵에 관심을 가지기 시작했고 이때부터 'Again 1983'을 외치기 시작했다.

월드컵 역사에 길이 남을 경기가 8강전에서 만들어졌다. 8강 상대는 세네갈이었다. 세네갈 선수들은 피지컬과 속도 면에서 우리나라 선수들에 비해 압도적이었다. 전반전에 선취골을 허용했지만 후반전에 이강인 선수가 동점골을 넣었다. 후반 중반쯤 세네갈이 추가골을 넣었고 경기는 이대로 끝날 것 같았다. 축구경기에서 추가시간이 8~9분이 주어지는 경우는 거의 없는데 이날은 8분이 주어졌다. 경기가 끝나기 5초 전, 이강인 선수의 코너킥을 이지솔 선수가 헤딩으로 골을 넣으면서 극적으로 2:2가 되었고 경기는 연장전으로 들어갔다. 연장전 시작한 지 5분 만에 교체로 투입된 조영욱 선수가 이강인 선수의 어시스트를 골로 연결시키며 경기는 3:2로 역전되었다. 4강 진출이 코앞에 다가왔는데 연장 후반 추가시간에 동점골을 허용하며 3:3이 되었다.

승부는 승부차기에서 결정되었다. 승부차기에서 우리나라 첫 번째, 두 번째 키커가 실축을 했다. 승부차기에서 이 정도 되면 뒤집기는 거의 불가능하다. 하지만 세네갈의 두 번째 키커가 실축을 하면서 희망의 불씨가 조금 살아나기 시작했다. 우리나라 세 번째, 네 번째 키커가 침착하게 골을 넣었고 이광연 선수가 세네갈의 네 번째 키커의 슛을 막으면서 2:2가 되었다. 우리나라 오세훈 선수가 다섯 번째 키커였는데 세네갈 골키퍼에게 막혔다. 하지만 VAR 판독에 의해(세네갈 골키퍼가 키커가 슛하기 전에 움직임) 오세훈 선수에게 다시 기회가 주어졌고 오세훈 선수는 침착하게 성공시켰다. 세네갈의 다섯 번째 키커가 실축하면서 대역전의 드라마를 쓰며 우리나라는 1983년 이후 36년 만에 U-20월드컵 4강 진출을 이뤄냈다.

4강전 상대는 남미의 강호 에콰도르였다. 이강인 선수가 프리킥에서 기가 막힌 패스를 했고 그것을 최준 선수가 멋지게 성공시키며 우리나라는 1:0으로 이겼고 대한민국 월드컵 역사 최초로 결승전에 진출하게 되었다. 결승전 상대는 우크라이나였다. 전반 초반에 PK를 얻었고 이강인 선수가 침착하게 성공시켰다. 하지만 짧은 시간 동안 7경기를 뛰었고 8강전에서 연장전과 승부차기까지 겪는 바람에 우리 선수들은 체력적으로 많이 힘든 상태였다. 무엇보다 우크라이나 선수들의 힘과 스피드가 앞섰고 주어진 기회를 잘 살렸다. 반면에 우리에게는 많은 골 찬스가 있었지만 아쉽게도 골로 연결시키지 못했다. 아쉽게도 우리나라는 1:3으로 역전패를 당하며 준우승을 차지했다. 하지만 우리나라 20세 청년들은 선배들이 달성하지 못했던 월드컵 결승 진출이라는 새로운 역사를 썼고 국민들에게 존경과 인정을 받게 되었다.

그 누구도 U-20 월드컵과 이 선수들에게 관심을 가지지 않았을 때 U-20 월드컵 대표팀의 목표는 '결승 진출'이었다. 죽음의 조에 편성되어 있었고 1승도 힘들다고 모두가 생각했기에 결승 진출이라는 목표를 듣고 모든 사람들은 비웃고 무시하고 비아냥댔다. 하지만 우리 대표팀 선수들은 그럴수록 더 크게 꿈을 꾸고 상상하며 힘든 훈련을 이겨내면서 단단하게 뭉쳤다. 그 결과 그들은 꿈을 이루었고 세상에 자신들이 옳다는 것을 증명했다.

이 책을 읽고 있는 여러분은 지금 불안하고 걱정이 많은, 막막함 그 자체일 것이다. 수능이 100일 남은 시점에서 어떤 공부를 어떻게 해야 하는지에 대한 고민부터 과연 내가 수능을 잘 봐서 원하는 대학에 합격할 수 있을까 하는 고민까지. 무엇보다 자신의 현재 실력과 성적은 목표한 대학에 가기에는 너무 낮고, 목표를 포기하고 현실에 맞춰서 대학을 가라는 주위 사람 때문에 중심이 흔들리고 있을 것이다.

나 또한 여러분과 똑같은 경험을 했다. 처음 공부할 때는 "축구선수가 무슨 공부를 하냐. 머리에 든 거는 있냐. 차라리 다시 축구 하러 가라", 서울대를 목표했을 때는 "공부한 지 얼마나 되었다고 서울대를 목표로 하냐, 서울대가 무슨 장난감이냐"라는 말을 들었고 심지어 부모님조차 미쳤다고 얘기했다. 특히 수능 100일 전에는 '진짜 이대로만 하면 수능을 잘보고 서울대에 합격할 수 있을까? 그냥 포기하고 목표를 낮추고 현실적으로 전략을 바꿀까?'라고 생각했다. 매순간 마음속에는 불안과 걱정이 가득했고 포기하고 싶다는 생각을 수없이 했다.

하지만 나는 그럴수록 마음을 굳게 먹고 정신을 차렸다. '수능시험을 칠 때까지, 대학 합격 발표가 날 때까지 그 누구도 결과를 알 수 없다. 지금 조금 힘들고 불안하다는 이유로 꿈과 목표를 포기하고 현실과 타협하는 것은 어리석은 일이다. 결과가 어떻게 되든 간에 마지막까지 내가 할 수 있는 모든 것을 다하자'라는 마음을 먹고 수능 시험일까지 열심히 공부했다. 그 결과 나는 수능시험을 잘 봤음은 물론이고 서울대에 합격함으로써 마지막에 최후의 승리자, 챔피언이 되었다.

《수능 100일 공부법》은 지난 2년 6개월 동안 죽어라 열심히 공부했음에도 수능을 100일을 앞두고 어떻게 공부해야 할지 모르는 학생들, 이때까지 공부를 해본 적이 없지만 남은 100일 동안 집중적으로 공부해서 원하는 대학에 가고자 하는 학생들을 위해 쓴 책이다. 내가 직접 경험하고 적용한 노하우와 전략은 물론이고 공부법 회사에서 대표 코치로, 수험생들의 공부 멘토로, 입시 강연가와 입시 컨설턴트로서 약 3천 명의 학생들을 대상으로 강연, 컨설팅, 코칭을 하면서 증명된, 수능 100일 동안의 모든 공부법을 체계화한 책이다. 과목별 공부법은 물론이고 목표 설정, 맞춤형 입시 전략 수립, 100일 로드맵 및 계획 수립, 공부 습관, 집중력 향상, 자기 관리, 수능 실전 훈련, 사교육 및 모의고사 활용법 등 모든 것을 담았다.

이 책 한 권이면 여러분은 남은 100일 동안 명확한 기준과 방법, 확신을 가지고 집중적으로 노력함으로써 효율적이고 효과적인 공부를 할 수 있다. 그 결과 여러분이 목표하고 상상한 것 이상의 수능 성적을 받고 목표 대학, 아니 그 이상의 대학에 합격하는 기적을 만들 수 있다.

현재 여러분의 성적과 상황, 실력 혹은 주변 사람의 평판은 전혀 중요하지 않다. 나도 그렇고 U-20 월드컵 대표선수들도 처음에는 그 누구도 서울대에 합격할 수 있을지, 월드컵 결승에 진출할 수 있을지 전혀 예상 못 했음은 물론이고 오히려 무시하고 비아냥거렸다. 하지만 나와 대표팀 선수들은 그럴수록 스스로의 꿈과 목표를 명확히 정하고 그것이 이루어짐을 상상하고 반드시 이루어질 수 있다고 믿었다. 그리고 꿈과 목표를 이루기 위해 미친 듯이 노력하고 집중했다. 그 결과 서울대 합격과 월드컵 결승 진출이라는 기적을 만들어내며 결과로 증명했고 모든 사람에게 축하를 받았다.

이제 여러분이 그 주인공이 될 차례다. 여러분 스스로 큰 꿈과 목표를 가지고 그것을 이룰 수 있음을 믿어야 한다. 그리고 남은 100일 동안《수능 100일 공부법》에서 제시한 것을 하나도 빠짐없이 목숨 걸고 실천해야 한다. 그러면 수능은 물론이고 입시에서 마지막에 챔피언이 될 수 있다.

chapter 1
여러분의 성적이 아직까지 바닥인 진짜 이유

chapter 2
수능 100일 성공을 위한
골든서클

chapter 3
성적 역전의 지름길,
과목별 수능 100일 공부법

chapter 4

성공적인 수능을 위한 8가지 필수 법칙

chapter 5

수능 100일 공부법으로
최후의 승리자가 되어라

지금이라도 새롭게 시작해서 남은 100일 동안
성공하는 공부법을 배우고 목숨 걸고 실천한다면
여러분이 3년 동안 노력한 것에 대한 보상을 받는 것은 물론이고
입시에서 나처럼 기적을 만들 수 있다.

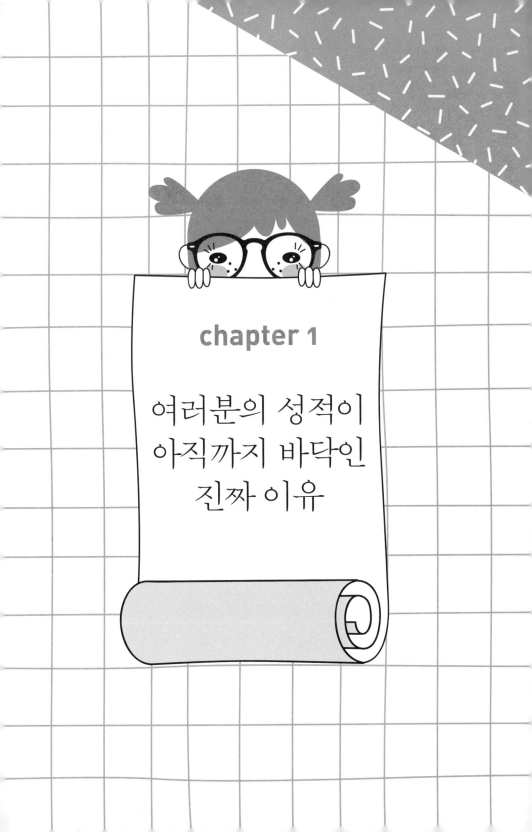

chapter 1

여러분의 성적이
아직까지 바닥인
진짜 이유

왜 수능 100일
공부법인가?

백일잔치는 아기가 태어난 지 100일째 되는 날, 아기가 위험한 고비를 넘기고 면역력도 갖추며 건강하게 자랄 수 있는 기반을 마련했다는 것을 축하하는 잔치다. 옛날에는 의술이 발달하지 못해 유아사망률이 높다 보니 100일을 넘기지 못하고 죽는 아이가 많았다. 그래서 100일을 넘긴 것을 축하하기 시작했다고 한다. 임신 기간과 아기의 출생 후 100일을 합해 아기가 생명체가 된 지 1년이 지났음을 기념한다는 의미로 100일 잔치를 한다는 해석도 있다.

남성의 정자가 성숙되고 수정력을 갖추는 데 걸리는 시간이 100일이다. 우리나라에서는 아이가 태어나면 한 살이란 나이를 부여한다. 이는 태중에 있는 기간을 계산한 것이라고 하는데 보통 인간의 임신 기간은 280일이다. 여기서 280일은 생리일부터 계산한 것으로 배란이 일어나는 14일을 빼면 266일이다. 여기에 정자가 수정력을 갖추는 100일을 더하면 366일, 1년이 된다.

《삼국유사》의 단군신화를 보면 100일의 역사적인 의미를 가장 잘 알 수 있다. 환인은 서자 환웅이 하늘 아래 인간 세상에 관심이 있음을 알고 태백산 주변을 굽어보다 그곳이 나라를 세워 다스릴 만한 곳이라 여겨 천부인 세 개를 주며 내려가서 다스리라고 하였다. 환웅은 무리 삼천을 거느리고 태백산 정상으로 내려와 바람, 강우, 구름의 신을 데리고 곡물, 생명, 질병, 형벌과 선악 같은 인간 세상의 360여 가지 일을 주관하여 다스렸다. 그때 곰 한 마리와 호랑이 한 마리가 같은 굴에 살면서 환웅에게 사람이 되게 해 달라고 빌었다. 환웅은 신령한 쑥과 마늘 20개를 주고 "너희가 이것을 먹고 햇빛을 100일간 보지 않으면 사람의 형상을 얻을 수 있다"고 하였다. 곰은 금기를 지킨 지 21일 만에 여인이 되었으나 호랑이는 금기를 지키지 못해 사람의 몸을 얻는 데 실패하였다. 웅녀는 매일 신단수 아래에서 잉태하기를 빌지만 결혼할 사람이 없었기에 환웅이 사람으로 변해 웅녀와 혼인하고 아들을 낳아 이름을 단군왕검이라 하였다. 단군은 평양성에 도읍을 정하고 나라 이름을 조선이라 하였다. 이 나라가 바로 고조선이다. 곰이 금기를 지킨 굴이라는 공간은 주체의 질적 변화를 위해 통과하는 시련의 공간이고 쑥, 마늘은 주술적 효능이 있는 약품의 성격을 띤다. 100일은 금기의 기간으로서 재탄생에 필요한 시간이라고 할 수 있다.

100일의 의미는 일상 속에서도 확인할 수 있다. 연인들이 100일 기념으로 선물 및 이벤트를 하고, 부모님들은 수능 100일 기도를 하고, 수험생들이 수능 100일 전에 파티를 하는 것도 100일이란 날짜에 의미를 부여한 것이다. 그리고 외국어나 다이어트 프로그램 중에도 '100일의 기적'이란 타이틀이 많이 있다. 그만큼 우리 사회에서 100일이 지니는 의미가 아주 크다고 할 수 있다.

현재 대학입시는 수시전형의 비율이 증가함에 따라 학생부 중심 전형의 비중이 높아지고 있다(2019학년도 수시 모집 비율: 76.2%, 학생부 전형비율: 66.5% / 정시 모집 비율: 23.8%). 학생부 중심 전형에서는 내신, 수능은 물론이고 자기소개서, 면접, 봉사, 독서 활동, 학업 외 활동과 각종 수상 실적 등도 함께 보기 때문에 성적만 잘 받아서는 좋은 대학을 갈 수 없다. 특히 내신, 학생부, 학업 외 활동이 수시전형에서는 핵심이라고 할 수가 있다.

학생부 중심의 전형이 증가함에 따라 입시컨설팅 학원의 수가 지난 4년 동안 다섯 배 증가했다. 입시컨설팅 학원이 증가하면서 사교육비도 함께 증가했다. 2017년 학생 1인당 월평균 사교육비는 27만1000원으로 2017년 25만6000원에 비해 1만5000원(5.9%) 증가했다. 특히 입시컨설팅은 10시간에 300만 원, 20시간에 600만 원이나 되는 비용을 내야 한다. 이 비용은 국립대학교 1년 등록금과 맞먹는 금액이다.

전국을 강타한 드라마인 〈SKY 캐슬〉만 봐도 알 수 있다. 〈SKY 캐슬〉은 학생부 중심 전형을 배경으로 만든 드라마다. 김주영 선생은 서울대 의대 합격 100%를 보장하는 VVIP 입시 코디네이터이다. 김주영 선생은 3년 동안 두 명의 학생만 코디하고 아무리 돈이 많아도 김주영 선생이 제시하는 조건을 충족하지 못하면 입시 코디를 받을 수 없다. 선택을 받은 사람은 김주영 선생에게 어마어마한 돈을 지불해야 한다. 예서 엄마인 한서진이 시어머니한테 입시 코디 비용을 부탁하는 장면을 보면 최소 몇억, 많으면 10억 단위의 돈이 들어갔을 것으로 추정된다. 단순히 현금이 아니라 건물이 왔다갔다하는 금액이었기 때문이다.

김주영 선생은 주인공인 예서의 서울대 의대 합격을 위해 수단과 방법을 가리지 않는다. 내신 성적을 전교 1등을 넘어 올 1등급을 만들려고 각 분야 최고의 선생님들을 영입했음은 물론이고 해당 학교의 내신 시험지까지 사전에 받아서 예서한테 전달해준다. 예서는 시험지를 달달 외워서 3년 내내 전교 1등을 차지한다. 서울대 의대에 합격하기 위해 의료 봉사 활동을 하는 모습도 볼 수 있다. 그리고 차민혁 교수가 SKY 캐슬에 있는 학생들과 학부모님들 대상으로 독서 모임도 주관한다. 뿐만 아니라 김주영 선생은 애초에 전교회장이 될 수 없는 예서를 전교회장까지 만들어 버린다. 예서의 라이벌이자 전교회장 당선이 유력한 혜나를 협박해서 출마 자체를 막는다. 단독 후보가 된 예서는 전교회장이 된다. 학생부 전형에서 학업 외 활동(스펙)이 내신과 함께 가장 중요하기 때문이다.

〈SKY 캐슬〉이 학생부 중심 전형의 최근 입시를 반영한 드라마이다 보니 수능에 대한 얘기는 잘 언급되지 않는다. 아역들이 고 3이 되고 수능이 얼마 남지 않았다며 열심히 공부하는 장면은 있지만 실제로 드라마에서는 수능 시험을 치는 장면까지는 나오지 않는다. 이러한 것을 보면, 최근 입시에서 수능의 비중을 낮게 여기는 듯하다. 학생부 중심 전형이 입시에서 많은 비중을 차지하고 있고 내신, 학생부, 학업 외 활동이 합격에 가장 큰 영향을 끼치고 있는 것은 확실하다. 하지만 수능의 영향력은 여전히 무시할 수 없다. 아니, 오히려 수능이 결국에는 최종 합격을 결정한다.

내신, 학생부, 자기소개서가 완벽하고 면접, 실기 등도 잘 받았는데 정작 수능 최저학력기준을 맞추지 못해서 SKY는 물론이고 목표한 대학의 수시에서 떨어지는 학생들이 상당히 많다. 나의 고등학교 선배들 중에 내신 성적이 최상위였고 학생부, 자기소개서도 완벽했는데 수능 최저학력기준을 맞추지 못해 SKY를 못 간 경우가 있었다. 중요한 것은 그 선배들이 수능 전 모의고사에서는 올 1등급도 받았고 전국에서 탑 순위에 들었다는 것이다. 그런데 정작 수능에서는 실력을 제대로 발휘하지 못했다. SKY를 갈 수 있는 조건이었음에도 수능 최저학력기준을 맞추지 못해 떨어졌음은 물론이고, 3년간 한 번도 목표로 생각해본 적 없는 대학에 들어갔다. 그만큼 수시에서도 수능의 영향력은 엄청나게 크다는 것이다.

정시에서는 수능이 절대적이다. 수능이 100%라고 해도 과언이 아니다. 정시에서 내신, 학생부 성적을 반영하긴 하지만 그것은 형식적일 뿐이다. 정시는 수능 성적에 따라 합격이 결정 난다고 보면 된다. 그리고 이젠 예체능 학과도 수능 점수를 요구한다. 예전에 예체능 학과의 경우 대입전형에서 수능의 비중이 크지 않거나 수능을 보지 않는 곳이 대부분이었는데 이제는 아니다. 실기점수를 만점 받아도 수능 성적이 낮으면 떨어지는 곳이 많아졌다. 반대로 실기점수가 상대적으로 낮더라도 수능 성적이 좋으면 더 좋은 대학에 지원할 자격이 주어지고 합격 확률도 높아졌다. 실제로 우리 과(서울대학교 사범대학 체육교육과)에 실기 과목 한 과목(총 8과목)을 불합격을 받았는데 수능 성적이 압도적이었기에 실기 성적이 좋은 지원자를 제치고 합격한 동기도 있었다.

이뿐 아니라 입시 전략적인 측면에서 살펴봐도 수능은 절대 놓치면 안 된다. 수험생 대부분은 수시에 올인한다. 우리 학교는 농어촌 전형이다 보니 90% 이상이 수시에 지원했다. 처음부터 정시를 노리고 수능만 준비하는 학생은 극소수이고 정시에 지원한 학생들 대부분은 수시에 떨어진 학생들이었다. 수시에 올인해서 내신, 학생부 중심으로 준비했는데 수능 최저학력기준을 맞추지 못해서 떨어진 학생도 많았다. 이렇게 되어버리면 사실상 할 수 있는 것이 없다. 정시에선 수능이 절대적인데 수시에서 최저학력기준을 맞추지 못할 정도의 실력이라면 어느 정도 수준인지 알 수 있을 것이다. 현실을 인정하고 본인의 자존심을 내려놓고 경쟁률이 적거나 미달인 학교에 지원하거나, 재수를 하는 방법밖에 없다. 실제로 우리 학교 선배, 동기, 후배 중에 수능 점수를 잘 받지 못해서 미달인 수준의 대학교에 입학하거나 재수까지 한 사람이 있었다. 재수를 선택했다면 결국 수능에 올인해서 정시에 지원해야 한다.

처음부터 수능을 함께 준비했으면 이러한 불상사가 생기지 않았을 것이다. 수시에서 내신, 학생부, 자기소개서가 부족해서 떨어지더라도 정시에서 경쟁력을 가지고 원하는 대학에 합격할 가능성이 훨씬 커졌을 것이다. 즉, 수시에만 올인한 학생보다 입시에서 성공할 확률이 높다는 의미다. 수시에 올인하는 전략은 위험하지만 설상 올인한다 하더라도 수능 공부는 필수다. 수능 공부를 해서 가능성을 최대한 열고 기회의 폭을 넓히는 유비무환의 자세를 취해야 한다는 뜻이다.

이 책을 읽는 학생들은 이때까지 열심히 수능 공부를 해왔지만 남은 100일 동안 어떻게 수능 공부를 해야 점수를 더 높일 수 있을지 고민하거나 이때까지 수능을 소홀히 했는데 남은 기간 동안이라도 집중적으로 공부해서 수능 성적을 올리려고 하는 목표가 있을 것이다. 여러분이 이때까지 어떻게 수능 공부를 했는지는 중요하지 않다. 앞으로 여러분은 원하든 원치 않든 100일이라는 기간 동안 수능 공부를 해야 한다. 이것은 변하지 않는 사실이다. 수능 시험 날짜는 천재지변이 일어나지 않는 한 바뀌지 않기 때문이다.

여러분이 수능 100일이라는 굴에 있는 동안 재탄생할 수 있도록 나는 여러분에게 '수능 100일 공부법'이라는 쑥과 마늘을 줄 것이다. 이때까지의 모든 것을 잊어버리고 100일이라는 기간 동안 내가 제시하는 수능 100일 공부법을 완벽하게 실천한다면 곰이 이전의 모습을 잊고 환웅이 시키는 대로 햇빛을 보지 않고 쑥과 마늘만 먹으며 버텨서 여인이 된 것처럼, 새롭게 태어날 수 있다. 즉 남은 100일 동안 완전히 다른 전략, 방법으로 집중적으로 노력하면 입시에서 기적을 만들 수 있다.

02

왜 죽어라 공부했는데도
아직까지 성적이 바닥일까?

버락 오바마 미국 前 대통령이 취임 기간 중에 대한민국의 교육을 극찬한 것은 유명한 일화다. 오바바 대통령은 "한국의 교육열을 배워야 한다. 한국 학교는 수업 일수가 길고 교육 경쟁력이 높다. 미국의 발전을 위한 교육의 중요성에 있어서 한국의 교육을 참고해야 한다. 미국 정부는 한국을 참고해서 수업 일수를 늘리는 방안을 고려해야 하고 방과후 수업을 늘리는 것이 미국 아이의 경쟁력을 높이는 데 도움이 될 수 있다"라고 말했다. 대한민국 교육의 경쟁력을 극찬하고 대한민국을 본받아야 한다고 강조한 것이다. 그만큼 대한민국의 교육열이 강하다는 것을 오바마 대통령은 알아보았다. 하지만 오바마 대통령이 그 이면의 각종 문제점까지는 볼 수는 없었을 것이다.

오바마 대통령이 본 것처럼 대한민국 수험생이라면 누구나 열심히 공부한다. 오히려 열심히 공부하지 않는 학생을 찾는 것이 힘들다. 대한민국 수험생들은 아침 일찍 등교해서 0교시에 보충수업을 듣거나 자습을 하고 아침 9시부터 오후 4~5시까지 정규수업을 듣는다. 정규수업 후에는 보충수업을 듣거나 자습을 한다. 학교에서 저녁 식사까지 먹고 야간자율학습을 하거나 학원에 간다. 심지어 야간자율학습이 끝나고 나서 학원을 가는 학생들이 많다. 집에 오면 빨라도 밤 12시, 늦으면 새벽 2시다. 주말이라고 해서 예외는 없다. 평일에 못간 학원을 가거나 학교 자습실, 도서관, 카페 등에서 공부한다. 공부 기계나 다름없는, 군대보다 빡센 살인 스케줄이다. 어떤 면에서는 군대가 낫다. 군대는 특별한 경우가 아니면 일과를 마치고 개인정비, 휴식을 하며 주말에는 쉰다.

입시가 본격적으로 시작되는 고등학교 3학년이 되면 전투태세로 돌입한다. 공부 양과 시간은 고 1, 2와 비교할 수 없을 정도로 많아지고 수험생의 스트레스는 극에 달한다. 부모님조차 고 3인 자녀에게 함부로 못 하고 조심하고 눈치까지 본다. 고 3때 내신 비중이 제일 높기 때문에 내신 성적도 더 신경 써야 한다. 수능도 얼마 남지 않은 기간인데 공부할 시간은 적고 할 것은 많다. 그러면서 학업 외 활동도 하며 스펙을 관리하고 자기소개서도 철저히 준비해야 한다.

그런데 왜 지난 2년 반 동안 죽어라 공부했는데도 여러분의 성적은 오르지 않고 바닥일까? 오히려 공부할 때보다 안 했을 때가 성적이 좋은 경우도 있다. 미국 대통령마저 반할 정도로 교육열이 높은 대한민국인데 지금까지 성과가 없다는 것은 심각한 부분이다. 나의 4년 4개월 동안의 입시 경험과 3천여 명을 대상으로 강연, 컨설팅, 코칭을 해본 결과에 비춰보면 여러분은 지금까지 잘못된 방법으로 공부를 했다. 제대로 된 방법을 모르고 무식하게 공부했기에 헛다리만 짚고 생고생만 한 것이다. 원래 공부를 하지 않았던 학생은 따로 얘기하지 않아도 될 것이다.

이 책을 보는 여러분은 고 1, 2 때 암기와 문제 풀이 중심으로 공부했을 것이다. 당장의 내신 및 모의고사 성적을 잘 받아야 한다는 생각에 깊이보다 양과 속도 중심의 공부를 했다. 그러다 보니 당장의 성적은 잘 나오는 것 같았지만 시간이 지날수록 공부 양은 많아지고 난이도는 어려워져 공부 시간만 늘고 오히려 성적은 떨어졌다. 고 3이 되고 나서는 수능 카운트다운이 시작되니 수능, 모의고사 실전 문제를 풀기 시작했다. 그런데 문제를 풀면 풀수록 틀리는 문제수가 많아짐은 물론이고 문제 풀이 속도도 늦어진다. 분명히 공부한 개념인데 잘 기억이 나지 않고 문제에 응용이 안 돼 기본서를 다시 보며 개념부터 공부한다. 그러다 보니 해야 할 것은 산더미인데 정작 진도는 안 나가서 스트레스만 엄청 받고 수능일이 다가올수록 걱정되고 불안할 수밖에 없는 것이다.

고 1, 2 때 개념을 완벽히 이해하지 않고 실력 향상을 위한 공부를 하지 않았기 때문에 이러한 불상사가 발생한 것이다. 즉, 국어와 영어에서 정확한 독해보다 지문을 대충 읽고 문제 풀고 답 맞추는 공부를 했고, 영어 듣기는 직청직해 공부가 아니라 문제를 듣고 키워드 몇 개만으로 문제 풀고 답 맞추는 공부를 했다. 수학은 개념을 이해하고 분석하기보다 공식 암기와 문제 풀이 중심으로 공부했다. 공식을 달달 외우고 문제 풀고 답 확인하고 다음 문제로 넘어간다. 탐구는 암기가 전부라며 내용을 읽고 밑줄치고 정리하고 외우는 방식으로 공부를 했다. 이렇게 공부를 하니 2년이 넘는 시간 동안 열심히 공부했음도 성적이 안 나왔던 것이다.

암기와 문제 풀이 위주의 공부는 부모님 세대에 맞는 방식이다. 학력고사 시대에서는 암기와 문제 풀이를 잘해야 성적을 잘 받을 수 있었다. 시험이 영어 단어와 수학 공식 등을 외워야 풀 수 있는 문제들로 구성되었다. 하지만 지금은 이 공부 방식이 통하지 않는다. 여러분도 잘 알고 있다시피 이젠 내신에서도 이해, 응용, 통합 유형의 문제가 나온다. 즉 수능, 모의고사와 유사하게 출제된다. 심지어 내신에는 서술형 문제도 출제된다. 단순히 암기와 문제 풀이만 해서는 절대로 풀 수 없는 문제들이다. 그럼에도 여러분들은 여전히 암기와 문제 풀이가 답이라고 생각하고 공부했다. 성적이 나오지 않으면 자신의 노력이 부족하거나 학원을 더 안 가서 그렇다고 판단했지 공부하는 방법에 문제가 있다는 것은 생각하지도 못한 것이다. 남은 100일 동안 이때까지 해오던 방식으로 공부한다면 그 결과는 안 봐도 뻔하다. 지금부터라도 수능이 요구하는 방향으로 전략과 공부법을 전면 수정해야 한다.

수능에서 성적을 잘 받으려면 반드시 이해와 실력 향상을 위한 공부를 해야 한다. 이해와 실력 향상을 위한 공부를 하는 데 가장 중요한 것은 혼자 공부하는 시간 확보다. 계획을 수립하는 목적에는 효율적인 시간 활용, 확고한 기준, 집중력 향상도 있지만 또 다른 목적은 혼자만의 공부 시간을 확보하는 것이다. 아무리 학교 수업, 인강을 열심히 듣고 학원을 다닌다 해도 그것을 본인의 것으로 만드는 시간이 없으면 반쪽

짜리 공부다. 그리고 실력은 학교 수업과 인강, 학원을 통해서는 절대로 향상될 수 없다. 스스로 지문을 읽고 분석하고 개념을 이해하고 문제를 풀고 분석하고 부족한 부분을 보완해야 생기는 것이 실력이다. 나를 포함한 명문대생들은 혼자 공부하는 시간을 목숨같이 여겼다. 인강과 학원은 진짜 필요할 때만 활용했고 최후의 선택이었다.

하지만 보통 학생들은 혼자 공부하는 시간보다 학원과 인강에 쏟는 시간이 훨씬 많다. 모든 스케줄이 학원과 인강 중심으로 돌아간다. 남들이 좋다고 하니, 일단은 뭔가 해야 할 것 같아 학원 수업 및 인강을 등록하고 본다. 처음에는 열심히 수업을 듣고 복습도 하고 수업에서 내주는 과제도 충실히 한다. 학원, 인강 강사가 알려주는 것만 열심히 공부하면 성적이 오를 것 같다고 맹신하고 스스로 공부를 잘하고 있다고 착각한다. 밤과 주말 늦게까지 수업을 들으니 공부를 많이 했다는 뿌듯함도 생긴다. 자연스럽게 학교 수업을 소홀히 하게 되는 일이 다반사로 일어난다. 학교 수업은 학원에서 내주는 과제하는 시간, 문제 풀이 시간, 저녁에 학원 수업에 집중하려고 에너지를 충전하는 시간 정도로 활용한다.

그러다 보니 여러분은 이때까지 혼자 공부하는 시간이 거의 없었을 것이다. 자습 시간에는 학원이나 인강에서 내주는 과제를 한다. 혼자 공부하기 가장 좋은 주말에도 열심히 학원을 가고 인강을 듣는다. 당일은 물론이고 그 주에 학교, 학원, 인강에서 배운 것을 복습할 시간이 거의 없다. 수능 성적을 잘 받으려면 복습 외에 실력 향상을 위한 공부도 반드시 해주어야 한다. 그러나 정작 복습할 시간도 없는데 실력 향상을 위한 공부를 할 시간은 있을 수가 없다. 즉, 수업을 듣고 배운 것은 많은데 정작 그것을 자신의 것으로 만들지 않으니 시간이 지나면 금방 잊어버리고 배운 것을 다시 배우고 있다. 소중한 시간, 돈, 에너지만 낭비하며 악순환이 계속 반복되는 것이다. 학원과 인강 강사에게만 좋은 일을 한 셈이다.

이것이 바로 여러분들이 지금까지 죽어라 공부했는데도 성적이 오르지 않고 바닥인 이유다. 수능 공부의 본질을 망각하고 시대를 역행하는 방식으로 공부해온 것이다. 이제까지 해온 방식대로 남은 100일 동안 공부한다면 수능에서 지금보다 성적이 오르기는커녕 오히려 떨어진다. 다행인 것은 아직 여러분에게 기회가 있다는 것이다. 수능 100일 전부터가 진짜 시작이고 최고의 기회다. 지금까지 아무리 잘해왔어도 100일을 잘못 보내면 수능에서 제 실력을 발휘할 수 없고, 이제까지 아무리 못했어도 100일 동안 제대로 공부하면 상상 이상의 결과를 얻을 수 있다. 지금이라도 새롭게 시작해서 남은 100일 동안 성공하는 공부법을 배우고 목숨 걸고 실천한다면 여러분이 3년 동안 노력한 것에 대한 보상을 받는 것은 물론이고 입시에서 나처럼 기적을 만들 수 있다.

03
나도 수능 100일 전까지는 성적이 바닥이었다

　나의 아버지는 현재 거제 상문 고등학교에서 체육교사로 근무하고 계신다. 아버지는 대학교 때까지 축구선수를 하셨고 축구를 그만둔 뒤에는 체육교사를 하며 축구코치도 겸임하셨다. 나는 세 살 때부터 아버지를 따라 조기회에 가서 축구를 했다. 나는 축구가 그 어떤 것보다 재미있었고 하루종일 축구에 미쳐 있었다. 자연스럽게 나는 세계최고의 축구선수라는 꿈을 꾸게 되었다. 이 꿈을 이루고 싶어 나는 2001년 12월 27일 '마산합성초등학교' 축구부에 입단했다. 훈련이 힘들고 그에 따른 고통도 컸지만 나는 잘 극복했다. 초등학교 축구부를 하면서 전국대회 우승, 전국소년체전 은메달, 경남축구대회 우승 등 우수한 성과를 거두었다. 좋은 스승님과 동기들, 선·후배들 덕분에 재미있고 즐거운 축구부 생활을 했다. 이러한 과정에서 축구를 더욱 사랑하게 되었고 내 꿈을 이룰 수 있다는 확신도 가졌다.

중학교는 함안중학교 축구부로 갔다. 하지만 함안중학교에서의 축구부 생활은 초등학교 때와는 비교할 수 없을 정도로 무척 힘들었다. 새벽부터 일어나 체력운동을 하고 오전, 오후에는 실전 훈련을 했다. 가끔 야간 체력운동까지 했다. 아직 성장하고 있는 중학생에게 너무나 가혹한 훈련 양이었다. 훈련 양보다 더 스트레스를 주고 힘든 것은 운동 외적인 부분이었다. 선배들이 각종 심부름과 빨래를 시켰고 얼차려와 체벌도 많이 받았다. 뿐만 아니라 개인적인 괴롭힘도 많이 당했고 물건과 돈을 훔치는 선수까지 있었다. 1년 가까이 이런 생활을 하면서 축구선수라는 꿈에 회의감이 들기 시작하고 슬럼프가 왔다. 지금 생각해보면 나는 군생활이 축구부 생활보다 훨씬 편하고 덜 힘들었다.

한참 힘들어하던 때 아버지께서 나한테 힘든 제안을 하셨다. "경모야, 이제 축구를 그만두는 게 어떻겠니?" 어릴 때부터 축구선수란 꿈만 바라보던 내가 갑작스럽게 축구를 그만두어야 한다는 생각에 어안이 벙벙했고 막막했다. 당장 축구를 그만두고 무엇을 할지에 대한 계획이 없을 뿐만 아니라 공부를 해본 적이 없었기 때문이다. 내가 중학교 다닐 때만 해도 운동선수는 수업에 아예 들어가지 않고 시험 때만 들어가서 찍고 나왔다. 선생님들께서 일자나 하트 모양으로만 찍지 말라고 부탁할 정도였다. 당연히 성적은 전교 최하위, 꼴찌일 수밖에 없었다. 아버지는 이러한 나를 진정시키고 내가 몰랐던 우리나라 엘리트 스포츠 교육 시스템의 실체에 대해 여러 가지 관점으로 설명해주었다. 아버지의 설명을 듣고 나는 축구를 그만두기로 결단했다. 지금으로부터

14년 전, 2005년 8월 26일! 전교 꼴찌 축구선수가 공부의 길에 들어서게 된 것이다.

축구 유니폼을 벗고 교복을 입었을 때 대부분의 사람들은 "축구한 놈이 무슨 공부냐? 머리에 든 거는 있냐?"라는 말들로 나를 무시하고 비아냥거렸다. 여기에 나는 자극을 받아서 "축구선수도 공부할 수 있다는 것을 증명하겠다. 마지막에 성적과 대학 합격으로 내 앞에서 아무 말 못하게 해주겠다"는 다짐을 했다. 이것이 전교 꼴찌, 축구선수였던 내가 공부를 하게 된 진짜 이유다. 나는 기초지식이 없었음은 물론이고 책상 앞에 앉아 있는 것 자체가 고통이었다. 공부를 시작한 지 얼마 되지 않았음에도 포기하고 다시 축구선수로 돌아가고 싶었다. 하지만 그러기에는 이미 엎질러진 물이었고 어떻게든 공부에서 승부를 봐야 했다. 가진 것이 하나도 없었기 때문에 나는 말 그대로 바닥에서 시작했다. 책상 앞에 앉아 있는 습관부터 잡았고 영어 단어와 일차방정식 같은 완전 기초부터 공부를 시작했다. 능동적이고 적극적으로 수업에 참여했고 모르는 것이 있으면 하나도 빠짐 없이 질문했고 배운 것을 내 것으로 만들기 위해 될 때까지 노력했다. 수업 시간이나 자습 시간에 졸지 않으려고 찬물로 세수하거나 스트레칭하거나 일어서서 수업을 듣고 공부했다. 그 결과 나는 전교 3등으로 중학교를 졸업했고 축구선수도 공부할 수 있다는 것을 증명했다.

나는 고등학교 입학 전에 '한 번뿐인 인생, 어차피 3년 동안 할 공부라면 최고를 목표로 공부하자'고 마음먹었고 우리나라 최고의 대학인 '서울대학교'를 목표로 잡았다. 내가 축구를 했기에 '체육, 스포츠' 관련 학과를 찾아보았다. 서울대학교는 다른 대학과 달리 스포츠, 체육 관련 학과가 '체육교육과'밖에 없었다. 이렇게 해서 나의 목표는 '서울대학교 체육교육과'가 되었다. 내 성적과 공부 실력이 얼마나 되는지, 어떻게 내가 서울대에 갈 수 있을지는 전혀 생각하지 않았다. 주변 사람들은 물론이고 가족조차 내가 서울대학교를 목표로 삼았다고 하자 말도 안 되는 미친 소리라고 했다.

하지만 모든 것은 마음먹기와 내가 얼마나 목숨 걸고 하느냐에 달려 있다. 누가 뭐라고 하든 내가 간다고 하면 가는 것이다. 세상의 모든 위대하고 성공한 사람들이 처음에는 아무것도 아니었고 많은 사람들로부터 정신 나갔다는 얘기를 들었다. 그럼에도 불구하고 그들은 오직 스스로에 대한 확신을 가지고 되는 방법만을 찾고, 미친 듯이 노력해서 결과를 만들어 냈다. 여러분도 마찬가지다. 지금까지 어떻게 공부를 했든, 지금 실력과 성적이 어느 정도인지는 중요하지 않다. 여러분이 어떻게 마음을 먹고 100일 동안 얼마나 노력하느냐에 따라 결과는 언제든지 바뀔 수 있다.

서울대학교 합격이라는 목표를 달성하기 위해 중학교 때와는 비교가 안 될 정도로 열심히 공부했다. 아침부터 밤까지 학교 수업 및 보충수업을 듣고 야간자율학습을 했다. 주말, 연휴와 방학 때는 아침부터 밤까지 공부했다. 주말, 연휴와 방학이라는 것은 나에게 사치였고 존재하지 않는 개념이었다. 공부에 집중하려고 공부에 방해되는 모든 것을 제거했다. 심지어 나는 공부를 위해 사랑까지 포기했다. 내신과 모의고사 성적이 노력한 만큼 나오지 않았을 때는 힘들고 답답하고 짜증나서 포기하고 싶었다. 하지만 마지막까지 그 누구도 알 수 없기에 나는 서울대 합격이라는 목표만 생각하면서 다시 마음을 다잡고 수능 당일까지 매일, 꾸준히 공부했다.

고 3 때는 고 1, 2 때와는 다르게 내신, 수능 공부는 물론이고 수시 지원에 필요한 사항을 준비해야 했다. 수시에서는 내신에 고 3 1학기까지 성적이 반영되다 보니 수능 공부만으로도 바쁜 고 3 때 내신 전 과목을 공부해야 했다. 내신, 수능 다 합쳐서 사회탐구 과목만 6과목을 공부했다. 게다가 학업 외 활동을 하며 자기소개서까지 준비해야 했다. 고 3이 되니 공부하고 준비해야 하는 것이 늘어나 받는 부담도 엄청 났지만 '내가 이렇게 목숨 걸고 공부하고 고생했는데, 진짜 될까? 서울대에 합격할 수 있을까?'라는 걱정과 불안감이 생겼다. 육체적, 심리적으로 너무 힘들고 부담도 되고 불안해서 펑펑 운 적이 있다. '지금이라도 서울대를 포기하고 목표를 낮추어서 부산대나 경북대에 지원할까?' 하는 생각도 했다. 이러한 힘듦과 어려움 속에서 3학년 1학기를 마치고 여름방학을 맞이했다.

여름방학이 되자마자 수능에 모든 포커스를 맞추었다. 수시에서 내신 성적과 학업 외 활동은 3학년 1학기까지만 반영되었기 때문이다. 국어, 영어, 수학과 사회탐구(윤리, 근현대사, 법과사회, 한국사) 과목에 대해 수능 실전 문제 풀이와 분석 중심으로 공부했다. 학교에서 진행하는 국어와 수학 보충수업도 함께 들었다. 오전에는 보충수업을 듣고 오후 및 저녁 자습시간과 주말을 활용해서 보충수업을 복습하고 수능 문제 풀이와 분석을 했다. 특히 여러분이 지금 내 책을 읽고 수능 100일을 준비하듯이 나는 수능 100일 준비를 위해 서울에 있는 공부법 전문 학원에서 진행한 '수능 D-100 프로젝트'에 참여했다. 수능까지 100일밖에 안 남은 만큼 이 프로젝트는 딱 하루 동안 진행되었다. 공부법 전문 코치로부터 목표, 전략, 계획과 과목별 공부법 등 모든 것을 점검받았다. 이 과정에서 나의 문제점을 정확하게 파악하고 남은 100일 동안의 방향, 계획, 전략을 완벽하게 수립하고 제대로 된 공부법을 배웠다.

고 3 2학기부터 대학원서 접수를 시작했다. 우리 학교는 90% 이상의 학생이 수시로 대학을 간다. 대부분 대학을 가는 것 자체가 목표다 보니 성적이 낮으면 그 점수에 맞춰 지원한다. 나도 이 기간에 원서를 접수했는데 서울대 한 곳만 접수했다. 서울대 아니면 다른 대학은 안 가겠다는 각오였기 때문이었다. 처음에는 안전장치로 부산대, 경북대 등에도 지원하려고 했지만 만약에 수시에서 서울대에 떨어지고 다른 학교에 붙어버리면 정시에 지원을 못하기 때문에 나는 과감하게 결단하고 모험을 시도했다. 나는 서울대에 원서를 접수하자마자 진짜 아무 생각 없이 수능까지 미치도록 공부만 했다.

2학기가 시작되고 수능 전까지 가장 힘들었던 것은 주위 친구들의 대학 합격 소식이었다. 수시전형은 수능을 치르기 전에 합격 발표가 나는 곳도 많았다. 심지어 어떤 친구는 수능 3일 전에 대학 합격 발표가 났었다. 매일 들려오는 친구들의 합격 소식을 접할 때마다 더욱 불안하고 힘들었다. 수능 전에 합격한 친구들은 '수능 끝나면 뭐하고 놀지?'에 대해 이야기하며 수업 시간에도 떠들고 놀았다. 많은 친구들이 수시에 합격했기에 학업 분위기조차 제대로 형성되지 않은 상태에서 나는 수능을 준비해야 했다. 막바지 수능을 준비하면서 공부 양이 많고 어려운 것보다 심리적으로 많이 힘들었다.

심리적으로 많이 힘들고 수없이 흔들렸음에도 나는 '남들과 나는 다르고 나만의 길과 목표가 있기 때문에 마지막까지 포기하지 말고 나에 대한 믿음을 버리지 말자. 수능 당일, 합격 발표 날까지 최선을 다해보자'는 마음으로 수능 실전 훈련을 했다. 다양한 환경에서 실전 모의고사 문제를 풀고 분석을 했고 환경, 시간, 컨디션 관리까지 철저하게 했다. 목표에만 집중하고 미친 듯이 공부하니 심리적으로 힘들고 불안한 것들은 자연스럽게 극복할 수 있었다. 그 결과 나는 고등학교 3년 동안 준비한 수능 시험을 무사히 잘 봤다.

수능이 끝나고 수시 1차 발표가 나기까지 2주라는 시간이 있었다. 수능이 끝나고 이 시기엔 전교생이 다 노는데도 나 혼자만 정시를 위해 실기를 준비하고 기말고사 공부까지 해야 했다. 아무것도 확정된 것이 없었고 수시 발표가 나기 전까지 나는 전교 꼴등이었다. 대입은 대학 결과로 말하는 것인데 나는 아직 1차 발표도 나지 않았기 때문이다. 남들은 대학을 다 붙었는데 내가 떨어진다면 망신도 이런 망신이 없었다. 서울대 말고 다른 대학은 지원하지 않았기에 몽상주의자, 허언증 환자 취급 받을 내일이 그려졌다. 지난 4년 4개월 동안 주말, 연휴 없이 내 모든 것을 걸고 공부했는데 떨어지면 그냥 고생만 하다 허무하게 입시를 끝내게 되는 것이다. 이런 마음이 들 때마다 '이렇게 힘들게 왔는데 포기하기에는 너무 아깝다. 여기까지 온 것만으로도 대단한 것이다. 마지막까지는 그 누구도 모른다. 합격 발표 날까지 절대 포기하지 말자.

마지막에 웃는 자가 최후의 승리자다!'라고 생각하며 더욱 정신을 다잡았다. 나는 서울대에 합격한 나의 모습을 매순간, 생생하게 상상했다.

간절하게 원하고 생생하게 상상한 결과 나는 기적적으로 수시 1차 합격을 했고 2차 면접을 준비하려고 상경했다. 체대입시 전문학원에서 정확하게 5일 동안 면접 준비를 했다. 아침 9시부터 새벽 2시까지 면접 준비를 했고 이때도 서울대에 합격한 나의 모습을 상상했다. 완벽하게 준비한 결과, 나는 떨지 않고 자신감 있게 면접을 볼 수 있었다. 최종 합격 발표는 1주일 뒤였다. 그때까지 매순간 지옥과 천당을 오갔다. 합격하면 대박이지만 불합격하면 정시 준비를 해야 했기 때문이다. 나의 간절함과 목숨을 건 노력이 통했는지 나는 2009년 12월 11일 기적적으로 서울대에 합격했다. 나는 수능 전이 아닌 수능이 끝난 후에도 전교 꼴찌였지만 마지막에 서울대에 합격하며 최후의 승리자가 되었다.

04
수능 100일 전부터가
진짜 시작이다

"입시는 마라톤이다."

마라톤은 육상경기에서 42.195km를 달리는 장거리 경주 종목이다. 기원전 490년 아테네의 용사가 전쟁터인 마라톤에서 아테네까지 달려와 전승의 소식을 전하고 죽었다는 이야기에서 유래한다. 이러한 역사적 의미 때문에 마라톤은 올림픽에서 가장 마지막 순서로 열린다. 정식 마라톤(42.195km) 외에 5km, 10km와 하프마라톤(21.0957km)도 있다. 마라톤은 그 어떤 스포츠보다 인내심과 강한 정신력이 요구된다. 42.195km를 완주하려면 최소 6개월 이상 훈련해야 한다. 정식 마라톤이 아닌 하프마라톤도 최소 3개월은 준비해야 한다. 달리는 자세, 기초체력, 연습코스와 실전대회 연습 등 장기적 플랜이 필요한 것이다. 짧은 기간에 완주 목표를 달성하는 것은 불가능하고 몇 주 열심히 훈련했다고 되는 것도 아니다. 5km를 목표로 서서히 거리를 늘려 나가야 하고 달리는 것뿐 아니라 지구력을 키우는 웨이트레이닝도 병행해야 하고 적절한 휴식을 취해야 하며 식단 관리도 필수다. 실전 훈련(코스 숙지, 구간별 전략, 언덕길 대비 등)도 반드시 해야 한다.

실제 마라톤 시합에서는 절대로 초반부터 무리해서는 안 된다. 거리와 관계없이 마라톤 종목 자체가 장거리이기 때문에 초중반에는 상위권에 들어가되 페이스를 조절하며 힘을 아껴놔야 한다. 장거리 달리기를 못하는 사람들의 특징은 처음부터 의욕만 앞서서 열심히 달리다가 중후반에 제풀에 지친다는 것이다. 마라톤은 전력질주를 해야 하는 100m 달리기 시합이 아니다. 구간별 전략을 철저하게 수립하고 전략에 맞게 달려야 하는 것이다. 마라톤 시합에서 초중반에는 1등할 필요가 없다. 페이스를 유지하면서 에너지를 비축해두었다가 얼마 남지 않았을 때 축적해둔 에너지를 다 쏟아내 막판 스퍼트를 해야 한다. 그렇게 해서 마지막 순간에 결승선을 1등으로 통과하면 되는 것이다. 즉, 초반에 남들보다 오버페이스 해서 1~2km 앞서고 있고 1등을 하고 있다고 해서 마지막에도 1등을 하는 것이 아니란 뜻이다. 완급조절이 마라톤에서 가장 중요하다.

내신, 모의고사가 단거리 달리기라면 수능은 마라톤이다. 그렇기 때문에 수능 공부에서도 가장 중요한 것은 완급조절이다. 의욕만 앞서 무조건 빨리 달리면 안 되고 자신만의 전략을 가지고 완급조절을 하면서 달려야 한다. 그런데 대부분의 학생들은 마라톤인 수능을 100m 달리기처럼 준비한다. 장기적인 전략과 플랜 없이 내일 내신시험을 칠 사람처럼 벼락치기로 수능 공부를 한다. 그렇게 열심히 공부해서 모의고사를 보고 성적이 잘 나오지 않으면 '모의고사 성적이 이런데 수능 성적은 뻔하지 뭐, 나는 공부해도 안되나 보다. 그냥 포기하자'는 마음이 들어 공부를 포기하고 제풀에 쓰러진다. 실제 수능 시험은 아직 보지도 않았는데 말이다. 우리는 마지막인 수능을 목표로 공부하는 것이지 모의고사 성적을 잘 받으려고 공부하는 게 아니다. 모의고사는 말 그대로 모의일 뿐이다.

수능은 내신, 모의고사처럼 단기간에 끝나는 것이 아니라 3년을 보고 준비하는 시험이다. 오늘 하루 무리해서 공부를 많이 한다고, 지금 남들보다 모의고사 성적이 좋다고, 수능에서 좋은 성적을 받는다는 보장이 없다. 자신이 원하는 대학을 갈 수 있는 것은 더더욱 아니다. 고 1, 2와 고 3 초반까지를 입시의 초중반으로 보면 된다. 아무리 초중반에 1등을 하고 있다 하더라도 후반을 제대로 보내지 못하면 초중반에 잘한 것은 아무런 의미가 없다. 반대로 초중반에는 중간 정도였지만 후반에 잘한다면 마지막에 1등을 할 수 있는 것이다. 여기서 후반에 해당하는 것이 수능 100일이다. 그렇기 때문에 마지막 수능일을 기점으로 100일 목표와 전략, 계획을 철저하게 수립하고 자신의 실력과 공부법을 점검해야 한다. 그 후에는 수능일까지 급하게 생각하지 않고 꾸준히, 포기하지 않고 공부하는 것이 중요하다.

100일 동안 수능 공부를 하다보면 슬럼프에도 여러 번 빠질 것이다. 나 또한 수능을 준비하면서 수많은 슬럼프를 겪었다. 슬럼프는 꿈을 향해 달려가는 사람들에게는 자연스럽게 찾아오는 것이다. 슬럼프를 겪느냐, 겪지 않느냐가 아니라 슬럼프를 어떻게 현명하게 극복하느냐가 중요하다. 수능 100일부터는 하루하루가 소중하지만 그렇다고 컨디션이 좋지 않고 공부가 잘 되지 않는데 억지로 잡는다고 해결되지 않는다. 그럴 때는 공부를 잠시 내려놓고 자신만의 방법(잠, 운동, 여행, 명상, 음악듣기 등)으로 휴식을 취하고 기분 전환을 해야 한다. 그럼에도 극복하기 힘들다면 선생님, 친구, 부모님 등 자신이 믿고 의지하는 사람에게 찾아가서 상담하고 심리적 위로를 받아야 한다.

　본격적인 수능 레이스에 돌입하기 위해 출발선에 서 있는 여러분이 명심해야 할 것이 있다. 첫째, 수능 공부의 의미와 목적을 정확하게 파악해야 한다. 여러분이 수능 공부를 하는 진짜 이유는 원하는 대학에 합격하려고 하는 것이지 모의고사 성적을 잘 받기 위함이 아니다. 모의고사는 실전을 대비하고 여러분의 부족한 점 및 시험 유형과 난이도를 파악하려고 보는 것이다. 모의고사 성적보다 중요한 것은 분석이다. 모의고사를 통해 과목별로 스스로 부족한 부분이 무엇인지, 시험 유형 및 난이도는 어떠했는지를 분석해서 실제 공부에 반영해야 한다. 그러한 과정을 통해 실력이 쌓이게 되고 그것이 수능 때 제대로 발휘되는 것이다. "모의고사가 중요하다, 모의고사가 수능과 연결된다"는 선생님들의 말에 현혹되지 마라. 모의고사가 수능 성적과 연결된다면 여러분은 공부할 필요가 없다. 국가대표 선수들이 월드컵, 올림픽을 대비해서 연습경기를 했는데 결과가 안 나왔다고 해보자. 연습경기 결과가 곧 월드컵, 올림픽 성적이라면 굳이 연습할 이유가 없다. 눈앞의 모의고사 성적에 절대로 연연하지 말고 수능에 초점을 맞추고 자신의 전략과 계획에 맞게 차근차근 준비해야 한다.

다음으로 성적이 좋은 것과 입시공부를 잘하는 것은 다르다. 입시에서 공부를 잘한다는 것은 단순히 시험 성적이 높은 것만을 의미하는 것이 아니다. 자신의 목표 대학과 학과를 명확히 정하고 목표 대학, 학과의 전형 중에 본인한테 맞는 것을 찾아 맞춤형 입시 전략 및 계획을 수립해야 한다. 이렇게 도출된 전략과 계획에 맞게 공부하고 준비해서 여러분이 목표한 대학에 합격하는 것이 입시에서 성공하는 것이고 입시 공부를 잘한다는 의미다. 지금 모의고사 성적은 물론이고, 수능 성적이 좋다고 하더라도 그것이 목표한 대학에 합격한다는 의미는 아니다. 아무리 수능 만점을 받아도 전략을 제대로 수립하지 않으면 서울대에 떨어지는 것이 현대 입시다. 책상 앞에 앉아서 수능 공부를 하기 전에 명확한 목표와 구체적인 전략, 계획을 세우는 것이 우선적으로 해야 할 일이다.

셋째, 마지막에 웃는 자가 최후의 승리자다. 지금 전교 1, 2등을 하고 모의고사에서 올 1등급을 받는 것이 중요한 것이 아니다. 실제 시험인 수능에서 자신의 실력을 발휘해서 좋은 성적을 받고 자신이 목표한 대학에 입학하는 것이 중요하다. 그렇기 때문에 당장의 모의고사에 일희일비 할 필요 없고 남들과 스스로를 비교할 필요는 더더욱 없다. 여러분과 친구들은 목표와 가는 길이 전혀 다르다. 각자의 길이 있기에 자신의 목표에만 집중하면 된다. 옆 사람의 속도와 성적이 어떠한지는 전혀 중요하지 않다.

수능 100일 전부터가 진짜 시작이다. 여러분이 이때까지 2년 넘게 공부한 시간보다 앞으로의 100일이 훨씬 중요한 시기일지도 모른다. 100일이라는 기간이 짧다고 생각할 수 있다. 하지만 절대로 짧지 않은 기간이다. 어떠한 전략과 계획을 가지고 공부하느냐에 따라 충분히 결과를 바꾸고 기적을 만들 수 있는 기간이다. 남은 100일 동안 오버페이스하지 않고 차근차근 준비하고 인내심을 가지고 수능일까지 꾸준히 공부한다면 마지막에 결승점을 1등으로 통과하는 최후의 승리자가 될 수 있다. 다시 한 번 말하지만 입시는 100m 달리기가 아니라 마라톤이다.

05
보통 학생과 서울대생은 수능 100일 전 전략과 공부법이 다르다

보통 학생과 서울대생 사이의 다른 점이 과목별 공부법만은 아니다. 서울대생은 공부법은 물론이고 수능 전체적으로 준비하는 과정이 달랐다. 그들은 수능 공부의 핵심을 제대로 이해하고 있었다. 수능 준비를 하는 대부분의 수험생에게 공부는 책상 앞에 앉아서 하는 것이다. 하지만 책상 앞에 앉아서 하는 공부는 수능 공부의 일부일 뿐이다. 서울대생은 과목별 공부는 물론 목표 설정, 전략 및 계획 수립, 자기 관리도 수능 공부에 포함된다는 것을 명확하게 알고 있었다.

보통 학생들은 고 1, 2 때 목표 대학 및 학과 설정, 전략 및 로드맵 수립, 자기 관리를 소홀히 한다. 당장 중요하지 않다고 생각하고 귀찮다는 이유로 미룬다. 그 순간은 편하고 결과로 바로 나타나지 않기에 아무렇지 않은 것 같다. 하지만 고 3이 되고 난 직후 어느 대학을 가야 할지 정해야 한다는 것을 깨닫는다. 고 3이 되어서 시작하려고 하니 발등에 불은 이미 떨어졌고 준비하기에는 시간이 촉박하다는 것을 깨달았을 것이다. 그렇지만 지금도 절대 늦지 않았다. 아직까지 우리에게는 100일이라는 시간이 똑같이 주어졌고 가능성은 충분히 남아 있다.

수능이 100일 남은 시점에서 가장 먼저 해야 하는 것은 <mark>맞춤형 입시 전략 수립</mark>이다. 맞춤형 입시 전략이 없으면 공부를 해서는 안 된다. 목표하는 대학과 학과를 가려면 수능에서 어떤 과목을 응시해야 하는지, 과목별로 반영비율은 어떻게 되는지, 최저학력기준은 어떻게 되는지도 모르면 공부를 시작하는 것 자체가 불가능하다. 보통 학생들은 수능의 성패가 '맞춤형 전략 수립'에 달려 있다는 것을 모른다. 목표와 전략 없이 하는 공부는 말 그대로 시간, 노력 낭비다. 앞으로 100일 동안의 노력은 명확한 목표와 맞춤형 입시 전략이 있을 때만 빛을 발할 수 있다. 전교 꼴찌 축구선수였던 내가 서울대에 갈 수 있었던 핵심 비결은 맞춤형 입시 전략 수립이다.

가장 중요한 맞춤형 입시 전략이 수립되었다면 <mark>그 다음은 로드맵을 만들고 계획을 짜야 한다.</mark> 차를 타고 어딘가 가기로 했을 때 목적지가 정해졌다고 마구 출발하지는 않는다. 목적지에 도달하려면 어떤 도로를 타야 하고 어디서 빠져야 하는지, 각 구간별로 제한속도는 어떻게 되며 사고 위험은 없는지 등을 파악해야 한다. 요즘은 내비게이션이 있기 때문에 일일이 계획을 세울 필요는 없다지만, 이 내비게이션 역할을 하는 것이 로드맵과 계획이다.

수험생들은 모의고사 성적을 올리려는 계획은 잘 수립한다. 하지만 수능을 준비하는 로드맵은 어떻게 세워야 할지 잘 모른다. 로드맵 없이 수능 공부를 한다는 것은 목적지는 있지만 내비게이션 없이 고속도로를 탄 것과 마찬가지다. 반드시 최종시험일인 수능을 기준으로 100일 로드맵을 수립해야 한다.

수능 100일은 수능 D-100부터 D-40까지와(60일) 수능 D-40부터 수능일까지로(40일) 나눌 수 있다. 수능 D-100부터 D-40까지는 수능 문제 풀이 및 분석을 하고 부족한 개념과 실력을 보완하는 시기다. 이때는 수능 문제에 대한 감을 잡고 기본기를 통해 쌓은 실력을 자신의 진짜 실력으로 끌어올려야 한다. 수능에 어떠한 문제가 나오는지 파악하고 단순히 많이 풀기보다 한 문제라도 정성을 들여 하나하나 정확하게 풀어 자신의 것으로 만들고, 나아가서 부족한 부분을 보완해 나가야 한다. 그런데 그전에 기본 개념 공부가 제대로 되어 있지 않은 학생은 문제를 풀다가 조금이라도 어려운 문제가 나오면 틀릴 것이다. 그렇기 때문에 인강을 활용해서 핵심 개념을 빠르고 집중적으로 공부해서 자신의 것으로 만든 후에 문제를 풀고 분석해야 한다. 이 시기에 사용하는 교재는 수능, 모의고사 5개년 문제집과 이와 유사한 문제집들이다. 부족한 부분을 보완할 기본서와 개념정리노트도 함께 필요하다.

수능 D-40부터 수능일은 수능 실전 연습을 하는 시기다. 수능은 단지 실력만으로 좋은 성적을 받기 어렵다. 실력과 실전은 다르기 때문이다. 운동선수 중에도 평소에는 잘하다가 실전에만 가면 실력을 발휘하지 못하는 선수가 있는 반면 평소보다 실전에 유독 강한 선수가 있다. 그렇기 때문에 실전 훈련은 선택이 아니라 필수다. 실제 수능과 유사한 환경을 만들어서 시험을 쳐봐야 한다. 시간을 재면서 문제를 풀며 시간 관리를 하는 것은 물론이고 다양한 환경에서 여러 종류의 문제를 풀고 각종 변수에 대한 자신만의 전략을 수립해 나가야 한다. 나아가서는 수능일에 최상의 컨디션을 유지하기 위해 몸과 마인드 관리를 해주어야 한다. 이 시기에 사용하는 교재는 '실전 모의고사(8절)' 문제집이다.

공부하는 모습만 보면 서울대생들과 보통 학생은 별반 차이가 없어 보인다. 하지만 서울대생의 머릿속과 보통 학생의 머릿속은 다르다. 보통 학생들은 아무 생각 없이 눈에 보이는 것부터 암기하고 문제 풀이 중심으로 공부한다. 서울대생은 철저한 전략과 계획을 바탕으로 우선순위 중심으로 이해와 실력을 쌓는 방법으로 공부한다. 서울대생의 공부 비밀은 과목별 공부법과 맞춤형 입시 전략에 있다.

수능에서 좋은 성적을 받으려면 암기와 문제 풀이 중심의 공부에서 벗어나 이해하는 공부를 해야 한다. 정확하게 말하면 이제는 암기와 문제 풀이 중심의 공부로는 수능 문제를 푸는 것 자체가 힘들다. 국어 문제는 지문을 읽고 푸는 형식이고, 영어는 지문 독해는 물론이고 듣기까지 있다. 수학은 단순 계산 문제는 거의 없고 응용, 통합, 신유형 문제가 출제되고 수학 문제인지 국어 문제인지 헷갈리는 문제도 있다. 탐구는 각종 자료(사진, 표, 연표, 그림, 실험 등)가 지문으로 나오는 것은 기본이고 하나의 개념이 아니라 여러 가지 개념을 통합적으로 알아야 풀 수 있다. 즉, 수능은 암기력이 아니라 이해력, 응용력, 통합력을 요구한다. 여러분이 남은 100일 동안 이해와 실력 향상을 위한 공부를 해야 하는 이유다. 이해와 실력 향상을 바탕으로 암기와 문제 풀이를 해야 하는 것이다.

이해하는 공부란 단순히 텍스트를 꼼꼼하게 읽고 외우는 것이 아니라 왜 그렇게 되는지 그 이유와 원리를 파악하는 것이다. 하나의 개념을 완벽하게 이해한 다음에 자기만의 언어, 핵심 키워드로 정리해야 한다. 그 다음에는 반드시 선생님처럼 설명을 하는 과정을 거쳐 완전히 이해했는지 확인해야 한다. 여기서 끝이 아니라 전체적인 흐름과 구조를 파악해 해당 개념과 연관이 있는 개념을 연관시켜야 한다.

각 과목별로 필요한 능력을 향상시키는 것도 필수다. 국어의 핵심은 독해력이다. 주어진 지문을 읽고 주제와 핵심 내용이 무엇인지를 정확하게 파악하는 것이 내우 중요하다. 영어의 핵심은 독해력과 청해력이다. 지문을 읽고 정확하게 해석하는 것은 물론이고 해석한 내용을 정확하게 이해하는 것 또한 중요하다. 영어는 듣기 시험도 있기 때문에 대화문 및 문장을 듣고 정확하게 해석하고 내용을 파악하는 공부도 같이 해야 한다. 수학의 핵심은 개념에 대한 완벽한 이해와 문제 풀이다. 개념에 대한 이해가 제대로 안 되어 있으면 아무리 수십, 수백 문제를 풀어도 실력이 절대로 늘지 않는다. 개념을 완벽히 이해한 후에 다양한 유형의 문제를 풀어야 한다. 탐구의 핵심은 개념에 대한 완벽한 이해다. 수학과 같은 특성인 물리를 제외하고 탐구 과목은 개념만 정확하게 공부해도 웬만한 문제를 풀 수 있다. 탐구 과목에서 문제를 틀리는 이유는 문제 자체가 어려워서라기보다 개념을 정확하게 공부하지 않았기 때문이다. 그리고 자료, 지문 등을 분석하고 관련 개념을 떠올리고 문제와 연결해 답을 이끌어내는 능력(자료분석력, 발상력, 응용력)도 탐구에서 좋은 성적을 받는 데 필요한 필수 능력이다.

수능 100일부터는 하루하루가 정말 소중하다. 하루라도 헛되게 보낼 수 없다. 그렇기 때문에 올바른 전략과 공부법은 선택이 아닌 필수다. 수능 100일 전략을 완벽하게 수립하고 제대로 된 공부법을 습득한 후에 본격적인 레이스에 돌입해야 한다.

06

지피지기면 백전백승, 현재 자신의 실력을 객관적으로 파악하라

"지피지기면 백전백승이다."

손자병법에서 나온 말로 적을 알고 나를 알면 절대로 질 수 없다는 뜻이다. 열정과 패기만 가지고 이길 수 있는 것은 없다. 축구경기만 봐도 그렇다. 시합에서 이기기 위해 가장 먼저 해야 하는 행동은 상대팀에 대한 분석이다. 상대팀 감독의 성향과 전술, 전략, 포메이션에서 시작해 포지션별 선수와 그 선수의 신체적 조건과 장단점, 키플레이어는 물론이고 교체선수, 부상선수, 경고누적 선수까지 구체적으로 파악해야 한다. 좀 더 나아가서는 최근 전적, 득점 및 실점, 패스성공률, 볼점유율 등도 분석한다. 그런 다음에 우리팀 선수들의 장단점, 컨디션 및 체력 상태를 파악한다. 상대팀과 우리팀 분석을 바탕으로 최상의 전략,

전술과 계획을 수립한다. 그리고 우리팀의 강점을 극대화해서 상대팀의 약점을 노리고 우리팀의 약점을 최소화해서 상대팀이 공격을 차단하는 방향으로 훈련한다. 훈련 중에는 건강, 식단, 마인드 관리도 철저하게 해주어야 한다. 뿐만 아니라 경기장에서 생길 수 있는 모든 변수를 예상하고 시뮬레이션을 돌려보며 대비한다. 경기장에 도착해서는 날씨, 잔디 및 공 상태, 선수들의 몸 상태, 심판들의 성향, 상대팀의 분위기까지 분석해서 시합 전까지 전략을 수정하며 최상의 준비를 한다. 이렇게 준비해야만 지지 않고 승리할 수 있는 것이다. 승리는 절대로 공짜 선물이 아니다.

수능 공부도 마찬가지다. 무작정 덤비는 것이 아니라 스스로의 목표를 명확히 정하고 싸우고자 하는 대상(수능)의 특징과 여러분의 강점과 약점을 정확하고 구체적으로 파악해야 한다. 이것을 바탕으로 전략 및 계획을 수립하고 효율적이고 효과적으로 공부해서 투자대비 효과를 극대화해야 한다. 나 또한 수능 100일 전에 이것을 똑같이 했다. 공부법 전문 회사에서 진행하는 '수능 100일 프로젝트'에 참가했다. 이 프로젝트는 하루 동안 진행되었다. 여기에서 나의 목표를 재점검하고 이에 맞는 전략을 수립할 수 있었다. 전문가에게 도움을 받아 나의 강점과 약점을 입체적으로 파악했다. 이를 바탕으로 수능일까지의 로드맵, 계획을 수립하고 시기별, 과목별로 어떻게 공부를 해야 하는지 완벽하게 배웠다.

눈여겨봐야 할 것은 수능 100일 프로젝트를 진행한 공부법 회사는 서울에 있었고 나는 창녕에 있었다는 점이다. 서울에 있는 이 회사에 가려면 시내버스를 타고 마산까지 가서 택시를 타고 마산역에 내린 후 서울로 가는 KTX를 타야 했다. 서울역에서 지하철을 타고 환승한 후에야 회사에 도착할 수 있었다. 집에서 출발해서 회사에 도착하는 데만 5시간 정도 걸렸다. 이동시간만 왕복 10시간이었고 적지 않은 비용까지 투자해야 했다. 수능이 얼마 남지 않은 상황에 집 근처도 아닌 서울까지 가는 것 자체가 엄청난 모험이었고 '이렇게 한다고 진짜 될까? 괜히 헛고생 하는 것은 아닐까' 하는 불안감도 있었다.

그럼에도 불구하고 내가 이렇게까지 한 이유는 노력보다 선택과 방향이 더 중요하다고 생각했기 때문이다. 시간이 없다고 급한 마음에 뛰어들면 정작 목표한 곳과는 전혀 다른 곳에 도착할 수 있다. 하지 않는 것만 못한 상황이 발생하는 것이다. 시간이 부족하고 급할수록 목표와 자신의 상황을 객관적이고 냉철하게 분석해서 올바른 전략을 수립해야 잘못된 방향으로 가지 않는다. 시간이 여유로운 고 1, 2나 고 3 초반에는 조금 잘못 가도 돌아올 수 있는 시간적 여유가 있다. 하지만 수능이 얼마 남지 않은 상황이라면 잘못된 길이라는 것을 깨달아도 다시 돌아가서 새롭게 시작하기에는 이미 늦었다. 수능 100일 프로젝트에 참여하면서 여러 가지로 힘들고 어려웠지만 그만큼 고생한 대가는 있었다. 비록 하루였지만 투자할 가치가 충분했다. 100일 동안 어떻게 해야 하는지에 대한 전략, 계획을 수립하고 어떻게 공부해야 하는지를 완벽하게 배울 수 있었기 때문이다. 그 덕분에 나는 그때부터 100일 동안 남들처럼 방황하거나 고민하지 않고 자신감과 확신을 가지고 수능일까지 공부할 수 있었음은 물론이고 서울대 합격이라는 목표를 달성할 수 있었다.

가장 먼저 점검해야 할 것은 여러분의 목표다. 목표가 명확해야 전략을 수립할 수 있다. 목표 설정은 세 가지로 나누어서 한다. 첫째, 현재 성적이나 실력과 관계없이 여러분이 진정으로 원하는 목표 대학을 설정한다. 목표는 우선 높아야 한다. 남들이 뭐라고 하든 그건 중요하지 않다. 여러분의 인생이고 공부도 여러분이 할 것이다. 그 누구도 여러분의 인생을 책임지지 않고 여러분을 대신해서 공부하지 않는다. 꿈과 목표는 간절히 원하고 생생하게 상상하는 만큼 이루어지는 것이다. 현재의 조건이 꿈과 목표 달성을 결정하지 않는다. 나는 수능 100일 전까지 서울대에 합격할 실력이 되지 않았고 그 누구도 나의 서울대 합격을 예상하지 않았다. 하지만 나는 서울대 합격 발표일까지 서울대를 원하고 생생하게 상상했다. 목표가 높아야 그만큼의 노력을 하게 된다. 목표를 높게 잡으면 대충 공부할 수가 없다. 모든 것을 공부에 집중하고 방해되는 것을 다 정리해야 한다. 공부하다가 힘들고 어려운 상황이 생겨도 포기하지 않고 버티게 된다. 그러면 생각하지 못한 자신을 발견하고 실력과 성적은 상상 이상으로 상승하게 된다. 설사 그 목표를 달성 못 한다 할지라도 확실한 것은 여러분의 지금 성적이나 실력보다 훨씬 좋은 대학을 가는 결과를 얻는다는 것이다. 반대로 목표를 낮게 잡으면 적당히 노력하고 놀 것 다 놀며 공부한다. 힘들면 쉽게 포기하고 대충하게 된다. 그러면 목표 달성을 못하는 것은 물론이고 지금 성적, 실력보다 못한 대학을 가게 된다. 목표를 높게 잡으라는 것이 무조건 SKY만 목표로 하라는 뜻이 아니다. 단순히 SKY가 아니라 여러분이 진정으로 원하는 대학을 목표로 하라는 것이다. 생각하면 가슴이 뛰고, 누가 뭐라고 하지 않더라도 스스로 공부하게 만드는 그런 목표를 말하는 것이다. 이 조건에 부합하는 목표 대학 및 학과를 정한다.

둘째, 본인의 현재 성적과 실력을 고려한 목표를 설정한다. 현재 성적과 실력이 수능 성적과 대학을 결정하는 것은 아니다. 하지만 현실적인 전략과 계획을 세우려면 현재의 성적과 실력이 척도가 되어야 한다. 자신의 현재 성적과 실력을 고려한 목표 대학 및 학과를 정한다.

셋째, 마지노선의 목표를 정한다. 현재 성적, 실력과 관계없이 '내가 목표한 대학을 못 간다 하더라도 이 대학까지는 가겠다'는 목표다. 이 말은 '이 대학보다 낮은 대학은 가지 않을 것이며 만약에 그런 상황이 생기면 재수를 하겠다'는 의미다. 큰 목표를 향해 가는 것이 중요하지만 항상 사람은 플랜 B를 가지고 있어야 한다. 만일에 사태에 대비해 스스로 마지노선을 정해놓아야 하는 것이다. 큰 목표를 향해서 몰입하고 노력하는 것이 가장 중요하지만 그렇다고 브레이크 없이 달리면 사고가 발생할 수밖에 없다.

세 가지 기준으로 정한 목표 대학 및 학과가 사람마다 다르겠지만 최소 두세 가지 정도는 정해질 것이다. 이 목표를 바탕으로 맞춤형 입시 전략을 수립해야 한다. 목표 대학의 홈페이지에 들어가서 수시와 정시 전형을 보고 해당 학과에서 본인이 지원 가능한 전형을 찾는다. 전형을 보면 입학 조건이 상세하게 나올 것이다. 목표별로 입학 조건을 상세하게 정리한다. 혼자서 하기 힘들다면 학교 진로진학 담당선생님께 도움을 요청하면 된다. 요약 정리된 전형을 바탕으로 100일 동안 어떻게 공부할지에 대한 구체적인 전략을 수립하자.

그 다음으로 현재 여러분의 과목별 모의고사 등급 및 실력을 점검해야 한다. 그래야 남은 100일 동안 어떻게 공부할지를 계획할 수 있다. 가장 최근에 본 모의고사 등급을 과목별로 확인한다. 그리고 과목별로 어떠한 부분을 잘하고 어떠한 부분이 부족한지 분석해야 한다. 예를 들면 국어는 비문학 독해력은 괜찮은데 문학 독해력이 부족하고, 영어는 어휘와 어법이 부족하고, 수학은 수열 부분의 개념이 약하다는 식으로 분석하면 된다. 분석은 최대한 구체적일수록 좋다. 이 분석을 바탕으로 수능 100일 로드맵을 수립한다. 100일 동안 과목별로 어떻게 공부할 것인지에 대한 현실적이고 구체적인 계획을 수립하는 것이다.

100일 동안 '개념 이해 및 실력 향상 – 수능 실전 문제 풀이 및 분석 – 수능 실전 연습'의 3단계로 나누어 공부한다. 개개인의 진도, 실력, 과목마다 차이는 있지만 큰 틀은 이렇게 유지된다. 수능은 이해, 응용, 통합, 신유형의 문제가 출제되기 때문에 개념 이해와 실력 향상이 가장 중요하다. 그런 다음 실전 문제를 풀고 분석하면서 문제에 익숙해지고 부족한 부분을 보완하면서 진짜 실력을 쌓아간다. 수능과 모의고사는 차원이 다른 시험이고 실력과 실전은 다르다. 따라서 시간 관리는 물론이고 수능에서 발생할 수 있는 각종 변수에 대비하는 훈련을 해야 한다.

입시뿐만 아니라 각 분야에서 성공한 사람들은 명확한 전략과 방법을 가지고 원하는 것을 얻기 위해 누구보다 치열하게 노력한다. 입시에서 성공한 명문대생은 '시대의 흐름, 시험의 특성, 자기 자신'을 명확하게 알고 있었음은 물론이고 자신만의 전략, 계획과 방법을 가지고 있었다. 지피지기면 백전불패는 입시 성공의 핵심이다.

07

수능 100일 성공 전략의 핵심은 스스로 하는 공부다

이 책을 보는 고 3 수험생들은 급하고 불안한 마음에 학원과 인강에 등록했을 것이다. 수능은 얼마 남지 않았고, 이때까지 해놓은 것은 없다 보니 아는 것은 없고, 뭐라도 해야 할 것 같은 마음이 크기 때문이다. 그러면 모든 스케줄이 학원과 인강 중심으로 돌아간다. 학교를 마치고 학원 및 인강 수업을 열심히 듣고 필기한다. 학원, 인강을 중심으로 공부하다 보니 혼자 공부하는 시간은 자연스럽게 줄어든다. 혼자 공부하는 시간이 주어지더라도 이해와 실력 향상을 위한 공부를 할 시간은 거의 없다. 배운 내용을 복습하고 인강에서 내주는 과제를 하는 것만으로도 시간이 부족하기 때문이다. 학원, 인강 강사가 알려주는 것만 열심히 들으면 수능 성적이 오를 것이고 공부를 잘하고 있다고 착각한다. 밤과 주말 늦게까지 수업을 듣고 나면 공부를 한다는 뿌듯함도 생긴다.

사교육을 활용하는 것이 무조건 잘못되었다는 것이 아니다. 수능 공부가 제대로 되어 있지 않고 시험이 얼마 남지 않은 시점에서 학원, 인강 등 사교육을 활용하는 것은 필수다. 맨땅에 헤딩하는 것보다 훨씬 효율적이다. 오히려 사교육을 적절하게 활용하면 공부를 아예 안 했거나 중하위권 정도의 실력인 학생들은 성적 향상에 도움을 받을 수 있다. 내가 말하고자 하는 것은 사교육만 활용해서는 절대로 성적 향상이 안 된다는 것이다. 그럼에도 보통 학생들은 자신이 성적이 오르지 않는 이유를 '학원과 인강을 열심히 듣지 않아서'라고 생각한다. 바로 이 생각이 보통 학생들이 성적이 오르지 않는 이유다. 보통 학생들은 수능 공부의 본질을 망각하고 정반대로 공부한다. 학원, 인강 수업만 열심히 수강하고, 혼자 공부하는 시간을 확보하지 않고는 100일 동안 절대로 좋은 결과를 얻을 수 없다.

공부를 다른 말로 표현하면 '학습(學習)'이다. 학습의 의미를 생각해 본 적 있는가? 바로 배울 학(學), 익힐 습(習)이다. 배우고 익히는 것이 학습이다. 그럼에도 보통 학생들은 오직 배우는 데만 모든 시간, 돈, 에너지를 투자한다. 그것도 너무 과하게 많이 배운다. 학원, 인강은 물론이고 과외까지 한다. 그러다 보니 배우기만 하고 정작 익히는 시간이 없다. 혼자 공부하는 시간이 전혀 없다면 그 공부는 반쪽짜리 공부이고, 밑 빠진 독에 물 붓기와 같다. 그러면서 본인들은 제대로 공부했다고 착각하고 성적이 왜 안 올랐는지 의문을 가진다. 이 문제를 해결하기 위해서 더 많은 인강을 듣고 더 많은 학원을 다니고 더 많은 문제를 푼다는 것이 큰 문제다.

스스로 공부해야 하는 또 다른 이유는 수능은 암기와 문제 풀이만으로 풀 수 없는 문제로 구성되기 때문이다. 즉, 수능에는 이해, 응용, 통합, 신유형의 문제가 출제된다. 이 문제들은 단순히 수업만 열심히 듣고 필기하고 정리하는 것만으로는 풀 수 없다. 개념에 대한 완벽한 이해와 실력이 바탕이 되어야 수능 문제를 풀 수 있다. 고득점을 노리는 사람만 이렇게 공부를 하는 것이 아니라 수능이라는 시험문제를 푸는 데 요구되는 기본적이고 필수적인 요소다. 군인에 비유하자면 군인정신과 기본제식 같은 것이다. 수업에서 배운 것을 복습으로 자신의 것으로 만들어야 하고 수업에서 배운 것 외에 실력 향상에 필요한 공부도 추가로 해주어야 한다. 그러려면 혼자 공부할 시간을 확보해야 한다. 그런데 학생들은 대부분 사교육에 의존하느라 혼자 공부할 시간을 거의 못 낸다는 것이 문제다.

스스로 공부한다는 것은 주도적으로 공부를 하는 것을 의미한다. 나도 처음에는 스스로 목표를 정하고 전략과 계획을 수립하고 시간 관리를 하는 것이 힘들었다. 하지만 꾸준히 하다 보니 나중에는 의식하지 않아도 스스로 목표를 정하고 나한테 맞는 전략과 계획을 수립해서 공부할 수 있었다. 스스로 하는 공부를 통해 중요한 과목과 덜 중요한 과목이 무엇인지, 내가 잘하는 것과 부족한 것이 무엇인지를 정확하게 파악하는 능력도 길러졌다. 잘하는 것은 어떻게 더 잘할지 고민하고 실력을 키웠다. 모르는 부분은 선생님이나 공부 잘하는 친구들한테 적극적으로 질문하고 부족한 부분은 인강으로 보완했다. 이를 통해 시간 낭비를 줄이는 것은 물론이고 올바른 방향으로 공부할 수 있었다.

반복적으로 말하지만, 스스로 공부할 때 가장 중요한 것이 혼자 공부하는 시간을 확보하는 것이다. 수업을 많이 듣는다고 성적이 바로 오르지 않는다. 수업 이후부터 진짜 공부의 시작이다. 수업을 듣고 그 내용을 본인의 것으로 완벽하게 만들어야 성적 향상으로 이어진다. 명확히 결단해서 학교 수업과 혼자 하는 공부에 중심을 두고 불필요한 학원과 인강 수업은 과감하게 없애야 한다. 학교 자습 시간, 쉬는 시간, 점심 시간, 주말 등 혼자 공부할 수 있는 시간을 최대한 뽑아내야 한다. 혼자 공부하는 시간부터 확보해놓은 상태에서 스스로를 객관적으로 분석해야 한다. 스스로에 대한 분석을 통해 학원과 인강 수업이 필요하다고 판단되면 혼자 하는 공부에 방해가 되지 않는 범위 내에서 사교육을 배치해야 한다. 수능 100일이 남은 시점에 혼자 공부하는 시간과 사교육의 균형은 상당히 중요하다.

스스로 하는 공부에는 본인에게 필요한 것과 불필요한 것을 구분해 불필요한 것은 과감하게 버리는 과정도 포함된다. 많은 수험생들은 부족한 부분을 보완하기 위해 인강과 학원을 활용한다. 보통 학생들은 인강이나 학원의 커리큘럼을 모두 다 듣는다. 만약에 기초 공부가 하나도 되어 있지 않다면 모두 듣는 게 맞다. 그런데 본인이 수학에서 부족하고 보완해야 할 부분이 수열 파트라면 수열 파트만 들으면 되지 다른 파트까지 다 들을 필요가 없다. 즉, 본인이 부족하고 필요한 부분을 정확히 찾아서 그 부분만 사교육을 통해 보완해주면 된다는 의미다. 이렇게 하지 않으면 시간 낭비가 많아져 혼자 공부하는 시간이 턱없이 부족해진다. 학원 수업과 인강에만 의존하는 공부로는 수능에서 좋은 성과를 얻을 수 없다.

하지만 막상 혼자 공부하려 하면 쉽지가 않다. 학원이나 인강은 커리큘럼과 시스템이 있기 때문에 그대로 따라가기만 해도 어렵지 않게 공부할 수 있다. 강사의 수업을 열심히 듣고 필기하고 복습할 때 정리하면서 내 것으로 만들면 된다. 학교 야간 자율학습 시스템도 잘되어 있고 모든 학생들이 학원, 인강을 중심으로 공부하는 것은 아니다. 즉 혼자 공부하는 학생도 많다. 그런데 왜 혼자 공부하는데 성적은 오르지 않고 제자리일까? 왜 혼자하는 공부는 수업 듣기보다 힘들까?

그 원인은 잘못된 공부법에 있다. 수업에서 배운 내용을 복습하는 것만으로 혼자 공부했다고 착각하면 안 된다. 복습은 가장 기본적으로 해야 하는 공부다. 물론 복습하는 것이 안 하는 것보다 효과는 훨씬 크다. 하지만 복습하는 것보다 중요한 것은 '어떻게 복습을 하는가?'이다. 보통 학생들은 배운 내용을 다시 한 번 읽고 정리하는 것, 말 그대로 다시 보는 것을 복습이라고 생각한다. 이 방식은 수능 공부에서는 절대로 통하지 않는 방식이다. 내용을 다시 보고 정리하는 것을 넘어 하나의 개념을 깊이 있게 이해하고 그것을 다른 개념과 연관 짓는 공부를 해야 한다. 개념에 대한 완벽한 이해를 바탕으로 문제 풀이를 해야 한다. 문제도 많이 푸는 것보다 하나라도 제대로 풀고 분석하고 부족한 부분을 보완하는 방향으로 공부해야 한다. 수능 시험 유형에 맞게 공부하는 것이다. 보통 학생들은 이런 것을 생각하지 않고 일단 뭐라도 해야 한다는 생각에 무작정 공부하니 공부할수록 성적이 안 오르는 것이다.

배운 것을 복습한 후에는 반드시 지문 독해 및 다양한 유형의 문제 풀이를 통해 진짜 실력을 길러야 한다. 수능일에는 국어, 영어의 경우 이때까지 전혀 보지 못한 새로운 지문이 문제와 함께 출제되고 수학 문제는 단순 계산보다 응용된 문제가 다수 출제된다. 탐구는 다양하고 까다로운 자료가 문제와 함께 출제된다. 암기와 문제 풀이의 공부 방식으로는 절대 풀 수 없는 문제들이다. 이러한 문제는 학교 수업, 학원, 인강을 듣는 것만으로는 해결할 수 없다. 학교 선생님, 학원, 인강 강사들이 여러분을 대신해서 시험장에 들어가지 않는다. 학교 선생님, 학원, 인강 강사들이 직접 지문 독해 및 문제 풀이 해주는 것을 열심히 듣고 정리하고 복습한다고 해도 성적은 절대 오르지 않는다. 반드시 스스로 직접 독해 훈련을 하고 문제를 풀고 틀린 부분을 철저하게 분석하고 부족한 부분을 보완해야 한다. 이렇게 공부할 때 진짜 실력이 쌓이는 것은 물론이고 암기도 저절로 잘돼 시간이 갈수록 효율적으로 공부할 수 있다.

지금까지 해보지 않은 방식이고 수능도 얼마 남지 않은 상태라 처음에는 '이렇게 한다고 될까' 하는 불안함과 두려움이 생길 수 있다. 나 또한 이전의 방식을 버리고 새로운 방법으로 혼자 공부할 때 똑같은 것을 느꼈다. 하지만 중요한 것은 수능이라는 시험에서 원하는 결과를 얻으려면 이렇게 공부해야 한다는 것이다. 힘들고 어려우니까 안 하겠다는, 선택의 문제가 아니다. 수능에서 좋은 성적을 받고 SKY, 명문대에 합격한 사람들은 모두 이렇게 공부했다. 이렇게 공부하는 게 이해가 안되고 힘든 것은 중요하지 않다. 성공한 사람들이 그렇게 했다면 의심하지 말고 따라 하는 게 가장 빠른 방법이다. 손흥민 선수가 축구를 가르쳐 주고 백종원 대표가 요리와 장사를 가르쳐 주는데 본인이 이해 안 되고 어렵다고 대충 하고 안 할 것인가?

이젠 더 이상 소중한 시간, 돈, 에너지를 낭비해서는 안 된다. 앞으로 100일 동안 단 하루도 헛되게 보내서는 안 된다. 문제의 본질적인 해결책을 찾지 않은 상태에서 무작정 학원 수업, 인강만 열심히 듣는 것은 악순환의 반복일 뿐이다. 공부의 본질, 수능의 특징과 스스로의 실력을 객관적으로 돌아봐야 한다. 혼자 공부하는 시간 확보가 수능 100일 공부법에서 가장 중요하다. 학원, 인강, 과외 등 사교육 활용은 그 다음에 생각해볼 문제다. 스스로 하는 공부만이 수능은 물론 입시에서의 성공을 보장한다.

08

보통 학생일수록
수능 100일 공부법을 배워라

이제 책상 앞에 앉아서 열심히 공부만 한다고 수능을 잘 보고 입시에서 성공하는 시대는 끝났다. 전교 1등이 서울대 가는 시대는 더더욱 아니다. 부모님 세대와 중학교 공부까지는 책상 앞에 앉아 암기와 문제 풀이 중심으로만 열심히 공부하면 명문대에 합격하고 전교 1등이 될 수 있었다. 하지만 여러분은 지난 2년 반이라는 시간 동안 고등학교 공부를 하면서 암기와 문제 풀이 중심의 공부 방식에 배신을 당했다.

남은 100일 동안 수능에서 성공하는 방법은 세 가지다. 첫 번째 명확한 목표 수립이다. 수능 100일 공부의 시작은 명확한 목표를 수립하는 데에 있다. 이젠 명확한 목표가 없으면 공부해서는, 아니 공부하는 것 자체가 불가능하다. 본인이 가고자 하는 목적지가 없는데 어떻게 차를 몰고 갈 수 있겠는가? 본인이 가고자 하는 목표 대학과 학과를 정하고 해당 학과에서 본인에게 맞는 전형을 찾아야 한다. 그 전형 요소를 바탕으로 자신에게 맞는 입시 전략을 수립해야 하는 것이다. 이 전략을 바탕으로 남은 100일 동안의 계획과 로드맵이 나오고 중요하고 필요한 것 중심으로 선택과 집중의 공부를 할 수 있다.

두 번째 제대로 된 방법이다. 목표가 명확하더라도 그것을 이루기 위한 방법이 잘못되면 헛고생을 하게 된다. 이 책을 읽는 학생 중에 목표가 크고 명확한데 성적이 기대만큼 나오지 않은 학생들이 많을 것이라고 생각된다. 나 또한 죽어라 공부를 했는데 성적이 안 나온 적이 한두 번이 아니다. 수능이 얼마 남지 않은 시기에는 더욱 힘들었다. 처음에는 내 노력이 부족한 줄 알고 더 많은 시간을 투자해서 공부했지만 성적은 제자리였다. 그때 나는 노력이 아닌 '공부 방법'에 문제가 있다는 것을 깨달았다. 여러 가지 시행착오를 겪고 다양한 정보를 수집한 끝에 '성공하는 공부법'을 찾았다. 처음에는 그 과정에서 성적이 오히려 떨어지기도 했다. 하지만 나는 적응 기간이라고 생각하고 꾸준히 새로운 방법으로 공부해서 모의고사 성적이 향상되었음은 물론이고 전교 1등까지 했다. 노력의 강도와 양은 이전과 똑같았다. 시간이 지날수록 기본 공부법을 바탕으로 나만의 공부법까지 자연스럽게 만들어졌고, 그 방법으로 수능에서 원하는 성적을 받고 서울대 합격까지 할 수 있었다.

세 번째 목숨 건 노력이다. 아무리 목표가 명확하고 최고의 방법이 주어져도 실천과 노력 없이는 절대로 결과가 나오지 않는다. 성공한 사람들은 극소수만 존재하고 대부분 사람들이 실패하는 이유는 바로 노력과 실천에 있다. 예전에는 정보가 제한돼 있어 방법이 결과를 좌우하기도 했지만 지금은 정보와 방법들이 모두 오픈되어 있다. 오히려 너무 넘쳐서 문제가 될 정도다. 간절하고 명확한 목표가 있고 최고의 방법이 주어졌는데도 그것을 지속적으로 실천하고 제대로 노력하지 않아서 결과를 내지 못한 사람들을 수없이 봤다. 이제는 열심히 하지 않는 사람이 없고 1만 시간의 법칙도 당연한 것이 돼버렸다. 다른 것을 포기하고 하나의 목표에 집중하는 것은 기본이다. 꿈을 이루고 목표를 달성하기 위해서는 남들과 차원이 다른 노력을 해야 한다. 꼭 수능이 아니라 여러분이 앞으로 살아가면서도 공통적으로 적용되는 부분이다.

제대로 노력하고 있는지 측정할 수 있는 방법은 스스로 지금하고 있는 노력을 나중에 다시 하라고 했을 때 할 수 없는지 판단해보는 것이다. 사람들이 대부분 미련을 가지고 후회하는 이유는 '적당히' 노력했기 때문이다. 그러니까 "다시 하면 더 잘할 수 있는데"라고 말한다. 하지만 한 분야에서 최고가 된 사람들은 다르다. 그들은 하나같이 "그때 나의 모든 것을 바치고 노력한 스스로가 자랑스럽고 뿌듯하지만 그것을 다시 하라고 하면 죽어도 못한다"라고 말한다.

나 또한 마찬가지다. 나는 3년 동안 아무것도 하지 않고 책상 앞에 가만히 앉아 있는 것만으로 서울대 보내준다고 해도 절대로 다시는 수능 공부를 안 할 것이다. 차라리 죽으라고 하는 것이 더 빠를 수 있을 정도다. 그만큼 나는 그 시간이 힘들고 고통스러웠고 스스로에게 한 치의 후회와 미련이 없다. 여러분도 남은 100일 동안만이라도 수능 공부에만 올인해서 여러분이 할 수 있는 이상의 노력을 해야 한다. 수능이 끝나고 100일을 돌아봤을 때 스스로 후회가 없어야 한다. 아쉬움과 미련 없이 다시는 할 수 없을 것이라고 말할 수 있어야 한다. 그것이 진짜 노력이다.

명확한 목표, 제대로 된 방법, 목숨 건 노력! 이 세 가지면 누구나 남은 100일 동안 수능과 입시에서 원하는 목표를 달성함은 물론이고 기대 이상의 결과까지 얻을 수 있다. 이 세 가지는 수능뿐 아니라 어떠한 분야에서든 성공하는 핵심 원리다. 이것을 전문적인 용어로 '골든서클'이라고 부른다. 나는 입시 공부를 하며 '골든서클'을 스스로 배우고 깨달았고 내 몸에 장착했다. 그 결과 서울대에 합격함은 물론이고 서울대생이 되고 나서도 누구보다 성공적이고 행복하고 후회 없는 대학생활을 했다. 그리고 전역 후 사회에 나와서도 '골든서클'을 적용해 더 큰 꿈을 꾸고 이루어가고 있는 중이다.

보통 학생들이 수능 100일 공부법을 배워야 하는 이유는 방향을 정확하게 잡고 불필요한 시간 낭비를 없앨 수 있기 때문이다. 이 책을 읽는 여러분은 이때까지 열심히 노력했는데 그만큼 결과가 나오지 않았거나 수능 공부를 제대로 해보지 않은 분들일 것이다. 하지만 지금 여러분은 시간적 여유가 있는 고 1, 2가 아니다. 심지어 고 3도 반이나 지나간 시점이다. 여러분에게 지금 필요한 것은 올바른 방향과 제대로 된 방법뿐이다.

그런데 앞으로 100일 동안의 수능 공부 전체를 알려줄 사람을 찾기가 쉽지 않다. 학교 선생님과 학원, 인강 강사든 자신의 과목에 대해서는 베테랑이다. 하지만 그들이 목표 설정, 전략 및 계획 수립, 과목별 공부법, 자기 관리 등 수능 100일 공부법의 모든 것을 알려주기는 힘들다.

여러분은 지난 2년 반 동안 열심히 수업을 듣고 공부했다. 단지 어떻게 해야 하는지 방법을 몰랐을 뿐이다. 모르는 것은 죄가 되지 않는다. 알고 하지 않는 것이 죄가 되는 것이다. 지금까지 몰랐기 때문에 제대로 배워서 남은 100일 동안 실천만 하면 되는 것이다.

나는 처음 공부를 시작했을 때 아무것도 모르는 상태였다. 처음 공부할 때는 사막 한가운데 떨어진 느낌이었다. 목말라 죽을 것 같아 오아시스를 찾고 싶은데 그 방법은 도저히 모르는 상태! 내가 할 수 있는 수단과 방법을 가리지 않고, 닥치고 공부했다. 이렇게 공부한 결과 나는 중학교 3학년 때 전교 3등으로 졸업했고 고등학교 1학년 1학기 때 종합 성적이 전교 3등이었다. 이렇게만 공부하면 내가 꿈꾸던 서울대에 합격할 수 있겠다는 상상의 나래를 펼쳤다. 나는 이 자신감을 가지고 1학년 2학기 때도 항상 하던 방식으로 공부하고 내신 준비를 했다.

그런데 나는 충격적인 성적표를 손에 쥐게 되었다. 1학년 2학기 성적이 1학기 때와 비교해서 많이 떨어졌다. 내신과 수능에서 가장 비중이 높은 국어, 영어, 수학 성적이 안 좋다는 것에 충격을 받았다. 아무리 공부를 열심히 해도 성적이 오르기는커녕 떨어지기 시작한 것이다. 나는 이대로 가다가는 큰일 나겠다는 생각에 공부법을 바꾸어야겠다고 결심했다. 책상 앞에 앉아서 공부하기 전에 어떻게 공부하는지를 알아내기로 했다. 정확히 말하면 공부 잘하는 사람들을 찾아야 했다. 그들을 나의 공부 멘토로 삼는 것이 목표였다.

나는 이것저것 가리지 않고 공부 잘하는 사람을 찾아보았다. 학교, 책, 온라인 사이트 등 내가 할 수 있는 모든 방법을 총동원 했다. 그들을 직접 만나 조언을 구하고 나의 멘토로 삼았다. 이러한 과정을 통해 입시 공부법의 핵심을 완벽하게 알게 되었다. 하지만 성공한 사람들의 공부법을 실천한다고 해서 바로 성적이 잘 나오지는 않았다. 이전의 내가 하던 방식을 다 버리고 전혀 새로운 방법대로 해야 했기 때문이다. 공부법을 적용하는 과정에서 시행착오도 많이 겪었다. 그렇지만 나는 절대 포기하지 않고 끊임없이 적용하고 피드백하고 수정했고, 그 결과 나만의 입시 공부법이 탄생하게 되었다.

여러분은 내가 4년 4개월 동안 공부하면서 겪은 수많은 시행착오와 경험을 책 한 권으로 배울 수 있게 된 것이다. 수능 100일 공부법을 배움으로써 굳이 사서 고생하지 않아도 되고 불필요한 시간, 돈, 에너지를 낭비할 필요도 없다. 나는 이 방법을 전교 꼴찌이자 축구선수였던 나한테만 적용한 것이 아니다. 여러분과 같은 수험생약 3천 명을 대상으로 강연과 컨설팅, 코칭을 하며 이 방법을 알려주었다. 그 결과 그들의 내신, 모의고사, 수능 성적이 향상되었음은 물론이고 그들이 목표 대학에 합격을 하는 데 도움을 주었다. 보통 학생일수록 수능 100일 공부법을 배워야 하는 이유다.

맞춤형 입시 전략을 바탕으로 목표와 분량 중심의 계획을 세우면
방황하거나 고민할 필요가 없다.
기준이 명확해졌기 때문에 오늘 무슨 공부를 할지 고민할 필요도 없으니
방황하거나 불필요한 시간 낭비를 할 필요가 없다.

chapter 2

수능 100일
성공을 위한
골든서클

01

대학 타이틀이 바뀌는
수능 100일 공부법

　나는 서울대에 합격한 후 EBS 〈공부의 왕도〉로부터 출연 제의를 받았다. 서울대 합격한 다음 달에 담당 PD가 우리 집에 와서 나의 입시 스토리를 1주일 동안 촬영했다. 1주일간의 촬영이 끝나자마자 나는 서울대학교에 갔다. 수시전형 합격생들을 대상으로 하는 〈새내기 대학〉 프로그램에 1주일 동안 참여해야 했기 때문이다. 1년 전만 해도 서울대생(서울대 프로네시스 봉사동아리)으로부터 멘토링을 받은 내가 그들과 같은 서울대생이 되어 학교를 다닌다는 것만으로도 가슴이 설레었다.

　〈새내기 대학〉은 신입생들이 대학교 입학 전에 대학생활에 잘 적응할 수 있도록 만든 프로그램이었다. 다양한 주제의 수업, 강연과 레크레이션 등의 프로그램으로 구성되었고 〈새내기 대학〉을 통해 다양한 친구도 사귈 수 있었다. 마지막 날에는 서울 명소를 투어했다. 지정된 장소에 멘토들이 숨어 있고 거기서 그들을 찾아 인증샷을 찍는 것이 미션이었다. 대학 동기들과 함께 미션을 하고 밥도 먹고 사진도 찍으며 소중한 추억을 만들었다. '대학생 라이프가 이런 것이구나, 지난 3년 동안 고생해서 서울대학교에 온 보람이 있구나' 하고 느꼈다.

그런데 이동하면서 황당한 사건을 겪었다. 〈새내기 대학〉 프로그램 기간 동안 착용하는 이름표가 있어 그것을 착용하고 미션 장소로 이동 중이었는데 지하철에서 어떤 사람이 이름표를 보더니 "무슨 학교야? 서울대학교야? 치~"라고 말했다. 미션 사진을 찍고 있으니 사람들이 "서울대학교야? 무슨 서울대생이 이런 데서 사진을 찍어?"라는 것이었다. 미션을 마치고 돌아오는 지하철에서는 심지어 어떤 아저씨가 여자 동기한테 이름표만 보고 이유 없이 입에 담을 수 없는 욕을 했다. 나는 이 경험을 통해 사람들이 서울대에 대해 좋은 인식만을 가지고 있지 않다는 것을 알았다. 그래서 새로운 사람들을 만날 때 학교 얘기를 내가 먼저 꺼내지 않아야겠다고 다짐했다.

이제 대학 타이틀이 전부인 시대는 끝났다. 21세기는 학벌 없이도 누구나 성공할 수 있는 시대다. 유튜버, 아프리카 BJ, 뷰티크리에이터들이 대표적인 예다. 이들은 어떠한 스펙도 없이 오직 자신만의 컨텐츠와 실력으로 대중에게 인정을 받고 최고가 된 사람들이다. 그들의 수익은 대기업 회사원보다 많음은 물론이고 웬만한 탑연예인들과 비슷하다. 요즘 연예인들도 유튜브에 진출하지만 대부분의 크리에이터들은 평범한 일반인이었다. 이제 기업에서도 대학 타이틀을 보지 않는 곳이 많이 생기고 있다. 예전에는 1차 서류평가에서 대학 타이틀만 보고 합격자를 뽑아 2차 면접평가를 봤다. 하지만 이젠 입사 지원서 항목에서 대학 타이틀은 물론이고 증명사진까지 빼는 회사들이 많아졌다. 그만큼 백이 아닌 실력으로 평가하겠다는 것이다. 대기업 내에서도 학벌 없이 바닥부터 시작해 임원 자리에 올라간 분들이 많다. 이 외에도 오직 열정, 끈기와 실력만으로 사업에서 성공한 분들도 상당히 많이 볼 수 있다. 그리고 학벌 없이 맨땅에서 시작해서 성공해진 유명인도 많다. 서태지, 비, 고(古) 정주영 현대그룹 회장, 조성진 LG전자 부회장 등이 학벌 없이 성공한 대표적인 인물이다.

그러나 이런 희망적인 현상에도 불구하고 내가 하고 싶은 말은 사실상 학벌은 없어질 가능성이 적고 우리 사회 내에서 학벌의 영향력은 여전이 존재한다는 것이다. 앞으로 대한민국 사회에서 학벌이 완화될 수 있을지는 몰라도 절대로 없어지지는 않을 것이다. 역사적으로 봐도 형태만 바뀌었을 뿐 학벌은 어떤 형태로든 존재했다. 대학이라는 것은 최근에 생긴 것이 아니다. 대학은 삼국시대부터 국가의 최고 교육기관이었다. 고려시대부터 지금의 수능이라고 할 수 있는 과거제도가 실시되었고 조선시대에는 과거의 영향력이 더 커졌다. 특히 조선시대는 사농공상을 차별하는 사회였기 때문에 과거시험에 합격하는 것만이 유일한 출세의 길이었다. '공부해서 성공한다'는 말이 시작된 시기가 조선시대라고 볼 수 있다. 나라를 빼앗긴 일제강점기에도 다양한 교육기관, 대학이 설립되었고 광복 이후부터 지금까지 수많은 대학들이 생겨났다. 학벌만으로 사람을 평가하는 것이 부당하고 실질적인 기능을 상실한 대학들이 많은 것은 사실이다. 하지만 대학은 사회에서 꼭 필요한 기관이다.

앞에서 말했듯이 나는 학벌이 내 인생의 성공과 행복을 보장하지 않는다는 것을 깨달았다. 새로운 곳에서 새로운 사람을 만나도 여러 가지 이유로 학교 이야기를 먼저 꺼내지 않는다. 하지만 내 의사와 관계없이 여전히 학벌의 영향력은 존재했다. 아무런 조건 없이 만난 사람도 내가 서울대학교를 나왔다고 하면 나를 바라보는 시선과 태도가 달라졌다. 학벌이 전혀 중요하지 않은 군대에서조차 학벌이 존재했다. 서울대라는 이유로 많이 혼나고 오히려 무시도 받았고, 대다수의 사람들이 '서울대생은 모든 것을 다 잘해야 한다'는 편견을 가지고 있었다. 군사훈련을 받을 때 내가 사격을 잘하지 못하자 교관들이 "서울대생이 사격을 왜 이렇게 못하나?"라고 말하기도 했다. 자대배치를 받아 군생활을 할 때도 처음 왔으니까 모르는 것이 당연한데도 "서울대생이 왜 몰라? 서울대생이 이것밖에 못하나?"라고 말한 상급자가 있었다.

이젠 고학력 실업자들도 많은 시대이기 때문에 명문대를 나왔다고 반드시 좋은 회사에 취직된다는 보장도 없다. 하지만 취업의 관점이 아니라 조금 더 폭넓은 관점에서 대학의 이점은 존재한다. 바로 기회의 폭이 넓어진다는 것이다. 대학 타이틀은 자신의 꿈과 목표를 이루는 데 필요한 다양하고 차별화된 기회에 쉽게 접근할 수 있게 도와준다. 명문대는 다양한 인적 네트워크, 유명인의 특강, 수준 높은 교육 시설과 교육 프로그램 등이 다른 대학과는 확실히 다르다. 물론 이러한 기회가 많다고 반드시 원하는 목표를 달성하거나 남들보다 잘되는 것은 아니다. 이런 좋은 기회를 활용하지 못하는 사람도 많다. 그래도 기회가 있느냐 없느냐 자체는 중요한 문제다.

여기서 여러분이 기억해야 하는 것은 좋은 대학, 즉 명문대라는 기준이 SKY로 한정되지 않는다는 사실이다. 메가스터디 손주은 회장은 SKY나 적어도 서강대, 성균관대, 한양대, 이화여대 정도는 가야 입시에 성공한 것이고 이 대학들만 명문대라고 생각하는 것이 지금 현실과는 맞지 않는다고 얘기한다. 그는 단적으로 "학부모 시대 때 이대에 갈 정도의 실력이면 지금은 서울 시내에 있는 대학에 합격하는 것과 같은 것인데 그것을 학생도 모르고 학부모도 모른다"고 말한다. 부모님 세대 때는 일류대학, 명문대라고 하면 SKY밖에 없었다. 입시가 치열해지면서 90년대 중반부터 SKY와 서강대, 성균관대, 한양대, 이대까지 명문대에 포함되었다. 하지만 2010년대 초반부터 위 대학들은 초일류대학으로 바뀌었고 명문대의 범위는 중앙대, 경희대, 한국외대, 서울시립대까지 확장되었다. 최근에는 명문대의 범위가 더 넓어져 동국대, 건국대, 홍익대, 숙명여대까지 포함한 15개 대학이 일류대학이자 명문대학이라고 정의한다. 그리고 이 대학들 외에 포항공대, 카이스트도 명문대학에 포함된다. 수치적으로 보면 전체 수험생 중 5~6% 정도가 이 대학들에 입학할 수 있다. 그 말은 남은 수능 100일 동안 어떻게 공부하느냐에 따라 명문대 또는 상위권 대학에 입학할 가능성이 있다는 것이다.

다시 말하지만 학벌은 우리의 인생을 책임지거나 행복을 보장하지 않는다. 대학 합격보다 대학 생활이 더 중요하고 대학 졸업 후 사회에서의 삶이 진짜 인생의 시작이다. 아무리 학벌이 좋아도 사회에서 제대로 하지 못하면 학벌이 없는 것만 못하다. 21세기에는 대학을 가지 않더라도 원하는 것을 하고 성공할 수 있는 시대다. 하지만 여러분이 대학을 갈 생각이 없는 것이 아니라면 원치 않더라도 남은 100일 동안 수능 공부를 해야 한다. 미래의 일은 그때 생각하고 지금 여러분이 해야 하고 할 수 있는 것이 수능 공부라면 여기에 모든 것을 걸어봐야 한다. 스스로 할 수 있는 최대한의 노력으로 공부해서 좋은 수능 성적을 받고 원하는 대학에 합격하라. 그러면 대학 입학 후에 여러분이 진정으로 원하는 것을 하려 할 때 필요한 기회가 그렇지 않은 사람보다 훨씬 더 많아질 것이다.

100일 동안의 공부로 SKY에 합격할 수도 있다. 설상 못가더라도 본인의 지금 성적과 실력보다 더 좋은 대학, 상위권 대학에 충분히 합격할 수 있다. 하지만 여러분이 지금까지 해오던 방법을 남은 100일 동안 그대로 한다면 지금 실력보다 더 못한 대학에 갈 가능성이 더 크고 3년 동안 열심히 공부한 것에 대한 보상을 받기 힘들 것이다. 수능 100일 공부법으로 수능 점수는 물론이고 대학 타이틀이 바뀐다면 맘먹고 결단해서 실천할 가치가 충분하다.

02

입시 성공은 머리가 아니라
맞춤형 입시 전략에 달렸다

내가 5~6년 전에 공부법 코칭을 할 때의 일이다. 모든 학생에게 "목표 대학, 학과와 이를 바탕으로 한 입시 전략을 수립하지 않으면 절대로 공부 시작하지 마라. 일단 공부부터 해서 성적 올려 좋은 대학 가겠다는 것은 대학을 가지 않겠다는 뜻이다. 올해 입시에서 수능 만점을 받아도 서울대학교 합격 못 하는 학생 나온다"라고 강조했었다. 이때가 2013년 1월 경이었다. 딱 그 해, 2014년 입시에서 자연계 유일한 수능 만점자가 서울대 의대에 떨어졌다. 그 학생이 서울대 의대에 불합격한 이유는 면접 성적이 좋지 않기 때문이다. 그 학생이 본인이 지원하고자 하는 학과의 전형을 제대로 파악하고 전략을 제대로 수립했다면? 면접 준비도 수능만큼 철저히 했다면? 당연히 서울대 의대에 수석으로 입학했을 것이다. 여러분이 남은 100일 동안 미친듯이 공부해서 수능 대박을 쳤다고 가정하자. 그런데 본인이 지원하고자 하는 학과에서 수학을 반영하지 않는다면? 3년 동안 힘들게 수능을 공부해서 좋은 성적을 받았는데도 정작 대학 입학을 못하는 불상사가 발생하게 되는 것이다.

지금은 모든 수험생이 한국사를 필수로 응시해야 한다. 하지만 내가 수능을 볼 때까지만 해도 한국사는 서울대만 필수였다. 한국사라는 과목 자체가 탐구 과목 중에 양도 제일 많고 난이도도 어려웠다. 그것만으로도 수험생들이 한국사를 기피할 이유로 충분했다. 거기에다가 서울대나 역사학과에 지원하는 학생에게만 한국사를 요구하다 보니 다른 수험생들이 한국사를 선택할 이유는 더더욱 없었다. 당시 모의고사 성적은 바닥이었는데 수능에서 대박이 난 여학생이 있었다. 그 학생의 수능 성적은 서울대에 합격할 만한 수준이었기에 당연히 합격할 줄 알고 서울대에 지원했다. 그런데 결과는 불합격이었다. 그 여학생이 수능에서 한국사를 응시하지 않은 것이다. 그 학생은 재수했는데 수능 당일에 안 좋아서 재수도 망쳤다고 한다. 수능에서 한국사 시험을 못 본 것이 아니라 한국사에 응시하지 않은 이유로 서울대에 합격할 수 있었음에도 떨어진 것이었다. 이것이 바로 입시 전략 수립이 가장 중요한 이유다.

수능 100일의 성공은 노력이 아니라 입시 전략에 달렸다. 이 책을 읽고 있는 여러분이 '일단 공부해서 수능 성적부터 잘 받고 보자'는 마음으로 공부를 시작한다면 순서부터가 잘못된 것이다. 이는 목적지도 없이 출발한 것과 같다. 목적지가 있다 하더라도 목적지에 어떻게 가야 하는지 모른다면 끝없이 방황하고 불안할 것이고, 목적지에 언제 도착할지도 모른다. 평생 그 목적지에 못 갈 수도 있고 전혀 예상치 못한, 엉뚱한 곳에 도착할 수도 있다. 내비게이션이 없더라도 최소한 지도는 있어야 한다. 100일 동안 여러분의 노력이 빛을 발하고 결과를 얻으려면 반드시 입시 전략부터 수립해야 한다. 책상 앞에 앉아서 국어, 영어, 수학, 탐구를 공부하는 것이 시작이 아니다.

SKY생들은 입시 프로이자 전략가들이다. 그들은 성공하는 전략을 수립하고 똑똑한 여우처럼 준비하고 공부한다. 그들은 본인이 세운 전략을 기준으로 모든 선택을 한다. 본인이 들으려는 수업이나 보려는 교재가 전략에 부합하면 선택한다. 모든 사람이 다 좋다고 하는 수업이나 교재라 하더라도 본인의 전략에 부합하지 않으면 과감하게 버린다. 조금이라도 전략에서 벗어나면 시간, 에너지, 돈 낭비라고 본능적으로 느낀다. 자신만의 확고한 전략이 있기에 절대로 다른 사람의 말에 흔들리지 않는다.

그렇다면 전략은 어디서 나올까? 바로 목표 대학과 학과에서 나온다. 중요한 것은 같은 학교, 학과라 하더라도 입학전형이 다르다는 것이다. 입학전형은 쉽게 말하면 해당 학과에 들어가는 데 필요한, 대학에서 만들어 놓은 조건이다. 이 조건에 부합해야 합격한다. 부모님 시대 때는 성적순으로 입학했기에 전형이 지금처럼 다양하지 않았다. 하지만 지금은 하나의 학과에도 다양한 전형이 있다. 수많은 전형 중에 자신에게 맞는 전형을 찾아 자신만의 입시 전략을 수립해야 한다. 이것이 바로 맞춤형 입시 전략이다.

입시전형을 찾는 가장 빠른 방법은 입학설명회가 아니라 여러분이 목표로 잡은 대학의 홈페이지다. 홈페이지에 가면 해당년도 입학전형이 파일로 상세하게 나와 있다. 목표 학과의 전형을 보고 본인이 지원 가능한 전형을 찾는다. 그런 다음 해당 전형에서 요구하는 것이 무엇인지 꼼꼼하게 파악하고 빠짐없이 정리해야 한다. 평가항목(내신, 수능, 학생부, 자기소개서, 논술, 면접, 실기 등), 반영 과목 및 필수선택 과목, 과목별 반영비율, 학년별 반영비율(내신), 봉사활동 시간, 독후감, 자기소개서 항목, 면접 및 실기방식 등이 포함된다.

중요한 것은 목표 대학. 학과마다 해당 전형을 정리하고 전략을 수립할 때는 합집합으로 해야 한다는 것이다. 예를 들면 A라는 대학에서 수능을 국어, 영어만 반영하고 B대학에서 수학, 탐구만 반영한다면 '국어, 영어, 수학을 모두 공부하고 남는 시간을 활용해서 탐구 과목도 함께 공부한다'는 전략이 수립되는 것이다.

이때 과목별 반영비율도 고려해서 우선순위를 세워야 한다. 국어, 영어, 수학이 똑같은 비율로 반영된다면 잘하는 과목은 꾸준히 공부하되 실력이 부족한 과목에 더 많은 시간을 투자해야 한다. 만약 국어, 영어가 똑같은 비율로 반영되고 수학이 가장 높은 비율로 반영된다면 수학 공부를 우선순위에 두고 공부하는 전략을 수립해야 하는 것이다.

만약 스스로 맞춤형 전략을 수립하기 힘들다면 학교 입학 담당 선생님께 찾아가서 물어보고 정리하면 된다. 나도 처음에는 대학 입학 전형을 혼자 찾기 힘들어 입학 담당 선생님께 물어보았다. 정보를 얻고 이해가 안 되는 부분을 확실히 파악하고 나서 나한테 맞는 입시 전략을 세울 수 있었다. 입시 전략은 하루 만에 수립해야 한다. 평일에 하기 힘들다면 주말을 투자해서라도 집중해서 반드시 맞춤형 입시 전략을 완성해야 한다. 조금 어렵고 귀찮다는 이유로 '수능 성적 나오면 그때 생각하자'라는 마음으로 맞춤형 입시 전략 수립을 미루면 앞에서 본 불상사의 주인공은 여러분이 될 것이다. 맞춤형 입시 전략은 선택이 아니라 필수이고 수능 100일 공부의 시작이다. 이젠 맞춤형 입시 전략이 없으면 공부 자체를 할 수 없다. 수능 100일의 첫날은 맞춤형 입시 전략을 수립하는 것부터 시작한다. 이것을 늦출수록 여러분의 소중한 시간은 흘러가고 공부할 수 있는 시간은 더더욱 없어진다는 것을 명심해야 한다.

맞춤형 입시 전략은 한글파일로 정리해서 인쇄하거나 노트나 자신의 플래너에 자필로 정리해서 최종본을 만든다. 매일 아침 공부를 시작하기 전에 목표를 상상을 하고 목표를 이루기 위한 맞춤형 입시 전략을 봐야 한다. 그래야 100일 동안 잘못된 방향으로 가지 않고 힘들고 어려운 상황이 생겨도 흔들리지 않는다. 맞춤형 입시 전략을 바탕으로 100일 동안의 로드맵과 과목별 공부 계획을 수립한다. 그러면 선택과 집중해서 공부하게 되므로 100일 동안 단 하루, 한 순간도 낭비하지 않게 되는 것이다.

나의 목표는 '서울대학교 체육교육과'였다. 서울대학교 사이트를 참고하고 입학 담당 선생님께 물어보며 수시와 정시전형을 조사했다. 조사해보니 수시는 일반전형, 특기자전형, 외국인전형, 재외국민전형, 기회균등전형이 있었다. 정시에는 일반전형과 기회균등전형이 있었다. 서울대학교 체육교육과에 들어가는 방법만 해도 7가지나 있는 것이다. 각 전형마다 요구 조건도 달랐다. 이 중에서 나한테 맞는 전형을 찾아야 했다. 수시 5가지 전형 중 나와 맞는 것은 기회균등전형이었다. 기회균등전형은 다시 농어촌, 저소득층, 북한이탈주민전형 3가지로 나뉘었다. 나는 기회균등전형 중에서 농어촌전형이 나와 맞다는 것을 파악했다. 기회균등 농어촌 전형은 두 개의 단계로 진행됐다. 1단계에서는 내신 성적과 자기소개서로 3배수를 뽑았다. 2단계에서 내신과 면접을 봤고 수시는 정시와 다르게 수능 최저학력기준이 있었다. 2단계 내신과 면접을 통과한다 해도 최저학력기준을 맞추지 못하면 불합격하는 것이다.

내신은 학교장 추천으로 3명만 지원할 수 있었다. 말이 학교장 추천이지 내신 전교 3등에 들어야 입학원서를 쓸 수 있다는 것이다. 서울대학교는 전 과목이 내신기준에 포함되었다. 자기소개서는 별도의 양식이 있었다. 수능은 국어, 영어, 수학, 사회탐구를 봤다. 중요한 것은 서울대는 한국사가 필수였다는 것이다. 수능 만점을 받아도 한국사를 선택하지 않으면 않으면 떨어진다는 의미다. 다른 대학은 사회탐구를 최소 2개만 응시해도 되었다. 하지만 서울대는 사회탐구 과목을 4과목 모두 응시하고 그중에서 성적이 좋은 2과목을 점수에 반영을 했다. 그러다 보니 나의 경우 수능만 7과목을 준비해야 하는 부담이 있었다.

수시에 반드시 합격한다는 보장이 없기에 나는 정시도 같이 준비했다. 정시전형의 경우 1단계에서 수능 성적으로 3배수를 뽑았고 2단계에서 수능, 실기, 논술, 면접, 학생부(내신과 비교과)를 보았다. 수시에서는 수능 최저학력기준이 있었다면 정시 수능은 과목별로 반영하는 비율이 달랐고 수학, 국어·영어, 탐구 순으로 점수를 반영했다. 실기는 기초실기와 전공실기 모두 봤고 논술은 문과, 이과에 따라 문제가 달랐다. 면접은 교직인적성과 전공 지식을 봤고 학생부의 비중은 수시에 비해 현저히 낮았다. 무엇보다 서울대 체육교육과는 실기보다 수능 반영 비율이 높았다. 실기를 만점 받아도 수능 성적이 낮으면 합격할 수 없었다.

수시와 정시전형을 파악한 후 맞춤형 입시 전략을 수립했다. 나는 항상 전교 1등을 목표로 내신을 준비했다. 그래야 안정적으로 3등 안에 들어갈 수 있기 때문이다. 다른 친구들은 주요 과목(국어, 영어, 수학, 탐구)만 공부하면 되었다. 하지만 서울대학교는 내신을 전 과목을 봤기 때문에 나는 일본어, 컴퓨터, 한문은 물론이고 체육, 음악, 미술까지 공부해야 했다. 목표와 시간 관리를 더 잘할 수밖에 없었다. 남들에 비해 몇 배 더 노력해서 내신을 준비한 결과 나는 전교 3등 안에 들어 서울대학교 수시전형에 지원할 수 있었다. 수능은 국어, 영어, 수학을 중심으로 공부하되 한국사 포함 사회탐구 4과목(한국사 포함)도 함께 공부해야 했다. 내가 가장 취약하고 싫어했지만 반영비율은 가장 높은 과목이 수학이었다. 나는 모든 과목 중에 수학에 많은 시간과 에너지를 투자했다. 그 다음으로 국어. 영어 그리고 사회탐구 순으로 우선순위를 정해 공부했다.

입시 성공은 머리가 아니라 맞춤형 입시 전략에 달렸다. 어디로 가야 할지 모른 채 스피드만 내서 달리는 것은 아주 위험한 행동이다. 목적지가 없기에 갈림길이 나올 때마다 방황하다 우선 보이는 곳으로 들어가게 마련이다. 그러다 사고가 나거나 전혀 다른 길로 빠지게 된다. 나는 절대 머리가 좋아서 서울대에 합격한 것이 아니다. 처음 공부를

82

시작할 때 나의 전교 석차는 뒤에서 3등이었다. 하지만 누구보다 서울대 합격이 간절했고 나한테 맞는 입시 전략을 완벽하게 만들었다. 나는 전략대로 똑똑하게 준비하고 목숨 걸고 노력해서 서울대에 합격한 것이다.

03

수능 100일 로드맵
– 최종시험일을 기준으로 계획하라

맞춤형 입시 전략이 완성되었더라도 바로 책상 앞에 앉아서 공부를 시작해서는 안 된다. 앞으로 100일 동안 어떻게 공부할 것인지에 대한 로드맵이 필요하다. 로드맵은 매일 어떤 공부를 해야 하는지 세우는 학습 계획과는 다르다. 100일 동안 어떤 전략으로 공부할지 큰 그림을 그린다고 보면 된다. 로드맵은 최종시험일을 기준으로 그려야 한다. 현재 여러분에게 최종시험일은 수능이기 때문에 수능을 기준으로 100일 로드맵을 수립해야 한다.

수능을 성공적으로 준비하는 3단계 전략이 있다. '기본 개념 이해와 실력 향상 → 문제 풀이와 분석 → 실전 훈련'이다. 1단계에서는 개념을 완벽히 이해하고 과목별로 요구되는 실력을 기른다. 2단계에서는 심화, 응용된 문제들을 풀고 분석해 부족한 부분을 보완한다. 3단계에서는 실제 수능과 유사한 환경을 만들어 실전 훈련을 한다. 원래대로라면 1단계를 고 1, 2 때 진행하고 2단계는 고 3 초반부터 고 3 후반까지, 그리고 3단계는 고 3후반부터 수능까지 진행한다. 하지만 수능이 100일 남은 여러분에게 맞게 기본 뼈대를 유지한 로드맵을 수정해서 제시한다.

수능 100일은 수능 D-100부터 D-40까지와(60일) 수능 D-40부터 수능일까지로(40일) 나눌 수 있다. 수능 D-100부터 D-40까지는 수능 실전 문제 풀이 및 분석 공부를 하는 시기다. 이때는 수능 문제에 대한 감을 잡고 기본 공부를 통해 쌓은 실력을 자신의 진짜 실력으로 끌어올려야 한다. 과목별로 개념 공부가 잘되어 있고 기본 실력이 충분한 학생은 바로 문제 풀이 및 분석하는 공부를 하면 된다.

하지만 이 책을 읽는 학생은 대부분 개념이나 기초 실력이 부족할 것이다. 왜냐하면 그런 학생들을 위해 이 책을 썼기 때문이다. 기초가 부족하다 보니 수능, 모의고사 문제를 봐도 손 대기도 어려울 것이다. 과목별로 개념 이해 및 기초 실력을 쌓는 공부를 최대한 빠르게 한 후에 수능, 모의고사 문제 풀이 및 분석에 들어가야 한다. 수능 100일이 남은 시점에 혼자서 기초를 처음부터 다지는 것은 불가능하기 때문에 사교육(학원, 인강)을 적절하게 활용해야 한다. 학교에서는 지금이면 이미 진도가 다 나간 상태라 학교 수업으로 기초 공부를 하기는 어렵다. 사교육을 활용해 기초 실력을 기르고 핵심 개념을 빠르고 집중적으로 공부해 자신의 것으로 만든 후에 문제 풀이 및 분석을 하면 된다.

이 시기에 사용하는 교재는 수능, 모의고사 5개년 문제집과 이와 유사한 문제집들이다. 문제집을 고를 때 문제 해설과 해당 개념의 설명이 상세한 것을 골라야 한다. 문제를 풀 때는 문제당 시간을 정하면서 풀어야 한다. 시간을 정해놓으면 자연스럽게 긴장하고 집중해서 문제를 풀 수 있다. 이러한 긴장감 없이 문제를 풀면 한없이 늘어지게 돼 시간 낭비가 많아진다. 그리고 부족한 부분을 보완할 기본서와 개념정리노트도 필요하다.

문제를 풀고 나서는 답을 맞춰보는 것이 아니라 제대로 분석하는 데 집중해야 한다. 개념을 완벽하게 이해하고 실력을 길렀다고 해도 실전 문제를 풀고 적용하는 것은 또 다르다. 본인은 제대로 이해했다고 생각했더라도 문제를 풀며 부족한 부분이 있다는 것을 알 수 있다. 문제를 왜 틀렸는지를 다양한 관점에서 구체적으로 분석해야 한다. 그리고 분석에서 드러난 부족한 부분은 반드시 보완하고 핵심 개념도 정리하고 복습을 해주어야 한다.

수능 D-40부터 수능 3일 전까지는 실전 연습을 하는 시기다. 수능은 단지 실력만으로 좋은 성적을 받기 어려운 시험이다. 실력과 실전은 다르다. 실전에서 생길 수 있는 다양한 변수를 대비하는 것이 핵심이다. 이때는 실제 수능과 유사한 환경을 만들어 시험을 쳐봐야 한다. 시간 관리는 기본이고, 다양한 환경에서 문제를 풀고 각 과목, 문제와 각종 변수에 맞춰 자신만의 전략을 수립해 나가야 한다. 나아가서는 수능일에 최상의 컨디션을 유지하기 위해 몸과 마인드를 관리해주어야 한다. 이때 사용하는 문제집은 실제 수능과 모의고사와 똑같은 형태의 '실전 모의고사 문제집'이다. 역시 문제집은 문제 해설과 해당 개념이 상세히 설명된 것을 골라야 한다.

실전 연습 때는 문제집과 함께 OMR 카드와 시험 때 사용할 컴퓨터 펜, 일반 펜을 준비해야 한다. 여러분이 모의고사 칠 때랑 똑같은 방식으로 연습한다고 생각하면 된다. 그리고 수능이 있는 11월은 보통 날씨가 매우 추워 교실에 히터를 많이 튼다. 수능일에 본인이 어디서 시험을 칠지 모르니 다양한 자리에서 시험을 치는 것은 물론이고 시험장을 완전히 덥게 혹은 춥게 만드는 등 다양한 환경에서 실전 훈련을 해야한다. 나는 심지어 듣기 시험을 대비해 일부러 가장 시끄러운 쉬는 시간에 듣기 훈련을 했다.

실전 훈련을 할 때 가장 중요한 것은 시간이다. 모든 시험에는 정해진 시간이 있다. 시험의 목적은 주어진 시간 내에 출제자가 원하는 답을 정확하고 효율적으로 찾는 것이다. 아무리 똑똑하고 어려운 문제를 잘 푼다 하더라도 주어진 시간 내에 문제를 풀지 못한다면 의미 없다. 실제 시험 시간보다 5~10분 앞당겨 문제를 푸는 연습을 한다. 이렇게 시간 연습을 하면 긴장감과 집중력이 높아짐은 물론이고 실제 수능 시험을 보며 시간에 끌려 다니지 않고 여유롭게 문제를 풀 수 있다.

실전 훈련을 하고 난 후 분석은 필수다. 틀린 문제는 철저하게 분석하고 부족한 실력을 보완하고 부족한 개념을 복습, 정리하는 것은 2단계와 동일하다. 3단계에서는 여기에 외적 분석을 추가해주어야 한다. 실전 훈련을 하다 보면 개념 이해, 문제 풀이 외 다른 원인으로 문제를 틀리는 경우가 있다. 계산 실수, OMR 체크 실수, 시간 배분 실패, 조급한 마인드 등이 그 예다. 외적 분석으로 자신만의 시험 루틴과 전략을 만들고 정리해야 한다.

문제 유형 정리도 필수다. 과목별로 문제 유형을 분석해서 자주 나오는 유형 및 개념이 무엇인지를 정리한다. 전 범위가 시험 범위라 해도 중요하거나 자주 나오는 부분은 정해져 있다. 그렇기 때문에 모든 것을 다 잘하려고 하기보다 중요하고 자주 나오는 것을 집중적으로 공부하는 편이 훨씬 효과적이다. 문제 유형을 정리했다면 본인이 실제 시험에서 그런 문제가 나올 때 어떻게 풀지 전략을 세운다. 그래야 실제 수능에서 당황하지 않고 전략대로 문제를 빠르고 정확하게 풀 수 있다.

이 외에 식단, 건강, 식단, 마인드, 생활 관리 등도 철저히 신경 써야 함은 물론이다. 3년 동안 준비했고 인생을 결정하는 시험이다. 공부한 것과는 상관없이 아프거나 마음이 불안하고 시험 당일 먹은 음식이 몸에 맞지 않거나 시험을 보는 도중에 생리적 현상으로 시험을 못 보게 되면 너무 억울하지 않겠는가? 자기 관리 또한 실력이고 수능 공부다.

수능 2주전부터는 수능 실전 훈련을 계속하되 모든 패턴을 수능 당일과 똑같이 맞춰야 한다. 수능 시험 시간을 기준으로 수면 패턴도 맞춰야 하고(수능 전날에 몇 시에 자서 수능 당일 몇 시에 일어날 것인지) 수능 당일에 아침 식사 및 점심 식사로 무엇을 먹을지도 골라서 15일 동안은 그 음식을 똑같은 시간에 먹어야 한다. 수능 당일 입을 옷도 정해서 미리 입어보고 사용할 연필. 지우개도 정해서 훈련할 때부터 똑같은 것을 사용해야 한다. 건강관리와 배변 습관도 철저하게 신경 써야 한다. 수능 당일에 아프면 3년 동안의 노력이 물거품이 된다. 이 시기 때는 잘 먹고 잘 자고 가벼운 운동을 해주고 옷을 따뜻하게 입는 등 건강관리를 잘해서 수능일에 최상의 컨디션으로 시험을 볼 수 있어야 한다.

수능 3일 전부터는 이때까지 공부한 모든 것을 총정리해야 한다. 공부한 문제집을 보면서 틀린 문제를 중심으로 빠르게 복습한다. 문제를 분석해서 도출한 자주 나오는 개념, 유형도 함께 복습한다. 영어단어장, 속담, 사자성어 정리한 것도 함께 봐준다. 이 시기에 가장 중요한 것은 수능전략노트를 완벽하게 정리하는 것이다. 수능 당일 아침에 일어나서 수능 마지막 과목이 끝날 때까지 모든 상황을 예상해 자신만의 전략과 루틴을 최종 점검하고 머릿속으로 시뮬레이션 해야 한다. 이때는 새롭게 뭔가를 추가해서는 안 되고 평상시대로 생활하며 건강관리, 마인드 관리를 철저히 해 수능 당일에 최상의 컨디션으로 시험을 볼 수 있도록 해야 한다.

수능 전날에는 수능 당일에 챙겨야 할 것들을 꼼꼼하게 챙긴다. 수험표, 샤프, 볼펜, 지우개, 컴퓨터용 사인펜과 도시락과 간식까지 빠지지 않게 확인해야 한다. 이때는 이미 공부가 다 끝난 상태이기 때문에 수능 당일에는 욕심을 내서 공부하기보다는 수능핵심전략노트만 가지고 가서 수능 시작 전과 쉬는 시간에 봐준다.

이것이 바로 여러분이 앞으로 남은 수능 100일 동안 실천해야 할 로드맵이다. 최종시험일인 수능을 목표로 로드맵의 큰 틀은 지키되 자신에게 맞게 수정하면 된다. 이 로드맵만 충실히 실천한다면 수능에서 기대 이상의 성과를 얻을 수 있다. 로드맵을 실천하는 것이 쉽지는 않겠지만 각 시기별로 어떤 것을 해야 할지 명확하게 나와 있기 때문에 100일 동안 공부하면서 방황이나 고민할 일은 없다. 수능 100일 로드맵으로 최상의 결과를 얻을 수 있기를 바란다.

목표와 시간 관리가
수능 성적을 바꾼다

수능이 100일 남은 시점부터는 고 1, 2와 고 3 초 때처럼 시간적 여유가 많지 않기 때문에 계획 없이 공부하다가는 정작 해야 할 공부들을 다하지 못하고 수능 시험장에 가는 비극적인 상황이 발생한다. 남은 100일 동안 예상치 못한 다양한 변수들이 생기기 때문에 완벽하게 계획을 세워도 실천하기가 쉽지 않을 것이다. 그렇다고 계획 없이 공부한다는 것은 자살행위나 마찬가지다. 수능이 100일 남은 시점에서 계획 수립을 목숨같이 여겨야 하는 이유다.

계획이 필요한 이유는 세 가지가 있다. 첫째, 효율적인 시간 활용이다. 공부를 해본 적이 없던 내가 할 것이 너무나도 많은 현대 입시에서 살아남을 수 있었던 이유는 바로 계획을 통해 효율적으로 시간을 활용했기 때문이다. 목표와 전략, 스케줄을 바탕으로 시간 배분을 적절하게 했기에 시간 낭비를 최소화하며 공부 효과를 극대화할 수 있었다. 해야 할 것은 산더미 같은데 시간이 턱없이 부족한 남은 100일 동안 계획 없이는 절대 살아남을 수 없다.

둘째, 확고한 기준이다. 수능이 100일 남은 여러분의 가장 큰 고민은 오늘 어떤 공부를 해야 할지 모른다는 것이다. 여러분이 고민하고 방황하는 이유는 확고한 기준이 없기 때문이다. 그래서 당장 손에 잡히는 과목, 본인이 좋아하는 과목부터 공부하거나 주변 친구가 어떤 공부를 하는지 보고 그것을 따라 한다. 주변 친구와 본인은 목표 대학과 학과, 전략이 완전히 다르고 본인이 좋아하는 과목이 목표 대학에서 중요한 과목이 아님에도 불구하고 말이다. 하지만 맞춤형 입시 전략을 바탕으로 목표와 분량 중심의 계획을 세우면 방황하거나 고민할 필요가 없다. 기준이 명확해졌기 때문에 오늘 무슨 공부를 할지 고민할 필요도 없으니 방황하거나 불필요한 시간 낭비를 할 필요가 없다. 주변 친구가 무슨 공부를 하는지 신경 쓸 필요는 더더욱 없다.

셋째, 집중력 향상이다. 사람들이 게임을 좋아하는 이유는 '레벨업 기준'이 명확하게 정해져 있기 때문이다. 그 기준만 채우면 다음 단계로 넘어갈 수 있기에 집중력이 급격하게 증가한다. 공부도 마찬가지다. 오늘 할 공부 목표와 계획(과목, 분량, 공부할 시간)이 명확하게 있으면 자연스럽게 집중력이 향상될 수밖에 없다. 정해진 양만 달성하면 되기 때문이다. 짧은 시간을 공부해도 효율적이고 효과적인 결과를 낼 수 있는 것이다. 반대로 계획이 없으면 하기 싫은 공부가 더 하기 싫어진다. 끝이 없다 보니 지루하고 몸과 마음이 지쳐 공부할 때 집중력이 급격하게 떨어진다. 하루 종일 앉아서 공부했는데 정작 남는 것은 없고 머리는 멍한 느낌만 드는 것이다. 계획이 있다는 것은 오늘 끝내야 할 미션이 있다는 것을 의미한다. 미션이 있으면 하나씩 끝낸다는 마음으로 집중력을 가지고 공부를 하게 되기 때문에 공부의 효율과 효과는 자연스럽게 증가한다.

계획을 세우는 세 가지가 방법이 있다. 첫째는 장기 계획에서 단기 계획으로 가는 것이다. 즉, 큰 것부터 작은 것 순으로 세운다. 앞서 100일 로드맵을 D-100부터 D-40까지, D-40부터 수능일까지로 나누어서 수립했다. 이것을 기준으로 주, 일 순으로 계획을 수립하는 것이다. 100일 동안 해야 할 공부 양을 세분화한다. D-100부터 D-40까지와 D-40부터 수능 3일 전까지 공부할 교재를 각각 정하고 분량을 확인한다.

예를 들면 D-100부터 D-40까지 수능, 모의고사 5개년 문제집으로 공부하는데 공부 양이 국어 540지문, 영어 540지문, 수학 2700문제가 공부 목표양이라고 해보자. 60일은 9주 정도 되니 분량을 9로 나누면 국어, 영어는 1주일에 각 60지문, 수학은 1주일에 300문제가 나온다. 그렇게 하면 하루에 국어, 영어는 각 10지문, 수학은 각 50문제를 공부해야 하는 목표가 생긴다. 여기서 계획을 6일치만 세우는 이유는 여러 가지 변수로 그 주의 분량을 못 끝냈을 때를 대비해서 일요일은 못 다한 부분 처리일로 비워두어야 하기 때문이다.

둘째, 분량 중심으로 세운다. 보통 수험생들은 초등학교 때 만든 동그라미 계획표 같은 시간 중심 계획을 세운다. 꼭 동그라미 계획표 형식이 아니더라도 스터디 플래너를 살펴보면 대부분의 계획이 시간 중심이다. 이 계획표는 시간대별로 하는 일이 정해져 있다. 몇 시에 자고 몇 시에 일어나, 몇 시부터 몇 시까지 밥 먹고, 씻고, 몇 시에 학원을 갔다가 돌아와서 몇 시부터 몇 시까지 혼자 공부하고 잔다는 등의 계획표다. 정해진 시간과 규칙성이 있어 좋아 보인다.

하지만 그 계획을 하루라도 제대로 실천해본 적이 있는가? 아마 거의 없을 것이다. 시간 중심의 계획표를 실천한다는 것은 거의 불가능하다. 변수를 전혀 고려하지 않기 때문이다. 만약 7시를 기상 시간으로 잡았다고 해보자. 1분이라도 늦게 일어나는 순간 그날의 계획은 와르르 무너진다. 그러면 그것 자체가 스트레스가 되고 하루 종일 늦게 일어난 것 때문에 그날 해야 할 공부를 못하게 된다. 늦게 일어난 것만 문제라면 그나마 다행이지만 공부를 하다 보면 각종 변수가 수없이 나타난다. 국어 공부 시간을 두 시간 잡았는데 지문이 어렵거나 분석하는 데 시간이 걸려 늦어질 수도 있다. 갑작스럽게 몸이 아파 공부 자체를 못하게 되는 상황이 발생할 수도 있다. 하루 하루가 금 같은 수능 100일 기간에 이러면 치명적이다.

시간 중심 계획의 또 다른 문제점은 언제부터 언제까지 무엇을 할지만 있지 구체적으로 어떤 공부를 어떤 교재로 얼마나 할 것인지에 대한 부분은 빠져 있다는 것이다. 그러다 보니 어느 순간 시간 채우기식 공부가 돼버리고 집중력도 감소돼 공부 효율과 효과가 떨어진다. 이 책을 읽는 여러분이 여태까지 많은 시간을 투자해서 공부했음에도 불구하고 성적이 오르지 않는 이유는 잘못된 공부법은 물론이고 잘못된 계획 수립 때문이다. 여러분이 계획을 실천하지 못하는 이유는 애초에 관리,

통제가 안 되는 부분을 통제하려 하기 때문이다.

계획은 시간이 아닌 목표와 분량 중심으로 세워야 한다. 인간이 시간을 통제하는 것은 불가능하지만 목표와 분량은 스스로 정할 수 있으니 통제가 가능하다. 목표와 분량이 정해지면 언제 공부를 하든지 상관없이 오늘 안에, 늦어도 이번 주 안에 목표량을 달성하면 된다. 시간 중심으로 계획할 때보다 실천율도 높고 계획 실천에 대한 스트레스도 줄어든다. 목표, 분량 중심의 계획을 수립하면 변수에 유연하게 대처할 수 있게 된다. 만약 오늘 갑작스러운 일로 공부를 못 하게 되면 그 주에 시간이 비어 있는 다른 날이나 주말로 미뤄서 그때 끝내면 된다. 그날, 그 시간에 공부를 못 했다고 스트레스를 받을 필요가 전혀 없는 것이다.

수험생의 목표와 시간 관리에 스터디 플래너는 필수다. 다만, 이제는 동그라미 시간표가 있는 계획표가 아닌 목표와 분량 중심의 계획표를 구입해야 한다. 스터디 플래너를 구입했다면 가장 먼저 해야 할 것은 학기 및 분기 목표부터 세우는 것이다. 학교 일정을 나누는 기준이 월이 아니라 학기 및 분기(1차, 2차 고사)이기 때문에 이번 학기 및 분기의 과목별 목표 공부 양을 설정해야 한다. 이때는 학교 연간, 월간 스케줄 및 집안 스케줄까지 파악해야 한다. 공부할 수 없는 날을 미리 알아야 하기 때문이다.

목표 공부 양은 과목별 수능, 모의고사 5개년 문제집 및 그 외의 문제집(D-100부터 D-40까지)과 실전모의고사 문제집(D-40부터 수능일까지)을 기준으로 정한다. 그리고 기초가 부족한 학생은 학원, 인강 커리큘럼도 목표 공부 양에 반영해야 한다. 그런 다음 첫 번째 원칙에서 알려준 방식대로 목표 양을 주, 일 단위로 쪼개서 배분하면 된다.

그런 다음 시간 계획을 수립한다. 이때 말하는 시간 계획은 앞에서 말한 동그라미 시간표가 아니라 생활 및 공부 패턴을 파악하기 위한 시간 계획이라고 할 수 있다. 목표 중심의 계획이라 하더라도 학교 수업, 보충수업, 야간자율학습 시간과 학원, 인강 시간이 몇 시부터 몇 시까지이고 쉬는 시간, 점심, 저녁 시간이 언제인지는 파악해야 한다. 그래야 그 시간들을 제외한 나머지 시간에 혼자 공부할 수 있기 때문이다. 즉, '혼자 공부하는 시간'을 확보하려고 하루와 주간 스케줄을 알고 정리하는 것이다.

셋째, 딜레이 처리 일을 만든다. 계획의 실천율을 높이기 위해 딜레이 처리일을 만드는 것도 중요하다. 100일 동안 공부하다 보면 여러 가지 변수 탓에 그날 목표한 양을 못 채우는 일이 많이 생긴다. 계획의 궁극적인 목적은 실천이다. 그날 못하더라도 그 주에라도 끝내면 그 계획은 성공한 계획이다. 이것을 대비해서 일요일을 비워두는 것이다. 일요일까지 공부하는 날로 포함해버리면 계획이 미뤄졌을 때 그것을 처리할 수 있는 날이 없어진다. 결국 계획은 끝없이 미뤄질 것이고 실천율은 줄어들 수밖에 없다.

일요일을 비워두면 계획 실천율이 높아지는 것은 물론이고 실천에 대한 스트레스도 줄어든다. 이때 주의할 것은 일요일이 있다고 공부를 대충하면 안 된다는 것이다. 일요일은 말 그대로 예비일이다. 수능이 100일 남은 시점에서는 하루라도 헛되게 보내는 날이 있어서는 안 된다. 자투리 시간을 활용해서라도 그날의 목표 양을 달성해야 한다. 그럼에도 불구하고 못했을 때를 대비해 예비일로 일요일을 비워둔다는 것을 명확하게 인지해야 한다. 그리고 이 책을 읽는 여러분들은 공부 양이 절대적으로 부족하기 때문에 목표 양을 달성했고 시간이 남았더라도 그날의 공부를 끝내면 안 되고 하루가 끝날 때까지 공부해야 한다.

목표 공부 양 설정, 분량 배분 및 시간 계획까지 설정했다면 이제 집중해서 공부만 하면 된다. 수업 시간에 집중해서 듣고 혼자 공부하는 시간에는 수능 실전 문제 풀이. 분석 및 수능 실전 연습을 하면 된다. 공부하다가 어렵거나 시간이 오래 걸리는 부분은 너무 오래잡지 말고 체크해두고 쉽고 빨리 할 수 있는 부분부터 공부한 다음에 다시 공부하는 게 훨씬 효율적이다. 그날 해야 할 공부 양을 다 못했을 경우에는 다음 날이나 일요일에 하는 것으로 계획을 수정해서 끝내면 된다.

이렇게 체계적으로 목표와 시간 관리를 한 결과 나는 계획 실천율을 극대화할 수 있었고, 공부할 시간이 부족한 수능 100일 전에도 효율과 효과를 다잡는 전략으로 서울대에 합격할 수 있었다. 수능 성적은 IQ가 아닌 목표, 시간 관리가 결정한다.

05
단 하루도 낭비하지 않는
계획 실천법

여러분이 목표를 설정하고 맞춤형 입시 전략과 100일 로드맵, 계획을 수립하는 궁극적인 이유는 실천하기 위함이다. 아무리 완벽한 계획을 세웠다고 해도 실천하지 못하면 계획을 세우지 않느니만 못 하다. 계획은 실천하려고 존재하는 것이지 누구한테 보여주려고 만드는 것이 아니다. 인생에 마지막일지도 모르는 수능 100일에 맞춰 한 순간, 하루도 낭비하지 않으려고 힘들게 계획을 세웠는데 정작 실천을 못 한다면 그만큼 허무한 것은 없다.

계획을 제대로 실천하려면 우선 스케줄을 재점검해야 한다. 기준이 되는 것은 학교 스케줄이다. 등교 시간, 수업 시간표, 쉬는 시간, 점심시간, 보충수업 시간, 저녁 시간, 야간자율학습 시간 등을 확인한다. 사교육을 활용하는 학생이라면 학원 및 인강 시간을 확인한다. 이것을 바탕으로 순수하게 혼자 공부할 수 있는 시간이 얼마나 되는지 파악한다. 혼자 공부하는 시간을 최대한 확보하는 것이 가장 중요하다. 계획을 수립하면서 남은 100일 동안 해야 하는 공부 양이 상당히 많다는 것을 확인했을 것이다. 학원 수업과 인강을 듣는다면 공부 양은 더 추가될 것이다. 학원 수업과 인강을 들은 만큼 복습해야 하기 때문이다.

수능이 100일 남은 상태에서는 수업을 듣는 시간을 제외한 모든 시간이 혼자 공부하는 시간이라고 생각하면 된다. 공부 집중력을 유지하고 체력 관리를 위해 쉴 때는 쉬어야겠지만 기본적으로는 쉬는 시간, 점심, 저녁 시간, 주말과 이동 시간 중에도 공부해야 한다. 1분, 1초를 아껴가며 공부한다 하더라도 목표 양을 채우는 것이 쉽지 않다는 것을 느낄 것이다. 하지만 이렇게 공부하지 않으면 절대 100일 동안 기적을 만들 수 없다.

소중한 하루를 헛되게 보내지 않으려고 실제로 내가 어떻게 하루를 보냈는지 알려주겠다. 수능 공부는 아침에 일어나는 순간부터 시작된다. 등교해서 책상 앞에 앉아 책을 펼 때 시작하는 것이 아니다. 아침에 일어나서 책상 앞에 앉기 전까지는 최상의 컨디션을 만들어야 한다. 피곤한 상태에서 겨우 일어나 제대로 씻지도 못하고 밥도 안 챙겨 먹고 학교 가는 습관을 이제 버려야 한다. 눈뜨는 순간 고민 없이 이불을 박차고 일어나야 한다. 나는 아침에 일어나 집 앞 운동장에 가서 운동을 했다. 20~30분 정도 워킹 및 조깅을 하고 푸쉬업, 복근운동, 스쿼트 등을 했다. 땀 흘리는 운동을 하면 몸과 정신이 맑아지고 마음이 차분해지고 에너지가 생긴다. 운동을 마친 후 집에 와서 개운하게 샤워를 하고 든든하게 아침 식사를 한다. 수능이 얼마 남지 않았기에 건강이 제일 중요하다. 하루 종일 공부해야 하는 수험생에게 건강관리는 선택이 아닌 필수다. 건강관리를 못 하면 소중한 하루를 날리게 된다. 밥을 다 먹고 나면 교복을 입고 전날에 미리 준비해놓은 가방을 챙겨 자전거를 타고 등교한다. 만약 여러분 중 대중교통을 이용해 등하교하는 학생이 있다면 이때 영어 듣기를 하거나 영어 단어장을 보는 것을 추천한다.

학교에 도착하면 보통 7시 반쯤 된다. 수업 시간이 9시쯤인데 8시부터 한 시간 동안 보충수업 또는 자율학습을 한다. 나는 학교에 도착하자마자 다른 친구처럼 바로 책 펴고 공부하지 않았다. 나의 목표를 보면서 그것을 이룬 모습을 생생하게 상상했다. 서울대에 합격했을 때의 모습과 감정을 떠올리고 느낄 때마다 가슴이 설레고 행복했고 동기와 공부를 하고 싶다는 욕구가 생겼다. 서울대에 합격하고 나서 하고 싶은 것들도 같이 상상했다. 합격 플래카드가 걸리고 졸업식에서 많은 사람들에게 축하를 받고 각종 상을 타는 모습, 합격 기념 장학금 받는 모습, 대학교에 가서 하고 싶은 것을 마음껏 하고 자유롭게 여행을 다니고 밤새 놀기도 하는 모습 등을 상상하니 강한 에너지가 생기고 동기가 부여됐다. 여러분도 반드시 자신만의 보물지도와 버킷리스트를 만들어 플래너나 책상에 붙여놓고 매일 아침 상상하라. 동기 부여가 됨은 물론이고 실제로 그 목표를 이루는 기적을 경험하게 될 것이다.

시각화와 상상을 한 후에는 맞춤형 입시 전략을 봤다. 맞춤형 입시 전략을 수립하고 나서 매일 보지 않으면 잊어버리게 되고, 본능적으로 원래 하던 방식으로 공부를 하게 되며, 정작 중요한 것을 놓치게 된다. 노력보다 중요한 것은 선택과 방향이다. 자신의 입시 전략을 완벽하게 설명할 수 있을 정도로 숙지하고 있어야 한다. 그래야 100일 동안 방향을 잃지 않고 원하는 목표에 도달할 수 있다. 맞춤형 입시 전략을 확인한 후에는 좌우명과 각오들을 보았다. 나는 공부할 때 힘들고 포기하는 마음이 생길 때를 대비해서 나만의 좌우명과 각오를 만들었다. 주변의 부정적인 말이나 주변 사람들이 하는 성적 향상 이야기에 흔들리지 않기 위해! 좌우명과 각오를 보면 목숨 걸고 공부하겠다는 독기가 생겼다. 이후에는 플래너를 보며 그날의 스케줄(수업, 행사 등), 스스로 공부할 수 있는 시간부터 확인했다. 그날 해야 할 공부 과목, 교재, 분량을 확인하며 언제, 어떤 공부를 할지 확인했다. 그러고 나서 그날의 목표 공부 양을 완벽하게 달성하고 마음 편히 잠드는 나의 모습까지 상상한다. 나는 이렇게 마인드와 태도, 전략부터 다르게 준비하며 소중한 하루를 시작했다.

0교시 때는 보통 자습을 했는데 국어 및 영어 지문 독해를 했다. 국어, 영어는 양도 중요하지만 매일, 꾸준히 하는 것이 더 중요하다. 운동과 같다고 생각하면 된다. 9시부터 4~5시까지는 학교 수업 시간이다. 학교 수업이 제일 중요하기에 수업 시간에 모든 것을 집중시켰다. 수업 사이에 있는 10분간의 쉬는 시간과 점심 시간도 적극 활용했다. 쉬는 시간에 모르는 부분을 선생님께 질문하거나 다음 시간 예습을 했다. 점심 시간 때는 수업 내용 복습, 지문 독해, 영어 단어 암기 및 영어 듣기를 했다. 긴 시간이 아니기에 많은 것을 하려 하기보다 집중적으로 할 수 있는 것만 공부했다. 너무 피곤할 때는 쪽잠을 자며 에너지를 충전했다. 수능이 100일 남은 시점에는 공부만큼 체력 관리도 중요하기에 쉬는 시간 및 점심 시간을 활용해 쪽잠을 자면 효과적이다.

4~5시에 수업이 끝나면 야간자율학습이 시작되는 7시까지 시간이 빈다. 5시부터 6시까지 보충수업을 할 때도 있었고 보충수업을 하지 않을 때는 자습을 했다. 국어, 영어 지문 독해, 과제, 복습 등을 주로 했다. 6시쯤 저녁을 먹고 나서 7시까지 가볍게 운동하거나 푹 잤다. 스스로 공부하는 시간에 초집중해야 하기 때문이다.

저녁 7시~11시까지는 학교에서 자율학습을 했다. 이 시간에 그날 해야 할 국어와 영어 지문 독해가 아직 남아 있다면 먼저 끝냈다. 이미 다 끝낸 상태라면 수학과 탐구 과목 문제 풀이, 분석과 부족한 개념을 보완하는 공부를 했다. 보통 수학의 비중이 가장 크기 때문에 수학부터 공부했다. 탐구는 평일에도 공부하되 수학 공부를 다 못 했다면 수학 공부부터 하고 주말에 몰아서 집중적으로 공부하는 것도 괜찮다.

11시에 야간자율학습이 끝나고 집에 가서 씻으면 보통 11시 반~12시가 된다. 집에 올 때는 플래너만 가져오고 책은 가져오지 않는다. 고 2 1학기 때까지는 새벽 늦게 공부한 적도 있었다. 하지만 몸이 피곤해서 집중이 안 되었다. 다음날 수업과 자습할 때 졸기까지 했다. 어설프게 한두 시간 공부를 더하기보다 빨리 자고 맑은 정신 상태에서 다음 날 공부하는 게 훨씬 효율적이었다. 100일이 남았기 때문에 1분, 1초가 소중하지만 그렇다고 수면 시간을 방해하면서까지 공부하는 것은 효과를 떨어뜨린다. 새벽까지 공부하는 것도 하루이틀이지 2~3주만 지나면 금방 지치고 몸살까지 나서 오히려 공부할 시간을 뺏기게 된다.

취침 전에는 플래너를 보며 하루 피드백을 했다. 계획 실천율을 높이

는 요소 중에 가장 중요한 것이 피드백이다. 그날 목표한 공부 양에서 달성하지 못한 부분을 다양한 관점에서 분석했다. 100% 실천하면 좋겠지만 공부 양, 난이도, 그날의 변수에 따라 목표 양을 달성하지 못하는 경우가 많다. 중요한 것은 분석해서 원인을 찾고 보완하는 것이다. 원인을 발견하는 것은 물론이고 구체적이고 현실적인 해결책을 강구해서 다음 날 같은 실수를 반복하지 않도록 반영해야 한다. 그날 달성하지 못한 부분은 그 주 스케줄을 보고 할 수 있는 날로 재배치했다. 다음 날 바로 할 수 있으면 하고 정 안되면 주말로 미루었다.

계획뿐 아니라 과목별 피드백도 했다. 그날 공부한 과목을 떠올리며 어떤 부분을 잘했고, 부족했는지 구체적으로 점검했다. 예를 들면 "주제를 찾는 능력이 이전보다 좋아졌다! 이제는 독해 시간을 줄이며 주제를 제대로 찾아보자!", "수학 문제를 풀어보았는데 계산 실수가 잦았다. 마지막 순간까지 긴장을 늦추지 말고 계산하고 답을 체크하기 전에 한 번 더 확인하자!" 등 구체적으로 점검했다. 과목별 피드백을 해야 부족한 부분을 잊지 않고 다음에 공부할 때 신경 쓰면서 공부할 수 있으므로 실력이 향상될 수밖에 없다.

계획과 과목 피드백이 끝나면 다음 날 계획을 세웠다. 다음 날 학교 스케줄과 스스로 공부할 수 있는 시간을 체크했다. 과목, 교재, 분량을 최대한 구체적으로 정리하고 계획했다. 계획까지 정리하고 나면 꿈, 목표, 버킷리스트를 보면서 이미 이루어진 모습을 상상하며 잠들었다. 시각화와 상상은 아침에 일어나자마자, 밤에 잠들기 전에 할 때가 가장 효과적이다.

딜레이 처리 일을 만드는 것도 중요하다. 공부를 하다 보면 여러 가지 변수가 생겨 그날 목표한 양을 못 채우는 일이 많다. 계획의 궁극적인 목적은 실천이다. 그날 못 하더라도 그 주에 끝내면 그 계획은 성공한 것이다. 그래서 주말을 비워두는 것이다. 토요일까지 비우기 힘들다면 최소한 일요일 하루는 비워야 한다. 그러면 계획 실천율이 높아지는 것은 물론이고 실천에 대한 스트레스도 줄어든다.

주말에는 학교 수업만 없을 뿐 평일과 똑같이 생활했다. 그 주의 목표 공부양 중 못한 부분부터 공부하며 딜레이를 처리했다. 딜레이 처리가 끝났다고 그 주의 공부가 끝난 것이 아니다. 현실적으로 목표 공부양을 수립했겠지만 실제로 여러분은 절대적인 공부 양이 많이 부족하고 실력은 더더욱 부족하다. 수능 100일 동안 수능일까지 주어진 모든 시간을 공부에 올인해야 한다. 본인이 부족하거나 더 공부할 필요가 있는 과목은 단계별 공부법에 맞춰 주말 내내 계속 공부해야 한다.

한 주가 끝나면 그 주의 목표 공부양을 달성했는지 여부를 체크한다. 달성 못한 부분, 밀린 부분을 정확히 분석해야 한다. 애초에 무리하게 세운 목표였는지, 공부할 수 있는 시간에 비해 공부 양을 너무 많이 잡았는지, 시간 활용을 못했는지, 다른 짓을 하다가 공부 시간을 놓쳤는지, 어떤 부분이 어려워서 계획한 시간보다 많이 걸렸는지, 갑자기 컨디션이 안 좋아서 공부에 집중을 못 했는지, 친구와 얘기하다가 공부 시간을 넘겼는지 등 최대한 구체적으로 분석하고 해결책을 마련해야 한다. 그래야 그 이후에 불필요한 딜레이를 막을 수 있고 실천율을 높이며 효율적으로 공부할 수 있다.

06

수능 100일을 결정짓는
공부 습관

"한 분야에서 최고가 되려면 1만 시간을 노력해야 한다.
하루에 3시간 노력하면 10년 걸리고,
하루에 10시간 노력하면 3년이 걸린다."

　1만 시간의 법칙은 1993년 미국 콜로라도 대학교의 심리학자 앤더스 에릭이 발표한 논문에서 처음 등장한 개념이다. 특히 말콤 글래드웰이 저서 『아웃 라이어』에 이 연구를 인용하면서 1만 시간의 법칙이 대중에게 널리 알려졌다. 1만 시간의 법칙이 알려지고 나서 많은 사람들이 이 법칙을 실천하려고 노력했다. 관련 책도 많이 나왔고 심지어 '하루 18시간 몰입의 법칙'까지 나왔다. 그만큼 한 분야에서 성공하려면 꾸준함과 습관이 중요하다는 의미다. 오늘 하루 바짝 열심히 했다고 해서 원하는 것을 얻을 수 있는 것이 아니다. 여러분은 현재 수능 100일을 남겨둔 수험생이다. 그 말은 수능일까지 매일, 꾸준히 공부하는 것이 중요하다는 의미다. 초반에 열정, 의욕, 패기만으로 무리하게 공부하다가 나중엔 제풀에 지쳐서 포기하게 되는 상황이 발생할 수 있다. 마라톤 시합 초반에 100m 달리기처럼 전력질주하다가 중간에 지쳐서 뒤처지는 것과 같은 상황이다. 100일 동안 매일, 꾸준히 공부할 수 있는 습관을 기르는 것이 중요하다.

공부 습관을 잡는 데 중요한 것은 막연한 '존버정신'이 아니다. 여러분이 살면서 시간가는 줄도 힘든 줄도 모르고 집중했던 경험을 떠올려보라. 아마 그 순간 여러분에게 가장 간절한 무엇인가를 하고 있었을 것이다. 습관을 형성하려면 의식적 노력과 강제성도 필요하겠지만 간절함과 목표가 있으면 의식적으로 노력하지 않아도, 누가 시키지 않아도 알아서 하게 되어 있다. 따라서 여러분이 수능 100일 공부를 통해서 진정으로 달성하고자 하는 간절한 목표가 무엇인지를 명확하게 인지하는 것이 중요하다.

결과론적으로는 '대학 합격'이기 때문에 원하는 대학 및 학과를 설정하는 것이 우선이다. 하지만 더 크게 동기 부여 하려면 원하는 대학 및 학과에 합격한 이후 여러분이 진정으로 하고 싶은 것들을 빠짐없이 적고 필요에 따라서는 사진도 인쇄해서 붙인다. 축제, MT, 유럽여행, 캠퍼스 커플, 밤샘 놀기 등 그 어떤 것도 괜찮다. 이것을 우리는 버킷리스트 또는 보물지도라고 한다. 매일 아침 공부를 시작하고 하루를 마무리할 때, 힘들거나 포기하고 싶을 때 본인이 만든 버킷리스트와 보물지도를 보고 이미 이루어진 모습을 상상하면 가슴이 설레고 동기 부여가 된다. 이런 상태가 되면 언제, 어디서든 미친 듯이 공부하고 있는 스스로를 발견하게 될 것이다.

목표에 대한 간절함만큼 중요한 것은 주변 정리와 결단이다. 목표를 달성하려면 실천해야 하는데 대부분의 수험생들은 여러 가지 유혹과 이런저런 핑계 때문에 공부를 해야 함에도 스스로를 합리화하며 미루거나 제대로 하지 않는다. 세상에 공짜는 절대로 없고 원하는 것을 얻으려면 반드시 대가를 치러야 한다. 원하는 것을 얻고 목표를 달성하는 데 우선적으로 필요한 것이 행동과 노력이 아니다.

1만 시간의 법칙보다 중요한 것은 바로 주변 정리다. 목표를 달성하는 길에서 방해되는 모든 것을 다 정리해야 한다. 어떠한 상황이 생겨도 목표를 최우선으로 여겨야 한다. 목표에만 집중할 수 있는 태도와 환경을 만드는 것이 매우 중요하다. 어떤 이유가 있어도 현실과 타협해서는 안 된다. 타협하고 합리화할 것이라면 처음부터 공부를 시작하지 않는 게 낫다. 괜히 타협하고 합리화하는 스스로에게 부끄러움과 죄책감을 느끼며 스트레스를 받을 필요가 없다는 것이다.

사람들이 실패하는 이유에는 노력을 제대로 안 하는 것이 포함된다. 하지만 더 큰 이유는 현실과 타협하기 때문이다. 목표는 이루고 싶은데 오늘 밤에 하는 드라마, 예능, 먹방을 포기하지 못한다. 친구들이 밥 먹자, 게임하자고 할 때 거절하지 못한다. 다이어트 해서 명품 몸매를 만들고 싶은데 맛있는 음식을 포기하지 못한다. 열심히 목표를 향해 가다가도 피곤하거나 잘 안되면 대충한다. 주위 사람의 부정적인 말에 흔들리고 포기한다. 그러곤 후회한다. 악순환이 끝없이 반복되는 것이다. 그렇기 때문에 성공의 문턱 앞에서 항상 실패한다.

난 축구선수의 꿈을 포기하고 공부하기로 마음먹었다. 하지만 그 길은 어려움을 넘어, 끝없는 터널 안에 있는 것 같은 막막함 그 자체였다. 수업 내용을 이해하는 것은 둘째 치고 책상 앞에 앉아 있는 것이 가장 힘들었다. 5년 동안 운동장에서 축구하고 그 외의 시간에는 숙소에서 쉬고 자는 것밖에 안 했고 학교는 시험을 칠 때만 갔었다. 잠깐이라도 책상 앞에 앉아 수업을 듣는 것은 답답하고 고통이었다. 축구할 때로 다시 돌아가서 차라리 땡볕 아래에서 운동하고 뺑뺑이 돌았으면 좋겠다는 생각이 들었다. 책상 앞에 앉아 있는 것도 힘든데 생전 들어보지 못한 내용을 듣고 있으니 지루하고 잠이 쏟아질 수밖에 없었다.

공부하기로 마음먹었는데 제대로 시작해보지도 못하고 포기할 것 같은 불길함이 있었다. 그렇다고 책상 앞에 앉아 있는 것이 힘들다는 이유로 공부를 포기하는 것은 말도 안 되는 일이었다. 나는 '이때까지 공부 자체를 해본 적이 없으니 힘들고 어려운 것은 당연한 것이다. 이제 공부밖에 할 수 있는 것은 없다. 어차피 할 공부라면 여기에 모든 것을 걸고 진짜 바닥부터 부딪혀 가며 해보자'고 다짐했다. 나는 공부 잘하고 수업 내용을 이해하는 것보다 공부 습관을 제대로 잡는 것을 첫 번째 목표로 삼았다. 그중에서도 40분 수업 시간을 졸지 않고 온전히 집중해보자고 결심했다.

나는 수업 전부터 준비를 제대로 했다. 수업 전에 가벼운 스트레칭과 찬물 세수를 하며 졸지 않는 몸 상태를 만들었다. 책, 노트, 필기도구를 준비했고 짧은 시간이었지만 수업할 내용을 읽어봤다. 수업할 때는 선생님이 설명하는 것과 판서하는 것을 일단 책이든 노트에든 다 받아 적었다. 수업 도중에 졸리거나 집중이 안 되면 일어서서 수업을 들었다. 수업이 끝나면 집에 가서 그날 배운 내용을 다시 보며 정리했다.

나는 모든 시간을 공부에 투자하기로 결단했다. '축구선수로서의 꿈이 좌절되었고 축구선수로는 실패했고 이제 남은 것은 공부밖에 없다. 공부에서도 실패하면 나의 인생을 끝이다'라는 절박한 마음으로 공부했다. 아무리 힘들고 답답하고 어려워도 '똑같은 실패'를 반복하지 않으려고 누구보다 열심히 했다. 열심히만 해서는 남들과 똑같은 결과도 얻지 못하기에 말 그대로 목숨 걸고 공부했다.

공부 습관을 형성하는 가장 좋은 방법은 머리를 비우는 것이다. 이것저것 고민하거나 타협하는 생각 자체를 하지 않고 본인이 깨어 있는 모든 시간을 공부한다고 생각하면 된다. 나는 삶의 최우선 순위를 공부로 둔 상태에서 아침부터 밤까지 주말과 연휴 없이 공부했다. 수업이 9시 시작이고 등교가 8시까지니 수업 전 한 시간이 확보된다. 각 수업 사이에 쉬는 시간 10분씩과 점심 시간이 있다. 4~5시에 수업이 끝나면 보충 수업이나 자습을 했다. 7시~11시까지는 야간자율학습을 했다. 수업 중간에 쉬는 시간, 점심 시간, 야간자율학습 전 저녁 시간도 활용해서 짧게 할 수 있는 공부를 했다. 주말에 남들 놀고 쉴 때도 학교 자습실에 가서 아침부터 밤까지 공부했다. 명절 연휴 때도 전날에 부산 큰집에 가면 근처 독서실에 가서 공부했다. 연휴 당일에도 차례만 지내고 집에 오자마자 도서관이나 자습실에 가서 공부했다. 남들이 주말과 연휴에 자습실에 나오지 않더라도 혼자 가서 문 열고 공부하고, 밤에 문 닫고 집에 갔다. 나는 밥 먹고 자고 쉬고 운동하는 시간을 빼고는 모든 시간을 책상 앞에 앉아서 공부한 것이다. 말 그대로 공부에 미쳤다. 이렇게 미쳐서 공부하다 보니 하루 14시간~18시간씩 앉아서 공부하는 것이 자연스럽게 몸에 밴 습관이 되었다.

어떠한 목표를 이루고 최고가 되려면 명확하고 간절한 꿈과 목표가 있어야 하는 것이 우선이다. 그 다음은 꿈과 목표를 이루기 위해 나머지는 다 포기할 수 있는 각오와 결단이 필수다. 그 상태에서 목숨을 걸다시피 하는 노력을 원하는 것을 이룰 때까지 해야 한다. 그러지 않으면 며칠은 열심히 공부할 수 있더라도 시간이 지나고 조금 힘들면 쉽게 포기하고 현실과 타협하게 된다. 이 세상에서 절대로 쉬운 성공은 없고 원하는 것을 얻으려면 그만한 대가를 치러야 한다. 공부는 머리로 하는 것이 아니라 엉덩이로 하는 것이다. 전교 꼴찌, 수업도 들어본 적이 없던 축구선수였던 내가 4년 4개월 동안 매일 평균 14시간씩 공부를 할 수 있었던 이유다.

07
서울대생이 알려주는
집중력 향상의 기술

공부 습관을 형성해서 오랜 시간 앉아 공부한다 하더라도 그 시간을 온전히 집중력을 가지고 공부하는 것은 별개의 문제다. 아침부터 밤까지 앉아서 공부했는데 정작 집중이 제대로 안 돼서 그날 목표 양을 달성하지 못하거나 공부했는데 기억이 안 나는 경험을 해봤을 것이다.

수능이 100일 남은 수험생은 주어진 모든 시간을 공부하는 것이 기본이다. 모두가 그렇다면 그 시간 동안 얼마나 집중력을 가지고 공부하느냐가 관건이다. 아무리 여러분이 공부를 열심히 하고 잘해도 학교 교실이나 집 안이 시끄럽고 혼란스럽다면? 여러분이 안 좋은 공부 습관을 가지고 있다면? 평소에는 문제를 잘 풀지만 막상 시험장에 가면 긴장돼 쉬운 문제도 실수해서 틀린다면? 여러분은 좋은 실력을 가지고 있음에도 수능에서 원하는 성적을 받지 못할 것이다. 그렇기에 여러분은 단순히 공부만 열심히 할 것이 아니라 공부에 직접적이고 부정적인 영향을 미치는 요소를 분석하고 해결책을 마련해서 의식적으로 통제해주어야 한다.

자신만의 최적의 공부 환경을 만드는, 좋은 방법을 알려주고자 한다. 공부 집중력을 방해하는 요소는 환경, 습관, 심리로 나눌 수 있다. 환경은 공부를 둘러싼 모든 것(학습 환경, 물건 등)이라고 볼 수 있다. 공부하는 장소, 컴퓨터, 휴대폰, 친구, 잠 등이 포함된다. 습관은 평소 생활 및 공부 습관을 말한다. 다리를 떤다든지, 미루는 습관이 있다든지, 공부할 때 자주 존다든지 하는 등이다. 심리는 감정과 생각을 의미하는데 쉽게 말해서 마인드 컨트롤이다. 자신감 부족, 스트레스, 불안감 등이 있다.

환경, 습관, 심리를 통제하는 방법은 각 항목에 해당하는 방해 요소와 해결책을 최대한 구체적이고 꼼꼼하게 적는 것이다. 이것들을 구체적으로 적어야 하는 이유는 단지 머리로 생각하는 것보다 기록해서 정리해놔야 자주 보게 되고 의식적으로 노력하게 되기 때문이다. 이때 중요한 것은 아무것이나 적는 게 아니라 공부 집중력에 영향을 미치는 것만 적는 것이다.

대부분의 학생들과 학부모들이 통제하기 가장 힘들어 하는 부분이 바로 게임이니 게임을 예로 들어 보겠다. 게임은 환경으로 분류할 수 있다. "공부할 때마다 게임을 하고 싶은 생각이 든다." "공부 중간에 잠깐 머리를 식힐 겸 게임을 했는데 하다 보니 공부 시간까지 하는 바람에 그날 공부를 하지 못했다." 이런 식으로 게임이 본인한테 어떻게 공부 집중력을 떨어뜨리는지를 적는다. 그런 다음 최대한 구체적이고 현실적으로 해결책을 적는다. 단순히 "오늘 해야 할 공부 다 하면 게임하자"가 아니라 "이번 주에 해야 할 목표 분량을 다 끝냈으면 일요일에 두 시간 동안 게임을 한다"는 식으로 적어야 한다. 그래야 실천은 물론이고 잘했는지 못했는지 평가하기도 수월하다.

남은 100일 동안 공부하면서 공부 환경을 적절하게 통제하는 것은 중요하다. 공부를 제대로 하려고 마음먹었는데 친구가 놀러가자고 하면 대부분의 학생들은 그 제안을 거절하지 못한다. 육체적, 심리적으로 힘든 고3 수험생들은 더욱 이러한 유혹을 거절하기 쉽지 않다. 집에서 공부하면 집중하기 어려운 요소가 많다. 컴퓨터, 침대, TV와 부모님의 잔소리나 형제들의 방해 등. 웬만큼 자기 통제를 잘하는 사람이 아니고는 집에서 공부하기가 쉬운 것이 아니다. 자기 관리를 잘해서 최상의 컨디션을 만들었을지라도 공부에 제대로 집중할 수 없는 환경에서 공부한다면 집중력은 떨어질 수밖에 없다. 그렇게 때문에 반드시 자신만의, 최적의 공부 환경을 만들어야 한다.

가장 먼저 생각해야 할 것이 공부 장소다. 공부 장소는 개인별 차이가 있다. 나는 고등학교 때 학교에서 모든 공부를 했다. 평일에는 주간에 교실에서 수업을 듣고 자습을 하고 야간에는 자습실에서 공부했다. 우리 학교는 평일에는 물론이고 주말에도 자습실을 개방했다. 아침부터 밤까지 자율학습실에서 공부했다. 학교에 컴퓨터실도 있어서 필요한 정보를 얻거나 인강도 들을 수 있었다. 집에서 공부하면 오히려 쳐지고 패턴이 깨지고 유혹(침대, 소파, TV, 컴퓨터 등)이 많았다. 주말에도 점심, 저녁 시간에만 집에 들러서 먹거나 사 먹었다. 나의 경우에 집에서는 공부를 하지 않는 것이 오히려 더 나았기에 특별한 경우가 아니면 집에는 책을 가지고 오지 않았다. 하루 종일 공부했는데 집에 와서까지 공부하는 것 자체가 스트레스였다. 설사 공부를 한다 해도 몸이 이미 지쳐 있어서 집중도 되지 않았다. 수험생이라면 집에서 공부하는 것은 추천하지 않는다. 집은 철저히 에너지를 충전하는 휴식의 장소여야 한다.

요즘 카페에 가면 성인들을 물론이고 중·고등학생들이 공부하는 모습을 많이 볼 수 있다. 심지어 카페에서 과외나 컨설팅을 하고, 스터디 카페도 많이 생기고 있다. 공부할 때 '설명하기'가 중요하기에 카페가 그런 면에서 좋다. 자습실, 독서실에서는 약간의 소음도 허용되지 않기에 밖에 나가서 설명해야 한다. 그리고 카페에는 약간의 소음과 긴장도가 있고 종류가 다양해서 수능 실전 연습을 하기에도 좋다. 독서실, 자습실같이 조용한 곳에서 오히려 집중력이 떨어지는 학생들이라면 카페에서 공부하는 것을 추천한다.

보통 학생들은 한 번에 많은 것을 하려는 욕심으로 공부할 때 책이나 노트를 너무 많이 펼쳐놓는다. 이것저것 펼쳐놓다 보니 산만하게 되고 하나에 제대로 집중하지 못한다. 어떤 과목을 공부하다가 잘 안되거나 막히면 눈에 보이거나 쉬워 보이는 다른 과목으로 바꿔서 공부한다. 뭔가 많이 하는 것 같아 보이지만 정작 실속은 하나도 없다. 그날 해야 할 과목, 분량이 명확하게 정해졌으면 한 번에 한 과목씩 공부해야 한다. 괜한 욕심으로 이것저것 한 번에 다 하려다가 시간만 낭비한다. 수능이 얼마 남지 않았는데 할 것은 많아서 마음이 급한 것은 이해한다. 하지만 급할수록 하나라도 집중력을 발휘해 제대로 공부해야 한다. 공부할 때는 그 시간에 해야 하는 책, 참고서, 노트 빼고는 눈에 보이지 않도록 깔끔하게 정리한다.

그렇다고 공부할 때마다 불필요하게 깨끗하게 정리하라는 뜻이 아니다. 간혹 보면 책상 정리 하다가 시간을 다 보내는 학생들이 있다. 공부를 해야 되는데 하기 싫거나 귀찮으니 정리한다는 명분으로 합리화하고 질질 끄는 것이다. 완벽하게 정리하고 난 후 공부하겠다는 핑계를 대는 것이다. 그렇게 하는 사람 치고 제대로 공부하는 학생을 아직 보지 못했다. 수능이 100일밖에 남지 않은 시점에서 불필요한 짓으로 시간을 낭비하면 절대 안 된다.

본인한테 맞는 최적의 장소에서 공부하려 하면 꼭 친구들이 유혹의 손길을 내민다. 잠깐만 쉬고 공부하자, 같이 PC방 가서 게임하자, 이번 주는 놀고 다음 주부터 열심히 공부하자 등 거부할 수 없는 제안을 받을 때마다 어떻게 해야 할지 고민이 될 것이다. 내 목표를 이루려면 유혹을 뿌리치고 공부해야 하지만 괜히 거절했다가 친구와의 우정에 금이 갈까 걱정하기 때문이다.

아무리 친한 친구라 할지라도 친구들이 여러분의 인생을 책임지지 않는다는 것을 기억하자. 학창시절에 친구들과 잘 지내고 우정을 쌓는 것 또한 공부를 열심히 하는 것만큼 중요하다. 하지만 꿈과 목표보다 우정, 의리가 우선이 되어서는 안 된다. 지금은 우정, 의리라는 이름으로 잘 지낼지라도 대학교에 가면 지금처럼 보기도 힘들고 각자 살기 바쁘다. 심지어 같은 대학에 진학한다 할지라도 학과마다 스케줄도 다르고 본인이 하고자 하는 게 다르기 때문에 보기 힘들다. 그리고 대학에 가면 지금보다 더욱 다양하고 새로운 사람을 만나게 된다. 무엇보다 진짜 친구라면 꿈과 목표를 위해 열심히 공부하는 친구를 믿고 응원해줘야 한다. 만약 그렇지 않은 친구라면 단지 여러분을 자기들 심심할 때 놀아주는 상대로만 생각하는 것이다. 친구들과 노는 것은 수능 및 대학 합격 발표 이후에 해도 충분하다. 그때가 되면 지겨울 때까지 논다. 노는 것이 얼마나 힘든지 제대로 경험할 수 있다. 딱 100일 동안만 우정을 미루고 여러분의 꿈을 위해 공부하라.

나에게는 휴대폰, 공부하는 장소, 친구가 공부에 방해되는 환경이었다. 휴대폰은 현실적으로 끊는 게 쉽지 않다. 나는 학교에는 휴대폰을 들고 가지 않고 학교 끝나고 집에 와서 잠들기 전 30분 동안만 사용했다. 고 3 때는 부모님께 부탁해서 휴대폰을 아예 정지시켰다. 전화, 문자는 공부에 전혀 필요하지 않기 때문이다. 공부는 학교 자습실에서만 했고 집에서는 어설프게 공부하려 하지 않고 푹 쉬고 하루 피드백 및 계획 정리만 했다.

나는 공부에 도움되지 않는 것이라면 내가 좋아하는 것이라도 과감히 정리했다. 내가 가장 잘하고 좋아하는 축구도 포기했다. 체육대회, 축구대회 등 중요한 시합이 아닌 이상 친구들이 간곡하게 부탁해도 나는 과감하게 거절했다. 축구를 하면 그 시간에 해야 할 공부를 못하게 될 뿐만 아니라 이후에도 여러 가지로 시간, 에너지 소모가 많아져 공부에 지장을 준다. 계획을 무리하게 세우는 습관도 있었다. 내가 할 수 있는 것에 비해 3분의 2 정도로 세우고 일요일은 반드시 비워 둔다고 해결책을 마련했다.

환경, 습관도 중요하지만 심리가 가장 중요하다. '모든 것은 마음가짐에 달려 있다'라는 말처럼 성공과 실패를 가르는 데 심리적인 부분이 많은 영향을 미친다. 수능이 100일 남은 시점에 불안하지 않은 수험생은 없다. '이대로 공부하면 과연 될까? 내가 수능을 잘 볼 수 있을까? 원하는 대학에 합격할 수 있을까?' 등 매 순간, 하루하루가 불안과 걱정이다. 모의고사를 보면 공부한 만큼 성적이 나오지 않다 보니 불안과 걱정은 더욱 심해진다. 주위 사람이 부정적인 말을 하면 심리적으로 흔들릴 수밖에 없다. 나는 "입시는 마지막까지 그 누구도 결과를 알 수 없다. 지금 걱정한다고 해결되는 것은 하나도 없다. 다른 사람이 내 인생을 책임지지 않는다. 누가 뭐라고 하든 신경 쓰지 말고 이럴수록 오늘 내가 해야 하는 공부를 완벽하게 하는 데만 집중하자. 어차피 한 번뿐인 인생인데 되든 안 되든 해보자!"라고 적고 힘들 때마다 보면서 심리적으로 힘든 부분을 이겨냈다.

환경, 습관, 심리를 정리한 리스트(방해 요소와 해결책)는 매일 아침 오늘 해야 할 목표 공부 양과 함께 봐주고 공부할 때마다 의식하면서 실천해야 한다. 매주 일요일마다 항목들을 잘 실천했는지 피드백한다. 만약 완전하게 해결되었으면 지우고 아직 부족하다면 다음 주에도 반영한다. 그리고 그 주에 공부 집중력을 방해하는 새로운 환경, 습관, 심리가 생겼다면 항목에 추가하고 해결책까지 구체적으로 수립해서 실천할 수 있도록 한다. 이렇게 철저하게 환경, 습관, 심리를 통제한다면 공부 집중력이 향상되어 불필요한 시간과 에너지를 낭비하지 않게 된다. 이것이 바로 서울대생이 알려주는 집중력 향상의 기술이다.

08

철저한 자기 관리가
수능 성적을 결정한다

나는 남들과 다르게 생존을 위해 공부를 했다. 아침부터 밤까지, 밥 먹고 자는 시간을 빼곤 공부만 했다. 하루 종일 공부만 해도 부족했기에 쉬는 것은 낭비라고 생각했다. 어떻게 하면 1분 1초라도 더 공부할 수 있을지 고민하고 불필요한 시간들을 줄이려고 노력했다.

중학교 3학년 때 쓰러져 응급실에 실려간 적도 있었다. 무리한 공부와 스트레스가 그 이유였다. 나는 응급실에 실려 가서 링거를 맞으면서도 그 시간에 공부할 수 없다는 것을 답답해했다. 고등학교 2학년부터 공부 양이 급격하게 많아지고 난이도도 어려워졌다. 주어진 양을 달성하기 위해 새벽 2시까지 공부하고 새벽 6시에 일어나는 생활을 했다. 부모님 세대의 사당오락 방식으로 공부한 것이다. 하지만 이 생활은 2~3주 정도까지만 유지되었다. 첫 1주 때는 괜찮았지만 2주차부터 몸에 무리가 왔고 피로가 쌓여 책을 봐도 집중이 되지 않았다. 해야 할 것은 산더미인데 진도는 더디니 스트레스를 더 많이 받을 수밖에 없었다. 이 시기에 나는 불안장애까지 겪었다. 이러한 경험들을 통해 나는 자기 관리도 공부라는 것을 깨달았다. 책상 앞에 앉아 열심히 공부하는 것뿐 아니라 쉬는 것, 자는 것도 과목 공부처럼 계획해야 한다. 수능이 100일 남은 수험생일수록 자기 관리는 더더욱 중요하다.

수험생이 가장 크게 오해하는 것 중 하나가 '서울대생은 잠을 3~4시간밖에 자지 않을 것이고 밥 먹는 시간 빼고는 쉬지 않고 하루 종일 공부할 것이다'라는 것이다. 나 또한 공부 잘하는 사람은 이렇게 공부할 것이라고 생각했다. 이 책을 읽는 여러분도 현재 '잠을 줄이면서 공부해야 성적이 오른다'라는 생각으로 밤늦게까지 공부하고 있을 것이다. 하지만 실상은 정반대였다. 서울대생은 잘 것 다 자면서 공부할 때 올바른 방법으로 초집중해서 공부했다. 얼마나 오래 공부했느냐가 아니라 얼마나 집중력 있고 효율적으로 공부했느냐가 중요한 것이었다.

조금만 생각해보면 잠을 적게 자며 공부하는 것이 비효율적이고 잘못된 공부 습관이라는 것을 쉽게 알 수 있다. 사람은 기계가 아니다. 아니, 기계도 휴식이 필요하다. 고속도로에 휴게소가 있는 이유는 운전자는 물론이고 차도 쉬어야 하기 때문이다. 운전자는 휴게소에서 화장실도 가고 허기도 채우고 스트레칭도 하며 잠을 깬다. 차도 마찬가지로 엔진을 식히고 기름이 부족하면 기름을 채워야 한다. 너무 피곤하다면 잠을 자기도 한다. 졸음운전으로 인한 교통사고가 얼마나 많이 발생하면 고속도로에 잠을 자는 장소(쉼터)까지 마련해두었겠는가. 실제 휴식 시간은 10~30분 정도밖에 안 되지만 이 휴식 덕분에 더 멀리 이동할 수 있고 안전하게 목적지에 도착할 수 있는 것이다.

공부도 운전과 마찬가지다. 우리의 뇌와 몸은 휴식을 필요로 한다. 뇌가 맑고 몸이 건강해야 최상의 상태로 책상 앞에 앉아 수업을 듣고 책을 볼 수 있다. 휴식을 취해야 나아갈 수 있고 잠을 푹 자야 뇌도 맑아져 공부가 더 잘된다. 아무리 새벽까지 공부한다 해도 다음 날이 되면 피곤해서 공부할 때 졸 수밖에 없다. 밤에 한두 시간 공부 더하려다가 다음 날 하루를 통째로 날려버린다. 더 중요한 것은 밤에는 이미 몸이 지쳐있는 상태이기에 공부하려 해도 잘되지 않고 조는 경우가 다반사라는 것이다. 그럴 바에야 빨리 자고 다음 날 맑은 상태에서 공부하는 편이 현명하다.

잠에 대한 과학적 근거도 있다. 사람이 정상적인 활동을 하기 위한 최적의 수면 시간은 6~7시간이다. 더 중요한 연구결과는 자는 동안 그날 공부한 내용이 체계적으로 정리되고 장기 기억으로 전환된다는 것이다. 뉴욕 의과대학의 원 뱌오 간 교수는 "잠이 시냅스 형성을 증진한다는 것은 지금까지 누구도 알지 못한 새로운 사실"이라고 말하고 뇌세포는 잠을 자는 동안 쉬고 있는 것이 아니라, 낮 시간에 벌어진 일을 재현하고 있다고 설명했다(출처: 사이언스타임즈). 잘 자야 컨디션이 좋아지는 것은 물론이고 성적 향상에도 도움이 된다는 의미다. 그렇기 때문에 적어도 12시나 늦어도 1시 이전에는 자고 6~7시간 정도 충분한 수면을 취해야 한다. 과욕으로 새벽에 한두 시간 더 공부하고 자려는 욕심을 이제 버려야 한다. 잘 자는 것도 공부라는 것을 분명히 명심해야 한다. 해야 할 공부 양이 많고 불안하기 때문에 마음 편히 자기 쉽지는 않을 것이다. 하지만 수능이 100일 남은 수험생이기 때문에 더더욱 수면시간을 지켜야 한다.

이것을 깨닫고 난 후에 나는 수면과 휴식도 계획에 포함시켰다. 야간자율학습이 끝나고 집에 올 때는 플래너를 제외한 책은 집에 가져오지 않았다. 집에 오면 씻고 과일도 먹고 예능도 보면서 스트레스를 풀었다. 12시 전, 늦어도 1시에는 잠자리에 들었고 6~7시에 일어났다. 쉬는 시간, 점심 시간, 저녁 시간에도 무조건 공부만 하기보다 운동도 하고 쪽잠도 잤다. 그 덕분에 수업 시간과 자습 시간에 더 큰 집중력을 발휘해서 효율적이고 효과적인 공부를 할 수 있었다. 이러한 과정에서 스스로를 관리하는 능력도 자연스럽게 길러졌다.

수면 관리만으로는 부족하다. 오늘이 수능일이라고 해보자. 그런데 감기에 걸리거나 전날 음식을 잘못 먹어서 배탈이 난다면? 여러분들이 지난 3년 동안 고생해서 준비한 것을 실력 발휘도 한 번 제대로 해보지 못하고 수능이 끝나버리는 불상사가 발생한다. 아무리 공부를 잘하고 준비를 잘해도 수능 당일에 아프면 모든 것이 날아간다. 그렇기 때문에 평소에 건강관리를 꾸준히 잘해서 시험 당일 최상의 컨디션을 발휘할 수 있도록 해야 한다.

건강관리에는 다양한 부분이 포함된다. 우선 잘 먹어야 한다. 대부분의 수험생들은 귀찮거나 공부할 시간이 없다는 이유로 아침 식사를 거르고 끼니를 편의점, 패스트푸드점에서 때우는 경우가 많다. 아무리 귀찮고 시간이 없다 하더라도 식사는 잘 챙겨야 한다. 나는 어떠한 일이 있어도 아침 식사는 꼭 챙겨먹고 지금도 변함없이 그 습관을 유지하고 있다. 아침 식사를 잘 먹으면 에너지도 생기고 머리도 잘 돌아가 공부가 훨씬 더 잘된다. 점심, 저녁도 학교에서 주는 밥을 골고루 잘 먹으며 영양을 보충했다. 공부 중간에는 바나나, 초콜릿, 견과류 등을 먹었다.

다음으로 운동이다. 수능이 100일 남은 시점이라 공부할 시간도 부족한데 무슨 운동이냐고 반문할 수도 있다. 하지만 반대로 공부를 잘하고 집중력과 체력을 유지하려면 운동은 필수다. 운동이 성적 향상에 긍정적인 영향을 끼친다는 연구 결과는 많다. 운동을 하면 몸속의 노폐물이 빠지고 혈액순환이 잘돼 몸이 건강해짐은 물론이고 뇌가 맑아진다. 공부할 때 집중력이 상승되고 두뇌 회전이 운동을 하지 않았을 때보다 빨라진다. 그리고 운동으로 길러진 체력과 지구력으로 100일 동안 지치지 않고 꾸준히 공부할 수 있다.

그렇다고 헬스장을 가거나 땡볕에서 죽어라 달리고 축구를 하라는 뜻이 아니다. 최소한의 건강을 위한 운동을 하라는 것이다. 꼭 밖에 나가지 않더라도 실내에서 할 수 있는 운동은 많다. 가벼운 스트레칭, 푸쉬업, 윗몸일으키기, 스쿼트(앉았다 일어서기), 플랭크(엎드린 상태에서 버티기), 레그레이즈(누운 상태에서 다리 들어 올리고 내리기) 등은 한 평의 공간만 있으면 누구나 할 수 있다. 계단 오르기나 걷기도 잠깐 시간만 내면 다할 수 있는 것들이다. 시간적 여유가 있는 주말에는 평소보다 운동을 더 해주면 된다.

나는 아침에 일어나자마자 집 근처 운동장에 가서 조깅을 하고 근력운동(윗몸일으키기, 푸쉬업, 스쿼트)을 했다. 학교에서는 일주일에 한 번 있는 체육 시간에 열심히 참여했고 쉬는 시간에는 가벼운 스트레칭을 했다. 저녁 식사를 하고 야간자율학습 전에는 운동장을 걷거나 가볍게 뛰었다. 주말에는 조기축구회에 나가서 한 시간 정도 집중해서 운동했다. 그렇다고 몸에 무리가 갈 정도로 무리해서 운동하면 안 된다. 우리가 선수들처럼 성적을 내려고 운동하는 것이 아니기 때문이다. 무리하게 운동을 하면 오히려 몸에 피로가 더 쌓여 공부할 때 졸게 되는 역효과가 생긴다.

입시는 마라톤이고 체력전이다. 지구력, 체력이 없으면 남은 100일 동안 버틸 수가 없다. 우리 학교 1, 2등은 운동을 하지 않고 책상 앞에 앉아서 공부만 했는데 고 2 때까지는 잘 버텼다. 하지만 고 3이 되니 몸이 버티지를 못하고 고 3 후반에는 지쳐 뒷심을 발휘하지 못했다. 반대로 나는 틈틈이 운동을 한 덕분에 체력이 강해지고 컨디션 유지를 잘하게 돼 입시가 끝나는 날까지 지치지 않고 최상의 집중력을 유지하며 공부할 수 있었다.

감기 및 부상 관리도 잘해야 한다. 환절기나 한여름, 초겨울에는 감기에 걸리기 쉽다. 항상 물을 잘 챙겨먹고 적절한 체온을 유지해야 한다. 에어컨이나 히터를 과하게 쐬는 것도 피해야 한다. 만약 조금이라도 아프면 참지 말고 빨리 병원에 가서 진단받고 처방받아야 한다. 별것 아니라고 참다가 나중에 독감이 된다. 친구와 놀더라도 무리하게 장난치지 말고 넘어지거나 발목을 접질리지 않도록 조심해야 한다. 별것 아닌 것 때문에 다쳐서 신경 쓰다가 소중한 공부 시간을 빼앗겨서는 안 된다.

수능 실력이란 단순히 교과 능력만을 의미하지 않는다. 교과 능력은 기본이고 시간 관리, 몸 관리, 마인드 관리까지 포함된다. 그 어떤 하나라도 부족하면 수능에서 절대 좋은 결과를 얻을 수 없다. 자신만의 페이스를 유지하며 쉴 때 쉬고 잘 때 자야 한다. 정해진 시간에 자고 일어나고 잘 챙겨 먹고 운동도 꾸준히 해야 한다. 공부 시간, 분량을 계획하는 것처럼 이것들도 모두 계획해서 실천해야 한다. 자기 관리도 명백한 수능 공부다.

완벽하게 준비한 상태에서 수능 시험장에 간다면
어떠한 상황이 일어나도 당황하지 않고
차분하고 자신감 있고 여유롭게 문제를 풀 수 있다.
100일 동안 '기본 개념 및 실력 향상 → 실전 문제 풀이 및 분석 → 실전 훈련'
3단계를 적용해서 공부한다면 수능에서 기대 이상의 성적을 거둘 수 있다.

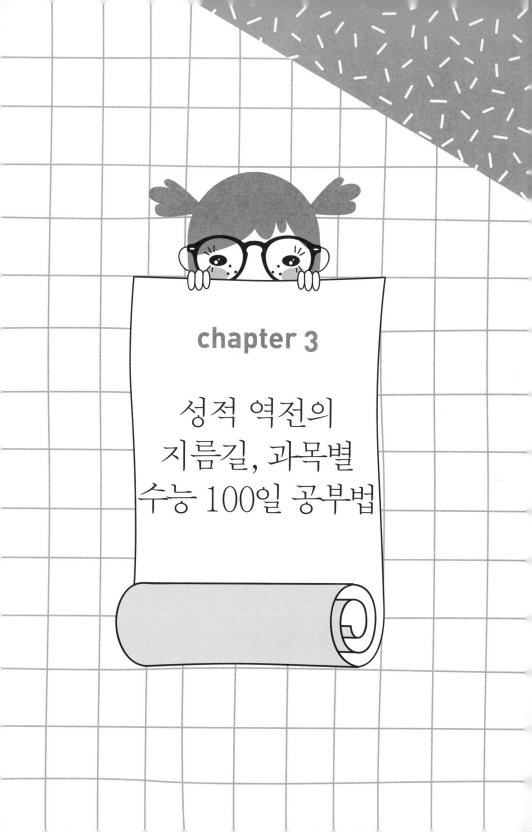

chapter 3

성적 역전의 지름길, 과목별 수능 100일 공부법

01

보통 학생들을 위한
과목별 100일 공부법

목표 설정과 전략, 로드맵을 수립하고 공부 습관을 만들고 환경·습관·심리를 통제하고 자기 관리로 최상의 공부 상태를 만들었다면 이제 책상 앞에 앉아 본격적으로 공부할 때다. 100일 동안의 공부가 빛을 발하려면 올바른 공부법을 배우고 적용해야 한다. 최상의 공부 상태를 만들었지만 정작 책상 앞에 앉아 잘못된 방식으로 공부하면 말짱 도루묵이다. 100일 동안 시기별, 과목별로 어떤 공부를 어떻게 해야 하는지가 정해져 있다. 그냥 열심히 책보고 외우고 정리하는 방식은 통하지 않는다.

앞에서도 말했듯이 수능 100일은 크게 두 시기로 구분할 수 있다. D-100부터 D-40까지 시기에는 수능 실전 문제 풀이와 분석, 부족한 부분 보완이 핵심이다. 여러분이 고 1, 2 때 기본 개념 및 실력 향상을 위한 공부를 잘해왔다면 바로 수능, 모의고사 실전 문제를 풀고 분석하면 된다. 하지만 이 책을 읽는 여러분들은 대부분 기본 개념이 부족하고 실력 향상이 필요할 것이기 때문에 바로 문제를 제대로 풀지 못한다. 그렇기 때문에 사교육(학원, 인강 등)을 활용해서 각 과목별로 기본 개념을 잡고 실력 향상을 위한 공부를 반드시 해주어야 한다. 시간이 많지 않으므로 짧은 시간 집중해서 기본 개념, 실력 향상을 위한 공부를 한 후 수능, 모의고사 실전 문제 풀이를 하면서 문제 속에서 부족한 기본 개념과 실력을 보완하는 방향으로 공부하는 것이 중요하다.

이 시기에는 수능, 모의고사 5개년 문제집과 수능, 모의고사 수준의 문제집을 사용한다. 문제집은 문제 해설과 해당 개념의 설명이 상세한 것으로 골라야 한다. 문제를 풀 때는 문제당 시간을 정하면서 풀어야 한다. 시간을 정해놓으면 자연스럽게 긴장하고 집중해서 풀게 된다. 이러한 긴장감 없이 문제를 풀면 한없이 늘어지게 돼 시간 낭비가 많아진다. 단, 시간에 쫓겨서 급하게 풀 필요까지는 없다.

문제 풀이보다 '분석'이 훨씬 중요하다. 문제를 풀고 나서는 답을 맞추는 것이 아닌 '분석'을 제대로 하는 것에 집중해야 한다. 분석을 통해 도출된 부족한 부분을 보완하는 것(독해력, 문제 풀이력, 개념 등)이 가장 큰 목표다. 짧은 시간 동안 개념을 이해하고 실력을 기르는 것은 쉽지 않다. 설령 그렇다고 할지라도 실전 문제를 풀고 적용하는 것은 다르다. 본인은 제대로 이해했다고 생각해도 수능, 모의고사 실전 문제를 풀다가 부족한 부분이 있다는 것을 알 수 있다.

국어는 지문과 문제 두 가지를 분석해야 한다. 문제를 틀리는 가장 큰 이유는 지문에 대한 이해 부족이다. 지문의 주제를 왜 잘못 파악했는지, 어떠한 부분을 잘못 이해했는지를 분석한다. 지문은 완벽하게 이해했는데 문제를 잘못 이해해서 틀리는 경우도 있다. 이때는 문제의 어떤 부분을 잘못 이해했고 왜 지문을 문제와 연결하지 못했는지 분석해야 한다. 문제 유형별 풀이법도 이 과정에서 같이 정리한다. 국어 문제를 분석할 때는 '선택지에 대한 분석'도 중요하다. 본인이 잘못 선택한 선택지뿐 아니라 다른 선택지들은 왜 맞거나 틀렸는지에 대한 합리적인 근거를 찾으며 분석해야 한다. 정답이 2번이고 본인은 1번을 선택하자고 하자. '왜 나는 1번을 답으로 선택했는가? 왜 2번은 답이 아니라고 생각했는가? 왜 2번이 답인가? 3, 4, 5번은 왜 답이 아닌가?'를 분석해야 한다는 뜻이다. 분석한 내용은 지문과 연계해서 표시하고 글로 자세하게 정리해야 한다.

영어는 지문에 대한 독해 및 분석이 전부다. 국어와 다른 점은 영어 문제는 국어처럼 복잡하지 않다는 것이다. 문제를 틀린 이유가 '독해'이기 때문에 독해력을 중심으로 분석하고 보완하면 된다. 영어 독해도 정해진 문제 유형이 있으니 유형별 해결법을 정리해둔다. 영어 듣기는 정확하게 듣고 해석만 되면 답을 찾는 것은 어렵지 않다. 그렇기 때문에 틀린 문제의 대화 및 담화를 다시 들으면서 본인이 왜 해당 부분을 듣지 못했는지 어떠한 부분을 몰라서 듣지 못했는지 등을 분석하면서 직청직해력을 길러야 한다.

수학은 문제 풀이 및 분석을 하면서 개념 보완을 함께 해야 한다. 부족한 개념을 보충 공부할 때 주의할 점이 있다. 개념 전체를 공부하는 것이 아니라 틀린 부분만 뽑아서 공부해야 한다는 것이다. 예를 들어 수열의 등차수열을 몰라서 문제를 틀렸다고 하자. 그러면 등차수열만 공부하면 되지 수열 전체를 다시 공부할 필요는 없다는 뜻이다. 부족한 개념 보완만큼 중요한 것이 단원별 통합 공부다. 수능, 모의고사는 하나의 문제에 여러 가지 개념이 복합적으로 나온다. 이런 문제에 대비하려면 어떤 개념이 통합되어서 나왔는지도 함께 정리해야 한다.

탐구는 문제 풀이를 하더라도 개념에 대한 이해와 정리가 중요하다. 탐구는 개념만 완벽하게 이해하고 정리해도 웬만한 문제는 다 풀 수 있다. 그렇기 때문에 급하게 문제 풀이에 들어가지 말고 처음부터 개념 공부에 많은 시간을 투자한다. 수학과 비슷한 방식으로 문제 분석을 하되 개념을 복습하는 데 더 많은 비중을 두어야 한다. 틀리거나 부족한 개념은 다시 보고 완벽하고 꼼꼼하게 암기하는 식으로 공부해주어야 한다. 정리되지 않은 개념은 노트에 따로 정리한다. 문제 풀이와 개념 공부를 병행하기 때문에 개념을 이해하고 암기하는 것이 훨씬 수월하다.

D-40부터 수능일까지는 실전 연습이 핵심이다. 실전에서 생길 수 있는 다양한 변수를 대비하는 단계로 3학년 9월부터(늦어도 10월부터) 수능 3일 전까지 실행하면 된다. 이때 사용하는 문제집은 실제 수능, 모의고사와 똑같은 형태의 '실전모의고사 문제집'이다. 실력과 실전은 완전히 다르다. 실제 수능과 유사한 환경을 조성하고 수능에서 접할 수 있는 다양한 환경 및 변수를 만들어 실전 훈련을 해야 한다. 앞서 말했듯이 수능이 있는 11월은 보통 날씨가 매우 춥기 때문에 시험장에 히터

를 많이 튼다. 수능 당일 여러분이 어떤 자리에서 시험을 칠지 알 수 없다. 그렇기 때문에 덥고 추운 환경을 조성해서 다양한 자리에서 실전 연습을 해야 한다. 뿐만 아니라 쉬는 시간에 듣기 훈련을 하는 등 어려운 환경에 대비해야 한다. 시험지와 함께 'OMR 카드', 시험 때 사용할 각종 펜을 미리 준비해야 한다.

실전 훈련을 할 때 가장 중요한 것은 '시간'이다. 모든 시험에는 '정해진 시간'이 있다. 시험의 목적은 '주어진 시간 내에 출제자가 원하는 답을 정확하고 효율적으로 찾는 것'이다. 아무리 어려운 문제를 잘 푼다 하더라도 시간을 지키지 못하면 의미 없다. 해당 과목의 실제 시험 시간보다 10분 앞당겨서 문제를 풀어야 한다. 이렇게 시간 연습을 하면 긴장감과 집중력이 높아짐은 물론이고 실제 수능 시험장에서 시간에 끌려 다니지 않고 여유롭게 문제를 풀 수 있도록 해준다. 나는 이렇게 훈련한 덕분에 수능 시험장에서 시간에 쫓기지 않고 여유롭게 시험을 봤고 심지어 탐구 과목은 15분 만에 문제를 다 풀었다.

문제 풀이, 실전 연습 후 분석은 필수다. 개념이나 문제가 틀렸다면 왜 틀렸는지 구체적으로 분석 및 정리하고 부족한 개념은 보완한다. 문제 분석외에 시험 외적 분석도 함께 해주어야 한다. 실전 훈련을 하다보면 개념 이해, 문제 풀이 외의 다른 원인으로 문제를 틀리는 경우가 있다. 계산 실수, OMR 체크 실수, 시간 배분 실패, 조급한 마인드, 새로운 환경 적응 실패 등을 종합적으로 분석해서 자신만의 시험 루틴과 전략을 만들고 정리해야 한다. 수능에서 접할 수 있는 변수들을 예측하고 정리해서 실전 훈련 때 적용해 대비한다.

'문제 유형 정리'도 필수다. 과목별로 문제 유형을 분석해서 실제 시험에서 그런 문제들이 나올 때 어떻게 풀지 전략을 세워야 한다. 몇 세트 정도 공부하다 보면 자주, 반복돼 나오는 개념, 문제가 있다는 것을 알 수 있다. 그런 부분들은 따로 표시한 후 풀이 전략을 수립하고 총정리할 때 우선적으로 봐주어야 한다.

이 외에 식단, 건강, 식단, 마인드, 생활 관리에도 철저히 신경 써야 한다. 3년 동안 준비했고 인생을 결정하는 시험이다. 수능 당일에 몸이 아프거나 심리적으로 불안하고 시험 당일 먹은 음식이 몸에 맞지 않거나 시험을 보는 도중 생리적 현상으로 시험을 망치면 너무 억울하지 않겠는가? 자기 관리 또한 실력이고 수능 공부다.

이렇게 완벽하게 준비한 상태에서 수능 시험장에 간다면 어떠한 상황이 일어나도 당황하지 않고 차분하고 자신감 있고 여유롭게 문제를 풀 수 있다. 100일 동안 '기본 개념 및 실력 향상 → 실전 문제 풀이 및 분석 → 실전 훈련' 3단계를 적용해서 공부한다면 수능에서 기대 이상의 성적을 거둘 수 있다.

02

국어-지문 독해와 문제 풀이에 집중하라

국어의 핵심은 독해력이다. 주어진 시간 내에 지문 내용을 읽고 말하고자 하는 바가 무엇인지를 정확하게 파악할 수 있다면 국어 공부의 80%는 끝난 것이나 마찬가지다. 국어 문제는 철저하게 지문 내용에 근거해서 출제되기 때문이다. 나머지 20%는 문제를 풀어보며 길러야 하는 부분인데 이것은 독해력만 있다면 자연스럽게 해결되는 부분이다.

비문학과 문학을 동시에 공부해야 한다. 지문 독해와 문제 풀이를 함께 진행하면 된다. 독해력이 어느 정도 있는 학생은 큰 문제 없겠지만 기본 실력이 없는 학생은 비문학, 문학 핵심 특강을 듣고 지문 독해법 및 기본 지식을 빠르게 익힌 다음 문제 풀이에 들어간다.

특히 문학 파트(현대시, 현대소설, 고전소설, 고전시, 수필)는 배경지식이 필요한 과목이다. 학교 문학 교과서만으로도 문학 지문을 독해하는

데 필요한 배경지식을 충분히 얻을 수 있다. 그럼에도 이해가 안 가거나 혼자 공부하기 어려워하는 학생은 학원이나 인강을 이용해야 한다. 사교육을 통해 배경지식과 함께 배경지식을 바탕으로 어떻게 지문의 핵심 내용과 주제를 찾는지 배워야 한다. 특히 고전문학 파트는 혼자 공부하는 것보다 학원, 인강을 활용하는 쪽이 효율적이다. 문학은 독해법과 함께 작품도 함께 공부해주어야 한다.

그렇다고 사교육에만 의존해서는 안 된다. 충분히 혼자 할 수 있음에도 괜한 불안감 때문에 학원, 인강을 계속 다니면 혼자 공부하는 시간이 줄어든다. 아무리 학원, 인강을 열심히 다녀도 결국 혼자 독해하고 분석해서 실력을 길러야 하기 때문이다.

수능, 모의고사 5개년 문제집과 이와 유사한 문제집을 구입한다. 문제집은 '전체 주제, 단락별 주제, 글의 구조, 지문의 핵심 내용'과 '문제 풀이'가 상세하게 나온 것으로 선정해야 한다. 본인의 실력, 공부 시간, 다른 과목과의 연관성을 고려해 분량을 적절히 배분한다. 지문당 문제 풀이 시간을 정하고 시간을 재면서 공부한다. 어느 정도 긴장감을 가지고 집중력을 높이고 시간에 적응하기 위한 것이니 시간을 너무 의식해서 급하게 독해하고 문제를 풀지 않도록 한다. 이 시기에는(D-100부터 D-40까지) 속도보다 중요한 것이 정확성이다. 지문 독해 및 문제를 풀고 해설지를 보며 답을 확인한다. 확실하게 맞힌 문제는 넘어가고 틀렸거나 맞았지만 애매한 문제 중심으로 분석한다.

답은 1번인데 본인은 2번을 답으로 선택했다고 해보자. 문제 분석을 할 때는 '왜 나는 2번을 답으로 선택을 했는가? 지문의 어떤 내용을 잘

못 이해했는가? 지문의 내용은 정확하게 이해했다면 문제의 어떤 부분을 잘못 이해해서 답을 잘못 선택했는가? 그렇다면 어떤 근거로 1번이 답이 되는 것인가?'에 대한 답을 최대한 구체적으로 찾아서 글로 정리해야 한다. 나머지 3~5번도 왜 답이 안 되는지 분석해야 한다. 문제 분석에서 끝나서는 안 되고 틀린 문제에 해당하는 지문을 다시 독해하며 핵심 내용과 주제를 찾고 설명을 하고 해설지와 비교해야 한다. 문학은 문제 분석, 지문 독해와 그때 나오는 작품을 함께 공부해야 한다. 문제 자체를 정확하게 읽지 않아 틀리는 경우도 있으니 이 부분도 신경 써야 한다. 옳지 않은 것을 찾는 문제인데 옳은 것을 골라서 틀리는 사람이 의외로 많다. 항상 문제를 풀기 전에 출제자가 무엇을 묻는지 정확하게 파악하자.

문제 분석을 해보면 틀린 이유 대부분이 지문 독해가 정확하게 되지 않았기 때문이라는 것을 알 수 있다. 문제 분석과 함께 지문 독해 훈련을 빠뜨리지 않고 해야 한다. 비문학은 단락별로 지문을 읽고 본인이 생각하는 단락의 주제를 적는다. 각 단락의 주제를 찾았으면 글의 구조를 그린다. 단락별 주제를 찾고 글의 구조를 그렸으면 지문의 전체 주제를 도출한다. 단락별 주제와 전체 주제를 바탕으로 해당 지문 내용을 보지 않고 설명을 해본다. 설명이 막힌다면 지문 내용을 정확하게 이해하지 못한 것이기 때문에 다시 내용을 읽고 될 때까지 반복한다. 그런 다음에 해설지를 보며 본인이 찾은 주제와 실제 주제를 비교한다. 문학도 같은 방식으로 지문 독해 훈련을 하면 된다. 문학은 각 파트별(시, 소설, 수필)로 독해할 때 핵심 포인트가 있기 때문에 그것을 중심으로 독해하면 된다. 시는 화자, 청자, 시적 대상, 배경, 정서를 기준으로, 소설의 경우는 인물, 사건, 배경, 복선 등을 기준으로 독해를 하고 전체 주제를 도출하면 된다.

본인이 찾은 주제를 해설지와 비교해서 틀린 부분이 있으면 '왜 나는 주제를 그렇게 생각했지? 지문의 어떤 부분을 잘못 이해해서 주제를 잘못 찾았지? 왜 실제 주제는 그렇게 되지?' 하고 체크하고 그 이유를 최대한 자세하게 분석해서 글로 정리한다. 이 과정을 제대로 하지 않고 형식적으로만 주제를 찾고 비교하면 독해력이 향상되지 않는다. 틀린 부분을 분석하고 정리가 끝나면 그 부분을 직접 설명하면서 본인의 것으로 만들어야 한다. 분석을 바탕으로 지문 내용과 주제를 완벽하게 설명할 수 있으면 하나의 지문에 대한 공부가 끝난 것이다.

이때 모르거나 중요한 단어, 사자성어, 속담이 지문 및 문제에 나왔다면 단어장을 따로 만들어 정리한다. 단어장은 자투리 시간을 활용해서 틈틈이 봐준다. 그리고 문학은 비문학과 달리 작품 및 지문이 다음에 또 나올 수 있기 때문에 작품의 핵심 내용을 반드시 복습하고 정리해서 자신의 것으로 만들어야 한다.

화작문 공부도 비문학, 문학과 함께 시작한다. 화작문은 문제집 한 권 사서 유형을 간략하게 파악하고 필요한 지식을 공부한 후 문제를 풀고 분석하면서 공부해도 충분하다. 한 권 제대로 공부해보면 유형이 정리되고 감이 잡힌다. 만약 혼자 하기 어렵다면 화작문 유형 및 지식을 알려주는 인강을 듣고 난 후 스스로 문제 풀이 및 분석을 하면 된다. 화작문은 문제 속에서 실력을 기르고 문제와 관련된 지식을 그때그때 정리해주면 된다.

국어는 파트별(비문학, 문학, 화작문)로 매일 일정한 분량을 정해서 공부하는 것이 중요하다. 국어는 감각이 중요한 과목이기 때문에 하루에 몰아서 하는 것보다 운동처럼 적은 양이라도 매일, 꾸준히 해야 한다. 본인의 실력, 혼자 공부하는 시간, 다른 과목과의 연관성을 고려해 현실적인 분량을 정하되 실력이 향상되고 공부 속도가 빨라지면 무리하지 않는 범위 내에서 분량을 늘려나간다.

D-100부터 D-40까지 독해력 향상, 실전 문제 풀이 및 분석 중심으로 공부했다면 D-40부터 수능일 전까지는 실전 모의고사 문제집을 가지고 시간을 재며 실전 훈련을 한다. 실전 훈련보다 중요한 것은 시험에 대한 분석이다. 시험 자체에 대한 분석(시간 관리, 시험 환경, 시험 난이도, 마인드, 패인 등)을 한 다음에 문제 유형을 분석해야 한다. 화작문, 비문학, 문학으로 나누어서 어떤 유형의 문제가 나왔는지 분석하고 각 유형마다 자신만의 풀이 전략을 만들어야 한다. 문제 유형별 풀이 전략과 함께 문제 풀이 전략도 세워야 한다. 1번부터 차례대로 풀 것인지 비문학-문학-화작문 순으로 풀 것인지부터 문제를 먼저 읽고 지문을 읽으면서 답을 찾을 것인지, 지문 독해부터 하고 한 번에 문제를 풀 것인지 등 자신만의 전략을 수립하는 것이다. 문제 및 지문별로 몇 분 내에 풀 것인지도 전체 시험 시간을 고려해서 배분하고 이 시간을 염두에 두고 실전 훈련을 해야 한다. 이 전략은 정해진 것이 없다. 본인한테 맞는 전략을 수립하고 실전 훈련을 하면서 수정 및 보완하면 된다. 그런 다음에는 틀린 문제에 대한 분석 및 지문 독해를 하고 중요한 어휘, 속담,

사자성어, 작품, 배경지식을 정리하고 복습하면 된다.

이 방식대로만 국어 공부를 한다면 수능 시험에서 주어진 시간 내에 빠르고 정확하게 지문 독해 및 문제 풀이를 할 수 있다. 국어의 처음과 끝은 독해력이기 때문에 수능 전까지 독해력을 향상하는 데 가장 많은 시간과 노력을 투자해야 한다.

03

영어-마지막까지 지문 독해력과 직청직해력을 길러라

국어에서 독해력이 차지하는 비중이 80%라면 영어는 독해력이 100% 라고 해도 과언이 아니다. 국어는 지문 독해를 정확하게 해도 문제 자 체가 응용되거나 어렵게 나오는 경향이 있기 때문에 실전 문제 풀이를 하면서 문제 분석력, 응용력도 함께 길러야 한다. 하지만 영어는 독해 만 되면 답은 바로 나오는 과목이기 때문에 독해와 문제 풀이가 같다고 보면 된다. 문제 풀이를 위한 공부를 따로 할 필요 없이 독해 공부에만 집중하면 어려움이 없다.

독해에 가장 기본이 되는 것이 영어 단어와 문법이다. 수능, 모의고 사 문제집에 있는 지문 독해를 해서 문장의 70~80% 정도 해석이 된다 면 바로 독해 및 문제 풀이에 들어간다. 만약 그렇지 않다면 1~2주 정 도 단어 및 문법 공부에 시간을 투자해서 독해에 필요한 기초를 쌓아야 한다. 이때 중요한 것은 단어와 문법 공부에 너무 많은 시간을 투자하고 지식을 공부하듯이 하면 안 된다는 것이다. 단어, 문법은 독해를 잘하려고 공부하는 것이지 단어암기대회나 영문법 시험에 나가는 것이 아니기 때문이다.

단어는 수능을 위한 기초 단어집(500~1000개 정도 있는)을 사서 단어와 문장을 함께 외워주면 된다. 굳이 영어 단어 강의까지 들을 필요는 없다. 문법은 문장 구조 파악을 위한 인강을 듣고 복습하며 자신의 것으로 만든다. 인강은 주어, 서술어, 수식어구를 구분하고 독해하는 데 필요한 문법 개념을 알려주는, 10~15개 커리큘럼이 있는 강의면 충분하다. 절대로 TO 부정사의 용법들을 암기하고 외우는 방식으로 공부하면 안 된다. 문법 공부의 목적은 수능에서 어떠한 문장을 접하더라도 주어, 서술어, 수식어를 구분하기 위함이라는 것을 잊어서는 안 된다. 단어와 문법 공부를 이때만 하고 끝나는 것이 아니다. 독해 훈련을 하면서 지문 속에서 단어와 문법을 함께 공부하고 부족한 부분은 수능 전까지 보완할 것이기에 처음부터 완벽하게 하려 하지 않아도 된다. 중요한 것 중심으로 집중적으로 끝내고 최대한 빠르게 지문 독해에 들어간다.

수능, 모의고사 5개년 문제집 및 이와 유사한 독해집을 가지고 실전 문제 풀이를 시작한다. 지문 독해를 하고 분석하는 것이 중요하기 때문에 지문 해석, 지문에 대한 설명, 해당 지문의 단어와 문법에 대한 설명이 자세한 해설지가 있는 문제집을 고른다. 한 지문당 시간을 배분해서 시간을 재면서 독해하고 문제를 풀고, 틀렸거나 맞혔지만 애매하게 맞힌 문제를 중심으로 해설지를 보면서 분석하면 된다. 영어 독해 문제를 틀린 이유를 분석해보면 마킹을 잘못한 경우를 제외하고는 독해와 연관이 있다는 것을 알 수 있다. 단어, 문장 구조 파악, 내용 이해를 기준으로 본인이 어떠한 부분이 부족해서, 또는 어떠한 부분을 잘못 이해해서 독해를 잘못하고 오답을 선택했는지 구체적으로 분석하고 글로 정리한다. 그런 다음 어떤 근거로 오답을 선택했고 정답을 오답이라 생각했는지, 나머지 선택지들은 왜 답이 되지 않는지까지 분석해야 한다.

독해 훈련을 할 때는 주어, 서술어, 수식어구를 구분하면서 한다. "I / am / the man (who is good at playing soccer)"처럼 말이다. 독해할 때 모르는 단어가 나와도 신경 쓰지 말고 마지막 문장까지 독해하고, 본인이 독해한 것을 직접 설명한다. 처음에는 본인이 독해한 것이 기억이 안 날 수도 있기에 빈 노트에 적어두면 분석할 때 도움이 된다.

설명이 끝나면 본인이 독해한 것과 해설지를 비교해 분석한다. 틀린 부분은 세 가지로 분석할 수 있다. 단어, 문장 구조 파악, 내용 이해! 단어는 해당 단어를 아예 몰랐거나 알았는데 해당 문장에서는 다른 의미로 쓰인 두 가지 경우로 나눌 수 있다. 하나의 단어라도 여러 가지 의미가 있기 때문이다. 틀린 단어는 본인만의 단어장에 정리하는데 이때 사전을 활용해서 공부한다. 사전은 종이 사전과 전자 사전이 있는데 개인적으로는 종이 사전을 사용하는 것을 추천한다. 전자 사진이 편리성은 있지만 종이 사전이 직접 찾아보고 해당 단어에 표시도 하고 여러 번 반복되는 경우가 많기 때문에 장기적으로는 훨씬 효과적이다. 단어장에 단어를 정리할 때는 단어와 뜻만 적는 것이 아니라 그 단어가 포함되어 있는 해당 문장을 예시로 반드시 같이 적어야 한다. 그래야 단어 암기가 더 잘되고 시험장에서도 잘 떠오른다. 단어는 문장과 같이 공부해야 효과적이다.

문법이 틀린 경우라면 본인이 공부한 문법 교재에서 해당 부분을 찾아 보충 공부를 한다. 본인이 어떤 부분을 몰라서 주어와 서술어를 파악하지 못했거나 잘못 파악했는지 찾아내는 것이 중요하다. 해설지에 해당 문법에 대한 설명 및 핵심 내용 정리가 되어 있다면 반드시 같이 공부하고 정리해야 한다. 독해를 하다가 추가되는 문법 지식은 포스트잇에 정리해서 문법 교재에 붙여 놓거나 영어단어장처럼 자신만의 노트를 만들어서 정리하면 된다. 영어단어장과 문법노트는 자투리 시간을 이용해서 틈틈이 보거나 주말을 활용해서 복습해주면 효과적이다. 영어단어장과 문법노트는 수능 전까지 업데이트 해야 한다.

단어와 문법을 다 아는데도 해석이 안 되는 경우가 있다. 이때는 본인이 어떤 부분을 어떻게 잘못 이해해서 해석을 못 했는지 분석해야 한다. 한글과 영어는 어순이 다르기 때문에 해석하는 과정에서 문장 조합을 잘못해서 전혀 다르게 해석했을 수도 있고 영어를 한글로 번역은 했는데 번역된 한글을 제대로 이해 못 했을 수도 있다. 해설지를 보면서 어떻게 문장을 조합해서 해석하는지 파악하며, 자신이 잘못 파악한 부분을 구체적으로 분석하고 글로 적어 두어야 한다. 그런 다음에 해설지를 덮고 다시 처음부터 독해하면서 문장 구조를 파악하고 완벽하게 해석할 수 있을 때까지 반복 학습을 한다. 영어를 한글로 번역한 내용을 이해

못 했을 때는 번역된 해설지의 내용을 보면서 해당 내용을 정확하게 이해해야 한다. 이 부분은 국어 독해력과 관련이 있기 때문에 비문학 독해 공부를 더 제대로 해야 한다. 이렇게 하나의 지문을 완벽하게 공부하면 독해 공부는 물론이고 단어와 문법 공부까지 함께하는 1석 3조의 효과가 있다.

수능에는 문법, 어휘 문제가 출제되기 때문에 독해와 함께 공부해야 된다. 영어 문법, 어휘 문제는 국어 화작문과 같은 방식으로 공부하면 된다. 문법, 어휘 전용 문제집을 한 권 사서 수능에 자주 출제되는 핵심 어휘 및 문법을 공부하고 문제를 풀고 분석하면서 문제 유형 및 풀이법을 익히면 된다. 필요하다면 관련 인강을 주말 하루 정도 날 잡아서 집중적으로 듣는 것도 괜찮다.

독해만큼 중요한 파트가 영어 듣기다. 영어 듣기는 집중력과 직청직해력이 핵심이다. 영어 듣기에서는 수준 높은 어휘와 복잡한 문장 구조보다 기본적인 어휘와 문법이 나온다. 그렇기 때문에 지문 독해를 하면서 독해력을 향상시키고 핵심 어휘, 문법을 같이 공부하면 듣기를 위한 어휘, 문법을 따로 공부할 필요가 없다. 지문 독해를 할 수 있는 수준이면 듣기 해설지를 보며 분석할 때도 어려움이 없다.

실제 수능, 모의고사에서 출제된 문제 및 수능, 모의고사 형태의 문제집을 가지고 문제 풀이 및 분석을 해야 한다. 이때 실제 수능처럼 중간에 멈춤 없이 스트레이트로 듣고 문제를 푼다. 문제를 풀고 나서 해설지를 보면서 답을 체크를 한다. 확실하게 맞은 문제는 넘어간다. 틀렸거나 맞았지만 애매하게 맞은 문제를 중심으로 분석을 한다. 분석 요령은 다른 과목과 같다.

문제 분석이 끝났으면 해당 문제를 다시 들으면서 한글 받아쓰기를 한다. 한글 받아쓰기란 영어로 들은 문장을 한글로 해석해서 받아 적는 것이다. "Hi, Nice to meet you, where are you from?"이라는 문장을 들었으면 "안녕, 만나서 반가워. 너는 어디에서 왔니?"라고 적는다. 이때 모든 문장을 받아 적는 것이 아니라 잘 들리지 않거나 길고 어려운 문장만 해석한 것을 한글로 받아쓰면 된다. 해설지를 보면서 본인이 받아 적은 문장과 실제 문장을 비교한다. 맞은 부분은 넘어가고 틀린 문장만 분석한다. 본인이 해당 문장을 정확하게 받아 적지 못한 이유가 어휘를 몰라서인지, 문법 지식을 몰라서인지, 문장이 길어서 구조 파악을 못해서인지 등을 최대한 구체적으로 분석하고 글로 정리해야 한다.

어휘를 몰라서 틀렸으면 독해할 때 사용하는 영어단어장에 해당 문장과 단어를 정리해준다. 문장이 긴 경우에는 완벽하게 들릴 때까지 반복해서 듣고 받아 적어야 한다. 억양에 익숙하지 않거나 해당 단어의 발음을 정확하게 몰라서 못 듣는 경우도 많다. 실제로 아는 단어인데 발음을 잘못 알고 있거나 문장 속에서 연음처리가 돼 빠르게 지나가기 때문인데 이 부분도 확실하게 잡고 넘어가야 한다. 그래서 영어 듣기를 공부할 때는 머리와 귀로만 하는 것이 아니라 반드시 영어 문장을 소리 내 읽으면서 공부한다. 이렇게 한 회를 듣고 분석한 다음에는 다시 처음부터 들으면서 총정리한다. 들리지 않는 문장이 있다면 완벽하게 들릴 때까지 반복한다. 이러한 과정을 통해 영어가 정확하게 들리는 것은 물론이고 한글로 바로 해석할 수 있는 직청직해력이 길러진다.

D-40부터 수능까지는 실전모의고사 문제집을 가지고 시간을 재며 실전 훈련을 한다. 영어는 실전 훈련을 할 때 듣기와 독해를 따로 하는 것이 아니라 실제 수능과 똑같이 듣기-독해 순으로 한 번에 해야 한다. 실전 훈련을 한 후 시험에 대한 분석과 틀린 부분에 대한 분석을 꼼꼼하게 한다. 시험 자체에 대한 분석(시간 관리, 시험 환경, 시험 난이도, 마인드, 패인 등)을 한 후 문제 유형을 분석한다. 문제 유형을 파악하고 실제 수능 시험에서 본인이 유형별로 어떻게 문제를 풀지 자신만의 전략을 수립해서 정리한다. 문제 유형별 풀이 전략과 함께 문제 풀이 전략도 세워야 한다. 독해는 영어 듣기가 끝난 후부터 진행한다. 독해를 할 때 처음부터 순서대로 풀 것인지, 아니면 문제 유형별로 자신만의 순서대로 풀 것인지를 정하고 문제부터 읽고 지문 독해를 하며 답을 찾을 것인지, 지문 독해부터 하고 난 후에 문제를 풀 것인지도 이 과정에서 정해야 한다. 뿐만 아니라 전체 시험 시간을 고려해서 문제 유형별로 몇 분 내에 풀 것인지 시간 배분을 하고 이에 맞춰 실전 훈련을 해야 한다. 그런 다음에는 틀린 문제에 대한 문제 분석 및 지문 독해를 하고 어휘 및 문법을 정리하고 자투리 시간을 활용해 공부하면 된다.

영어 듣기도 독해와 마찬가지로 문제 유형별 전략과 풀이 전략을 수립해야 한다. 실전 훈련을 몇 번 하다 보면 유형별로 어떠한 전략으로 접근해서 들으면 효과적인지 알 수 있다. 문제 풀이 전략을 정리해서 실전 훈련할 때 적용하면 된다. 영어 듣기는 독해와 다르게 순서를 바꿀 수가 없다. 핵심 전략을 알려주자면 영어 듣기가 시작되기 전에 문제를 미리 보면서 최대한 빠르게 문제(질문, 유형, 선택지)와 자료(표, 그림 등)를 확인한다. 영어 듣기는 마지막 대화 및 문장이 끝나는 동시에 바로 답을 체크하고 다음 문제가 시작되기 전 짧은 시간을 활용해서 미리 문제를 읽으며 출제 의도, 유형을 파악하고 선택지를 해석하고 자료를 분석해야 한다. 이렇게 문제가 시작되기 전에 완벽하게 준비하기 때문에 집중해서 듣기만 한다면 영어 듣기는 다 맞을 수밖에 없다. 직청직해 훈련을 제대로 했다면 필기하지 않아도 웬만한 내용을 문제없이 듣고 해석할 수 있다. 하지만 표, 그림이 나오거나 계산이 있는 문제는 핵심 내용을 필기하면서 들어야 정확하게 답을 찾을 수 있다.

영어는 100% 지문 독해력과 직청직해력에 달려 있다. 단어, 문법 공부는 독해를 잘하려고 하는 것이고 독해만 잘 된다면 어휘, 문법 문제들도 별도의 시간을 투자해서 공부하지 않고도 맞힐 수 있다. 학원과 인강은 필요하다면 최소한으로만 활용하고 혼자 공부하는 시간을 최대한 확보해 스스로 지문 독해및 듣기와 분석을 하고 어휘, 문법을 보충하는 방식으로 공부한다면 영어는 확실하게 잡을 수 있다.

04

수학-개념에 대한 완벽한 이해와
문제 풀이가 핵심이다

수학은 개념 이해가 가장 중요한 과목이다. 국어, 영어가 지문 독해가 전부라면 수학은 개념이 전부라고 해도 과언이 아니다. 개념을 완벽하게 이해하는 것과 문제 풀이는 별개지만 확실한 것은 개념을 정확하게 이해하지 않고는 절대로 문제를 풀 수 없다는 것이다. 보통 학생들이 수학 문제를 수백, 수천 개 풀어도 틀리는 이유는 문제를 적게 풀어서가 아니라 개념을 제대로 공부하지 않았기 때문이다. 수학 기본 개념이 잡힌 학생은 별도의 개념 공부 없이 바로 실전 문제 풀이에 돌입하면 된다. 하지만 기본 개념이 잡혀 있지 않은 학생은 반드시 사교육을 활용해서 짧은 시간에 집중적으로 개념 공부를 끝내고(예습-수업-복습 필수) 난 후 실전 문제 풀이에 들어가야 한다.

수학 개념을 공부할 때는 교과서와 기본서가 함께 있어야 한다. 교과서를 중심으로 하되 교과서만으로는 개념 설명이 부족한 부분이 있고 다양한 문제를 푸는 것도 힘들다. 개념 설명이 자세하게 되어 있고 관련 문제도 단계별로 다양하게 있는 기본서를 선택해서 공부한다. 개념 설명이 자세하게 되어 있다는 것은 단순히 개념의 특징이 보기 좋게 요약돼 있는 것이 아니다. 목차, 학습 목표와 개념의 정의. 목적이 명확하게 나와 있고 원리 및 공식 유도 과정이 자세하게 설명되어 있는 것이다.

개념 공부의 시작은 전체 목차를 보고 학습 목표를 파악하는 것부터다. 그냥 교과서, 기본서의 개념을 읽고 공식을 외우고 문제를 푸는 것을 개념 공부라고 착각해서는 안 된다. 해당 개념을 공부하기 전에 목차를 보며 전체 그림을 그려보고 목적 의식을 가져야 한다. 목차를 보면서 지금 공부하는 단원이 전체에서 어떤 부분에 위치해 있고 다른 단원과의 연관성은 어떤지부터 파악한다. 그런 다음 해당 단원의 학습 목표를 보고 무엇을 중심으로 공부해야 하는지 파악한다. 교과서, 기본서에 있는 모든 내용이 중요한 것이 아니다. 학습 목표에 해당하는 부분을 교과서, 기본서에서 찾고 자신의 것으로 만드는 것이 중요하다.

이차방정식을 공부한다고 해보자. 목차에서 이차방정식은 방정식이라는 상위 개념에 포함돼 있는 것을 알 수 있다. 더 크게 보면 방정식은 함수, 부등식과 연관이 있다는 것도 목차에서 알 수 있다. 목차를 통해 큰 그림을 그렸다면 이차방정식 단원의 학습 목표를 확인한다. 이차방정식 단원의 단원 목표를 보면 '이차방정식의 정의와 풀이법을 명확하게 이해하고 이차방정식의 해를 구할 줄 안다'라고 나온다. 그렇다면 교과서, 기본서를 보면서 이차방정식의 정의는 무엇이고 풀이법에는 어떤 것이 있고 어떻게 이차방정식을 풀어서 해를 구하는지를 찾고 관련 문제를 풀면서 스스로 이차방정식의 해를 구할 수 있으면 이차방정식 단원의 공부는 끝이 나는 것이다. 이것 외에 다른 것은 공부할 필요가 없다는 뜻이다.

수학 개념은 '정의, 약속, 원리, 공식, 비교, 통합'이라는 기준을 가지고 공부한다. 교과서, 기본서를 보면서 '이차방정식은 왜 이차방정식일까? 이차방정식은 왜, 어떤 문제를 해결하려고 나온 개념이지?'부터 찾는다. 이차방정식을 정확하게 이해하려면 방정식이라는 개념부터 명확하게 알아야 한다. 답을 찾아보면 방정식은 미지수 χ의 값을 구하려고 나온 식이다. 미지수 개수에 따라서 일차, 이차, 삼차 등으로 정해진다. 즉, 이차방정식은 미지수가 두 개인 등식에서 미지수 값을 구하고자 나온 개념인 것이다. 그런 다음 수학적인 식으로 이차방정식이 어떻게 표현되는지 공부한다. $a\chi^2+b\chi+c=0$(a는 0이 될 수 없고 a.b.c는 상수다). 이 식을 보고 왜 이차방정식은 이렇게 표현되고 이 식이 성립되려면 왜 괄호 안의 조건이 필요한지 반드시 이해하고 넘어가야 한다. 우리가 식을 수립할 때 내림차순, 오름차순으로 정리할 수 있는데 차수가 가장 높은 식부터 정리하는 방법(내림차순)이 편리하기 때문에 이차식−일차식−상수로 표현한 것이다. 그리고 이차식 앞에 있는 수가 0이 되어버리면 이차식이 성립할 수 없기 때문에 a는 0이 되어서는 안 되는 것이다.

이차방정식의 정의를 공부한 후에 이차방정식의 풀이법을 공부한다. 이차방정식의 풀이법에는 인수분해, 완전제곱식, 근의 공식이 있다. 풀이법을 공부할 때도 그냥 외우고 문제를 푸는 것이 아니라 왜 그 풀이법을 사용하는지부터 알아야 한다. 인수분해를 이차방정식의 풀이법으로 사용하는 이유를 알아보자. 이는 $A \times B = 0$이라는 식이 나왔을 때 이 식을 만족시키려면 A 또는 B가 0이 되어야 한다는 등식의 원리를 이차방정식에 활용한 것이다. 그렇다면 인수분해만으로 이차방정식을 풀어도 될 텐데 완전제곱식이라는 풀이법은 왜 사용하는지 알아봐야 한다. 이차식을 일차식으로 인수분해를 하다 보면 인수분해가 안 되는 식들이 존재한다. 바로 이러한 경우에 이차방정식의 해를 구하기 위해 완전제곱식을 이용하는 것이다. 교과서나 기본서를 보면서 완전제곱식으로 이차방정식의 해를 어떻게 구하는지 원리와 방법을 공부한다. 그런데 이 과정에서 완전제곱식으로 이차방정식의 해를 구하는 결과가 근의 공식이라는 것을 알 수 있다. 근의 공식은 완전제곱식의 결과로서 완전제곱식으로 이차방정식의 해를 구하면 시간이 걸리니 이것을 빠르고 정확하게 풀기 위한 하나의 도구로 사용할 수 있다는 것을 이해할 수 있다. 그 과정을 모르고 근의 공식 자체만 암기하려고 하니 오래 가지도 않고 막상 시험장에서 근의 공식을 떠올리려고 하면 a, b, c의 위치가 헷갈리는 불상사가 발생한다. 하지만 이 유도 과정을 알고 있으면 근의 공식을 까먹지 않고 오래 기억할 수 있음은 물론이고 설상 까먹었다고 해도 이차방정식의 해를 구하는 데 문제가 없다. 이것이 바로 이해 중심으로 하는 공부의 힘인 것이다.

이차방정식에 대한 공부가 끝났다면 연관 개념을 찾아야 한다. 우선 이차방정식이 일차, 삼차방정식과 어떤 부분이 비슷하고 어떤 부분이 다른지를 파악해야 한다. 그런 다음 이차방정식이 이차부등식과 이차함수와 어떠한 관련이 있는지 공부해야 한다. 개념을 완벽히 이해한다는 것은 하나의 개념에 대한 질문을 던지고 답을 찾으면서 깊이 공부하는 것뿐 아니라 다른 개념과 연결, 비교, 통합하는 것까지 포함한다. 이렇게 공부해야만 수능 문제를 완벽하게 대비할 수 있다. 그런 다음 자신만의 언어로 개념의 핵심을 정리하고 난 후에 마지막으로 기본서를 보지 않고 본인이 수업을 한다는 마음으로 선생님처럼 설명해야 한다. 설명하는 과정을 통해 본인에게 부족한 부분이 무엇인지 확인하고 그 부분은 기본서를 다시 보면서 보완하여 완벽하게 설명할 수 있을 때까지 반복한다. 여기까지가 바로 개념에 대한 공부다. 단순히 기본서의 텍스트를 읽고 노트에 적어보고 외우는 것이 개념 공부가 아니다.

개념 이해가 끝나면 반드시 관련 문제를 풀어봐야 한다. 문제를 풀 때는 문제집에 푸는 것이 아니라 풀이용 연습장을 마련해서 정확하고 체계적으로 풀어야 한다. 실제 시험 때 빠르고 정확하게 풀이를 하려는 목적도 있지만 풀이 과정을 한 눈에 보이게 적음으로써 효과적으로 문제 분석을 할 수 있다.

문제를 풀 때도 전략이 있다. 문제 조건 분석, 개념 발상 및 식 수립과 계산 순서로 문제를 푸는 것이다. 즉, 문제를 읽으며 문제 조건을 확인 및 표시하고 문제를 푸는 데 필요한 개념의 핵심을 적는다. 그런 다음 조건과 개념들을 적절하게 조합해서 식으로 변환한 다음 계산하며 답을 도출한다. 구체적으로는 '이 문제에서 결국 구해야 하는 답 또는 요구하는 것은 무엇인가? 주어진 조건은 무엇인가? 주어진 조건 외에 숨겨진 조것은 어떤 것이 있는가? (문제 분석) 이 조건을 가지고 문제의 답을 구하려면 어떠한 개념을 활용해야 하는가? (개념발상) 주어진 조건과 관련 개념을 가지고 어떻게 식을 수립해야 하는가? (식 수립) 마지막 계산은 어떻게 해야 하는가? 계산 과정에서 실수한 부분은 없는가? (계산)' 순으로 체계적으로 문제를 풀어야 한다.

문제를 풀었다면 분석 과정을 빠뜨리면 안 된다. 문제 조건 분석, 개념 발상, 식 수립, 계산이라는 4가지 기준을 가지고 본인이 어떠한 부분 때문에 틀렸는지 최대한 구체적으로 분석하고 글로 정리해야 한다. 특히 개념 발상이 안 되거나 개념에 대한 이해가 부족해서 틀린 문제라면 해당 부분을 반드시 복습해야 한다. 문제를 분석한 후 해당 문제를 직접 설명하면서 다시 풀어본다. 스스로 완벽하게 설명하고 이해할 수 있는 정도가 되면 다음 문제로 넘어간다. 기본서의 기본 문제를 풀어보면서 해당 개념을 완벽하게 이해했다면 그 이후부터 수능, 모의고사 실전 문제를 풀면 된다.

D-100부터 D-40까지 수능, 모의고사 5개년 문제집 및 이와 유사한 문제집을 가지고 실전 문제 풀이를 한다. 문제당 시간을 배분해서 시간을 재면서 문제를 풀고 틀리거나 맞혔더라도 애매하게 맞힌 문제를 중심으로 해설지를 보면서 분석하면 된다. 문제 분석 및 개념 보완은 앞에서 알려준 방식과 똑같이 하면 된다. 개념 공부를 할 때는 몰랐던 부분을 실전 문제 풀이를 하면서 많이 발견할 수 있다. 그런 부분들은 반드시 정리하고 자신의 것으로 만들어야 한다. 특히 수학은 발상이 중요한데 문제를 풀면서 관련 개념, 문제에 대한 발상 포인트를 핵심키워드

노트에 추가하거나 본인이 개념 공부를 할 때 적어 둔 키워드를 문제에 맞게 바꾸어 주면 된다. 핵심키워드 노트는 수능 시험을 보기 전까지 끊임없이 수정 및 보완을 해 나가야 한다. 해당 개념의 문제가 나올 때 핵심 키워드 덕분에 관련 개념이나 문제 풀이의 핵심이 자연스럽게 생각날 것이다. 이 시기에 다양한 유형의 문제를 풀면서 수능 문제에 익숙해지고 핵심 풀이법을 익히고, 훈련하고, 문제를 푸는 과정에서 나오는 중요한 개념을 반드시 복습·정리하고, 자신의 것으로 완벽하게 만들어야 한다. 그리고 틀린 문제는 주기적으로 다시 풀어봐야 한다. 수학은 틀린 문제를 또 틀리는 경향이 있기 때문에 무작정 새로운 문제를 많이 풀기보다 틀린 문제를 자신의 것으로 완벽하게 만들 때까지 여러 번 반복해서 풀어보는 편이 훨씬 효과적이다.

D-40부터 수능일 전까지는 실전 모의고사 문제집을 가지고 시간을 재며 실전 훈련을 한다. 실전 훈련 후에 시험에 대한 분석을 한다. 시험 자체에 대한 분석(시간 관리, 시험 환경, 시험 난이도, 마인드, 패인 등)을 한 후 문제 유형을 분석해야 한다. 문제 유형을 파악하고 실제 수능 시험을 보는 날 본인이 유형별로 어떻게 문제를 풀지 자신만의 전략을 수립해서 정리하고 반복 숙달해야 한다. 문제 유형별 풀이 전략과 함께 문제 풀이 전략도 세워야 한다. 수학 시험지의 첫 페이지는 단순 계산 문제들로 구성되기 때문에 최대한 빠르게 풀고 다음 페이지부터 풀이 순서를 어떻게 할 것인지에 대한 전략을 본인한테 맞게 세우면 된다. 풀이 순서와 함께 전체 시험 시간을 고려해서 문제 유형별로 몇 분 내에 풀 것인지에 대한 시간 배분도 하고 이 부분을 인지하면서 실전 훈

련을 한다. 실전 훈련이 끝났다면 틀린 문제를 분석하고 부족한 개념을 보완한다. 어떠한 개념이 자주 출제되는지 분석해서 문제 풀이 및 복습할 때 우선적으로 적용할 수 있도록 한다.

앞에서 말했듯이 문제 조건 분석, 개념 발상, 식 수립, 계산이라는 4가지 기준을 가지고 자신이 어떠한 부분 때문에 틀렸는지를 최대한 구체적으로 분석하고 글로 정리해야 한다. 개념이 부족해서 틀렸다면 기본서와 개념노트에서 해당 개념을 찾아 복습해서 완벽하게 자신의 것으로 만들어야 한다. 개념만큼 많이 실수하는 부분이 계산이다. 힘들게 문제를 풀어놓고 마지막에 계산 실수로 틀리는 사람이 많다. 계산 실수를 줄이려면 문제를 체계적으로 푸는 것은 물론이고 답을 구한 후 한 번 더 확인하는 과정이 필수다. 그리고 틀린 문제는 완벽하게 자신의 것이라 생각될 때까지 반복해서 풀어봐야 한다.

수학은 수능에서 비중이 크고 공부 양도 많은 과목이기 때문에 100일 동안 가장 많은 시간과 노력을 투자해야 한다. 그만큼 노력하면 좋은 성적을 받을 수 있는 것은 물론이고 상위권 대학에 지원할 기회와 합격할 가능성도 높아진다. 여러분이 느끼는 것처럼 나 또한 수학이 가장 어렵고 힘들었고 수학으로 고생을 많이 했다. 하지만 마지막까지 포기하지 않고 수학 공부를 했기 때문에 서울대에 합격할 수 있었다.

05

탐구-개념을 중심으로 한
문제 풀이를 하라

탐구는 개념에 대한 완벽한 이해가 전부라고 해도 과언이 아닌 과목이다. 수학은 개념 공부가 우선이지만 문제 풀이도 중요한 과목이다. 개념만 완벽하게 이해했다고 문제를 잘 풀 수 있는 게 아니기 때문이다. 하지만 탐구는 개념만 완벽하게 이해하면 웬만한 문제들은 쉽게 풀 수 있다. 등급을 가르는 난이도가 높은 몇몇 문제만 실전 문제 풀이를 하면서 익숙해지도록 하고 유형별로 몇 번 풀어보면 된다.

탐구 과목을 공부하기 전에 반드시 짚고 가야 할 부분이 있다. 많은 학생들이 어떠한 과목을 선택해야 하는지 고민한다는 것이다. 가장 중요한 선택 기준은 자신의 입시 전략이다. 자신의 목표 학과가 어디인지에 따라 반드시 선택해야 하는 과목이 있다. 윤리학과를 지원하면 윤리를, 지구과학 관련 학과를 지원한다면 지구과학을 필수로 응시해야 한다. 목표하는 학과의 지원 조건에 필수로 선택해야 하는 과목이 있다면 그 과목을 우선적으로 선택한다. 그 다음에는 자신의 흥미다. 자신이 흥미를 가지고 부담 없이 공부할 수 있는 과목을 선택한다. 나는 역사에 흥미가 많았다. 공부 양이 상대적으로 적은 사회과학 과목은 오히려 나와 안 맞고 어려웠다. 그래서 나는 한국사, 근현대사, 법과 정치, 윤리와 사상을 선택했고 많은 학생들이 선택하는 사회문화, 한국지리는 수능 과목으로 선택하지 않았다. 그리고 과목 간의 연관성도 중요하다. 공부 방법이 비슷한 과목을 중심으로 선택하는 것이 공부할 때 덜 힘들다. 보통 역사와 윤리 파트, 사회문화, 지리, 경제 파트를 묶어서 공부한다. 마지막으로 응시자가 많은 과목을 선택하는 것이 좋다. 응시생이 많다는 것은 표준점수를 안정적으로 가져갈 수 있다는 것을 의미한다. 그해 수능에서 난이도 조절에 실패했더라도 그로 인한 불이익을 막을 수 있다. 자신이 진짜 좋아하고 자신 있는 과목이 아니라면 응시자 수가 적은 과목은 피하는 것이 좋다.

이과 관련한 학과는 Ⅰ, Ⅱ 과목이 있다면 Ⅰ 과목만 응시해야 하는지 Ⅱ 과목도 같이 응시하는지 응시 기준에 잘 나와 있으니, 그 기준을 반드시 참고해서 과목을 선택해야 한다. 그리고 이제는 문·이과 관계없이 한국사는 수능 필수 과목이기 때문에 문과 학생은 사회탐구 과목을 선택할 때 한국사를 제외하고 선택해야 한다는 것을 잊으면 안 된다. 간혹 사회탐구 2과목을 선택하라고 하면 한국사를 포함해서 2과목을 선택하는 것으로 잘못 알고 있는 학생들이 있다. 한국사를 제외하고 나머지 2과목을 선택한다는 것을 알고 있어야 한다.

탐구도 개념 공부가 확실하게 되어 있는 학생이라면 실전 문제 풀이에 바로 들어가면 된다. 만약 그렇지 않다면 사교육을 활용해 수능 선택 과목의 핵심 개념을 완벽하게 공부해야 한다. 탐구 과목 개념 공부는 앞에서 설명한 수학 공부와 방법이 같다. 다만 과목별로 이해 포인트가 다르다는 것을 알고 접근해야 한다. 국사, 동아시아사, 세계사 등 역사 파트는 역사적 사건의 배경, 과정, 의의를 중심으로 공부한다. 사회문화, 한국지리, 경제 등 사회과학 파트는 개념의 정의, 원리, 의미, 실생활과의 연관성을 찾으며 공부한다. 과학에서 물리는 수학과 비슷한 부분이 있으므로 개념과 문제 풀이를 같이 해준다. 화학, 생물, 지구과학은 과학적 현상의 의미, 원리, 과정, 실생활을 중심으로 공부한다. 그리고 탐구는 교과서만으로는 개념을 공부하기 힘들기 때문에 개념 설명이 자세하고 자료가 풍부한 기본서를 중심으로 공부해야 한다.

해당 개념을 공부하기 전에 목차를 보면서 전체 그림을 그려보고 단원 목표를 파악해서 어떠한 부분을 중점으로 볼지 정한다. 과목별 핵심 포인트와 학습 목표를 중심으로 질문을 던지고 답을 찾고 정리하면서 개념을 이해한다. 탐구는 지문, 표, 사진, 그림, 실험 같은 자료가 중요한 과목이기에 해당 개념과 관련된 자료를 반드시 같이 공부한다. 그런 다음 교과서, 기본서의 내용을 기반으로 자신만의 개념노트에 핵심 내용을 정리한다. 개념 이해와 노트 정리한 것을 바탕으로 핵심키워드 노트에 해당 개념의 핵심만을 자신의 언어로 적는다. 그리고 핵심키워드 노트에 적은 키워드만 보고 해당 개념을 선생님처럼 설명해본다. 설명하면서 부족한 부분이 있으면 다시 공부하고 완벽하게 설명할 수 있을 때까지 이 과정을 반복한다. 하나의 개념을 깊이 있게 공부했다면 관련 개념을 찾아서 연관시키고 필요에 따라 노트에 요약 정리한다. 정리는 개념에 따라 표, 흐름 등으로 할 수 있다.

역사 과목(한국사, 세계사, 동아시아사)은 역사적 사건·사실의 배경, 과정, 영향과 의의를 중심으로 공부한다. 즉 인과관계를 중심으로 공부하는 것이 중요하다. 임진왜란을 공부한다고 하면 우선 임진왜란이 일어나기 전의 국내외의 상황을 봐야 한다. 국내외의 상황이 어떠했고 어떤 배경에서 임진왜란이 발생했는지를 보는 것이다. 배경과 원인을 바탕으로 임진왜란이 발발한 후 어떠한 과정으로 진행되었는지를 구체적으로 공부한다. 그리고 임진왜란으로 인해 국내에 어떠한 변화가 있었는지, 임진왜란의 의의는 무엇인지 공부한다. 그런 다음 임진왜란 이후에 일어난 사건인 정유재란은 왜 일어났고, 어떤 과정으로 진행되었고 거기에서 비롯된 영향과 의의까지 공부하는 것이다. 임진왜란을 깊이 있게 공부한 다음에는 임진왜란과 유사한 전쟁은(6·25전쟁 등) 어떠한 것이 있었는지 비교, 대조, 통합을 한다. 역사 과목은 시대순으로 공부하는 것은 물론이고 같은 시대의 정치, 경제, 사회, 문화(핵심 사건, 제도, 정치·사회 세력 등)를 정리하는 것도 중요하다. 이와 함께 교과서와 기본서에 나오는 각종 사료(사진, 지도, 지문, 그림 등)를 해당 개념과 연관 지어서 공부해야 한다.

윤리 과목(윤리와 사상, 생활과 윤리)은 사상가와 사상에 대한 핵심 내용과 관련 사상가와의 비교를 중심으로 공부한다. 즉, 전체적인 흐름(동양, 서양)을 정리하고 각 시대별로 존재하는 사상가의 핵심 사상이 무엇인지와 그 사상의 특징, 장·단점 등을 깊이 있게 공부한 후 연관이 있는 사상가들을 비교하고 종합적으로 정리하는 것이 중요하다. 이와 함께 교과서, 기본서의 심화자료를 함께 공부해야 한다. 그리고 해당 개념이 현실의 다양한 이슈에 어떻게 적용(실생활)되고 우리에게 주는 시사점(의의)은 어떤 것이 있는지까지 공부한다.

법과 정치는 개념 정의와 특징을 꼼꼼히 공부한다. 법과 정치는 특히 우리 생활과 연관되는 부분이 많기 때문에 교과서와 기본서에 나오는 실제 사례를 개념과 연계 지어서 공부하는 것이 중요하다. 표, 그림, 사진 등 자료도 함께 공부하고 관련 개념을 비교, 대조하고 종합적으로 정리한다.

사회문화, 지리, 경제 등 사회과학 과목은 용어와 인과관계 파악이 중요하다. 개념의 정의를 확실히 알고 현상의 원인과 결과가 어떻게 되는지(인과관계)를 정확하게 파악해야 한다. 해당 개념의 특징도 '왜 그렇게 되는지'를 꼼꼼하게 공부한다. 사회과학 과목은 도표, 지도, 그래프가 개념을 이해하는 데 도움이 되는 것은 물론이고 문제에 직접적으로 나오기 때문에 개념 공부를 할 때 연관 지어 공부해야 한다. 하나의 개념을 깊이 있게 공부한 다음에 관련 있는 개념을 묶어서 비교·대조하고 종합적으로 정리한다.

물리는 수학 공부와 비슷한 부분이 많다. 개념의 정의, 특징과 함께 공식의 원리(유도 과정, 공식이 성립될 수 있는 제한 조건 등)를 깊이 있게 공부해야 한다. 무작정 암기하는 것이 아니라 원리를 이해하면서 공부하는 것이 공식 암기는 물론이고 응용문제 풀이에도 도움이 된다. 개념 이해를 바탕으로 다양한 유형의 문제를 풀고 분석하고 부족한 부분을 보완하는 방향으로 공부한다.

생명과학은 다양한 용어가 나오기 때문에 각 용어의 정의와 특징, 원리, 과정을 깊이 있게 공부해야 한다. 생물의 직접 모식도와 그림을 그릴 수 있을 정도여야 하고 중요한 내용을 노트에 함께 정리한다.

화학은 기본적으로 암기가 필수인 부분이 존재한다. 화학식, 화학 반응에 필요한 조건, 화합의 합성·분해 과정, 생성물이 갖는 의미 등은 반드시 암기하고 개념을 이해하는 공부를 하면 된다. 특히 화학은 여러 가지 실험이 나오기 때문에 실험의 목적, 원리와 각 장치의 역할까지 완벽하게 이해 및 숙지해야 한다.

지구과학은 개념 및 현상의 정의와 특징을 이해하고 그 현상들이 어떠한 원리에 의해 일어나는지 인과관계를 명확하게 파악해야 한다. 해당 현상과 관련된 자료들(그림, 사진, 표 등)을 연계해서 공부한다.

개념 공부가 다 끝난 다음부터는 수능, 모의고사 5개년 문제집 및 이와 유사한 문제집을 가지고 실전 문제 풀이를 한다. 문제당 시간을 배분하고 시간을 재면서 문제를 풀고 틀리거나 맞혔더라도 애매하게 맞힌 문제를 중심으로 해설지를 보면서 분석하면 된다. 문제 분석 및 개념 보완은 수학과 같은 방식으로 하면 된다. 탐구는 단순한 지식 암기 문제가 아니라 다양한 자료를 바탕으로 하는 문제들이 나오기 때문에 다양한 유형의 문제를 풀면서 자료 분석력과 문제 응용력을 함께 길러야 한다. 특히 탐구는 자료 분석력이 중요한 만큼 문제 풀이를 할 때도 자료 및 선택지 분석에 초점을 맞춰야 한다. 본인이 개념 공부를 할 때는 몰랐던 부분이 통합해서 나오는 문제들이 있다. 이런 부분은 반드시 정리해서 노트에 추가해줘야 한다. 그리고 문제를 풀면서 관련 개념과 문제를 풀 수 있었던 발상 포인트를 핵심키워드 노트에 추가하거나 본인이 개념 공부를 할 때 적어 둔 키워드를 문제에 맞게 바꾸어 주면 된다. 핵심키워드 노트는 수능을 치기 전까지 끊임없이 수정 및 보완해야 한다. 문제를 풀고 분석한 후에는 교과서와 기본서, 자신만의 노트를 바탕으로 핵심 개념을 꼼꼼하게 정리하고 암기까지 한다.

D-40부터 수능 전까지는 실전 모의고사 문제집을 가지고 시간을 재며 실전 훈련을 한다. 실전 훈련 후에 시험에 대한 분석을 하는 방법은 다른 과목과 같다. 탐구는 1번부터 차례대로 풀면 된다. 중요한 것은 최대한 빠른 시간 내에 마지막 문제까지 푸는 것이다. 중간에 헷갈리거나 막히는 문제가 있다면 고민하지 말고 체크하고 다음 문제로 빨리 넘어간다. 그런 다음에 본인이 확실하게 푼 문제부터 다시 확인하고 OMR 체크를 하고 남는 시간에 못 푼 문제를 푸는 방식으로 전략을 설정하는 것이다. 실전 훈련이 끝났다면 틀린 문제를 분석하고 부족한 개념을 보완하며 문제에서 추가적으로 나온 개념은 반드시 정리한다. 그리고 어떠한 개념이 자주 출제되는지도 분석해서 문제 풀이 및 복습할 때 우선적으로 적용할 수 있도록 한다.

탐구는 100일 동안 개념을 최우선에 두고 공부해야 한다. 개념에 대한 완벽한 이해와 정리를 바탕으로 다양한 유형의 문제를 풀고 분석한다면 국어, 영어, 수학에 비해 공부 시간이 적더라도 효과는 엄청날 것이다.

06
수능 대박을 위한
노트 정리법

　지문 독해 및 개념을 공부하고 문제를 풀고 분석을 하며 실전 연습을 하는 것이 수능 100일 공부의 핵심이다. 하지만 많이 공부하는 것만큼 중요한 것이 바로 체계적으로 정리하는 것이다. 배운 것을 자신의 것으로 정리하지 않으면 남는 것이 없다. 시간이 부족한 수능 100일 전일수록 배우고 공부한 것들을 체계적으로 정리하는 것이 중요해진다. 과목별 노트 정리는 물론이고 실제 수능에 적용할 수 있는 전략노트까지 만들고 정리해야 한다. 하지만 100일은 그렇게 길지 않은 시간이기에 가장 중요한 것 중심으로 효율적인 방법으로 정리할 필요가 있다.

　국어는 지문 독해 및 문제 풀이를 하면서 자신이 몰랐거나 자주 출제되는 어휘, 속담, 사자성어와 문법 지식을 노트에 꼼꼼하게 정리해야 한다. 문학은 자주 나오는 지문 및 작품이 있기 때문에 그 작품의 핵심 내용 중심으로 정리한다. 시는 시가 말하고자 하는 내용, 핵심 시어 및 문장의 의미를 정리하면 도움이 된다. 소설은 인물, 사건, 배경을 중심으로 작품 내용을 정리한다. 소설에서 복선이나 핵심이 되는 부분도 같이 정리해 준다. 정리한 것은 쉬는 시간이나 주말을 이용해 틈틈이 복습해준다.

영어는 영어단어장 정리가 가장 중요하다. 지문 독해를 하면서 몰랐던 단어, 관용어구를 영어단어장에 정리한다. 이때 단어만 적지 말고 예시 문장도 함께 적는다. 영어 단어는 문장 속에서 외워야 가장 빠르고 실제 수능 시험에서 떠올리기도 수월하다. 수능 영어에는 비슷하거나 대조되는 단어에 관한 문제가 나온다. 어법 문제에서 자주 볼 수 있는데 이 단어들은 한 묶음으로 단어장에 정리한다. 영어 단어장은 정리보다 수능 전날까지 지속적으로 반복해서 보는 것이 더 중요하다. 따로 시간을 내기보다 이동 시간, 쉬는 시간 등 자투리 시간을 활용해 틈틈이 봐주는 게 좋다. 매주 주말을 활용해 그 주에 정리한 단어를 총복습한다. 처음에 독해할 때는 모르는 단어가 아는 단어보다 많다. 공부를 꾸준히 해보면 한 번 본 단어가 다른 지문에서 반복해서 나오므로 자동적으로 복습이 된다. 이 정도 수준이 되면 지문에서 처음 보는 단어가 몇 개 있더라도 내용을 이해 못 하거나 문제를 못 푸는 경우는 없다.

수학은 교과서와 기본서를 함께 보며 통합하는 방향으로 노트를 정리해야 한다. 노트를 정리할 때 반드시 들어가야 할 부분은 정의·약속, 핵심 원리와 특징, 공식과 그 유도과정이다. 특히 원리와 공식의 유도과정을 빼놓지 않고 정리해야 한다. 원리나 유도과정은 기본서보다는 교과서에 자세하게 설명되어 있다. 보통 학생들은 대부분 특징이나 공식을 정리하는 데만 신경 쓰고 정작 중요한 원리와 유도과정 부분은 귀찮다는 이유로 공부하지 않는다. 그리고 수능에서 응용, 통합, 신유형 문제가 출제되지만 기본적인 문제 유형은 정해져 있다. 그러니 문제 유형별로 자신만의 풀이법을 노트에 정리하고 숙달될 때까지 반복 훈련을 해야 한다. 수학은 개념노트와 별도로 문제풀이노트를 가지고 있어야 한다. 정확하고 체계적인 문제 풀이가 중요한 과목이므로 수학 문제를 풀 때는 글씨도 정확하게 쓰고 풀이 과정을 위에서 아래로 차근차근 적어야 한다. 그래야 분석할 때 어떤 부분을 잘못 풀었는지, 어디서 계산을 잘못했는지를 정확하고 빠르게 알 수 있다. 무엇보다 시험에서 계산 실수 없이 빠르고 정확하게 풀 수 있다.

탐구는 개념 정리가 가장 중요한 과목이다. 교과서 내용만으로는 공부하기가 힘든 과목이기에 개념 설명이 잘돼 있는 기본서를 추가로 구입해서 같이 공부해야 한다. 교과서와 기본서의 내용을 사소한 부분까지 함께 노트에 정리한다. 다른 것을 보지 않고 노트 정리 하나만으로 공부를 끝낼 수 있어야 한다. 탐구 과목은 비교, 대조할 부분이 많기 때문에 이 부분들은 반드시 노트에 표 형태로 그려서 정리해야 한다.

역사 과목은 해당 사건이 일어난 배경, 사건의 전개 과정, 사건의 의의 등을 중심으로 정리해야 한다. 역사는 시대 흐름이 중요하기에 하나의 파트를 시대 흐름으로 정리하는 것이 좋다. 1910년대, 1920년대, 1930년대 일제의 식민 정책들을 보면 쉽게 이해가 갈 것이다. 각 시대별로 비교, 대조하는 것도 절대 빼먹으면 안 된다. 예를 들면 정조시대의 정치 상황뿐 아니라 경제, 사회, 문화 현상까지 같이 정리하는 것이다. 수능 시험에는 이런 문제가 주로 출제된다.

사회문화, 한국지리, 법과 사회 등 사회과학 과목은 정의, 특징, 실생활에서의 적용을 중심으로 정리해야 한다. 사회과학 과목은 개념에 대한 정의와 특징을 이해하고 정리하는 것이 무엇보다 중요하다. 역사와 달리 우리가 매일 겪는 일상생활이기에 정의와 특징들이 실제 생활에 어떻게 연결되는지도 같이 정리해야 한다.

물리는 수학과 비슷하다. 개념에 대한 정의 · 특징, 원리와 공식, 유도원리를 같이 정리해주면 된다. 예를 들어 위치에너지와 운동에너지를 정리한다고 해보자. 먼저 정의와 특징을 정리한다. 그리고 어떻게 위치에너지와 운동에너지가 연관성이 있고, 어떻게 서로 전환되느냐를 적는다. 그다음 위치에너지와 운동에너지를 구하는 공식과 유도과정을 정리된다.

생물은 개념에 대한 정의 · 특징과 과정, 과정에서 일어나는 사건을 꼼꼼하게 정리해야 한다. 물질대사를 공부한다고 하면 물질대사가 무엇인지, 어떤 종류가 있는지, 어떤 특징이 있는지 정리한다. 신진대사가 일어나고 에너지가 만들어지는 과정에서 우리 몸에서 어떠한 변화가 일어나는지를 정리하는 것이다.

화학과 지구과학도 정의 · 특징, 원리를 중심으로 정리해준다. 화학식이나 주기율표같이 필수로 외워야 하는 것도 개념노트에 같이 정리한다. 화학은 주요 실험이 많으니 실험 관련한 내용을 노트에 추가 정리한다.

많은 학생들이 문제를 풀고 오답노트를 만든다. 하지만 나는 오답노트를 만드는 것만큼 비효율적인 공부는 없다고 생각한다. 학교나 학원 강사조차 오답노트를 만드는 것이 중요한 공부라고 강조하고 심지어 만드는 과제까지 낸다. 학생들도 그 말을 듣고 오답노트를 만드는 데에 문제를 푸는 시간보다 더 많은 시간을 투자한다. 틀린 문제를 노트에 그대로 적거나 시험지를 오려서 갖다 붙이고 틀린 부분이나 개념을 수업에서 나름 들은 대로 정리한다. 그런데 오답노트를 열심히 만들어 놓고 정작 그 문제를 제대로 이해하지 못한다. 더 큰 문제는 오답노트를 힘들게 만들어 놓고 다시 보는 학생들이 거의 없다는 것이다. 오답노트 만들 시간에 개념 복습을 하고 한 문제라도 더 풀고 분석하는 것이 훨씬 낫다.

오답노트를 만드는 것 자체가 중요한 게 아니다. 형식이 아닌 실속이 있는 공부를 해야 한다. 중요한 것은 '문제에 대한 정확한 분석, 부족한 개념 보충'이다. 문제를 풀면서 어떤 부분을 잘못 이해했고, 어떤 부분이 부족한지를 구체적으로 분석해야 한다. 분석한 후에는 부족한 부분에 대한 개념을 보충하거나 실력을 보완해야 한다. 수능 100일 동안 공부할 것은 엄청 많은데 공부 시간은 턱없이 부족하다. 이러한 상황에서 오답노트까지 만들면 공부할 시간은 더더욱 모자라다. 나도 오답노트를 만들며 공부해봤기에 이 책을 보는 여러분은 그런 시행착오를 겪지 않았으면 해서 하는 말이다. 오답노트를 만드는 대신 해당 문제를 분석한 내용을 문제집에 바로 적는 편이 훨씬 효율적이면서 효과적인 공부다. 소중한 시간을 오답노트를 만드느라 허비하지 않기를 바란다.

수능을 100일 남겨둔 고 3이라면 오답노트가 아닌 수능시험 전략노트를 만들어야 한다. 수능 당일 아침에 일어나는 순간부터 마지막 과목 시험이 끝날 때까지의 전략 및 자신만의 루틴을 노트로 만드는 것이다. 실전 훈련 후 시험 난이도와 과목별로 문제 출제 유형 및 출제된 개념, 자주 자오는 개념·단원·유형은 무엇인지 분석하고 각 유형별로 본인만의 풀이 전략을 구체적으로 수립하고 정리한다. 그리고 실전 훈련을 하면서 부족했던 부분과 수능을 하며 생길 수 있는 변수를 빠짐없이 적고 해결책까지 마련해야 한다. 시험지를 받자마자 할 행동, 문제를 풀 순서, 모르거나 막히는 부분이 생겼을 때의 전략, OMR 카드 작성 전략, 문제 유형별 풀이 전략을 모두 정리해야 한다. 그래야 수능 시험을 볼 때 어떠한 상황이 생겨도 당황하지 않고 대처할 수 있다. 수면 시간(수능 전날 취침 시간, 수능 당일 기상 시간), 식사 시간 및 실제 수능 당일 먹을 아침·점심밥과 간식, 입을 옷, 사용할 펜과 배변 시간까지 수능 시험 전략노트에 다 적어야 한다.

수능시험 전략노트는 수능 100일 전부터 만들기 시작해서 수능 3일 전까지 지속적으로 업데이트한다. 수능 3일 전부터는 완성된 전략노트를 보며 수능 당일 눈뜨기 시작해서 시험이 끝날 때까지의 행동과 루틴을 생생하게 상상하고 모든 것이 오차 없이 진행되게끔 한다. 그러한 과정에서 수능 당일 최고의 실력을 발휘할 수 있는 마인드컨트롤 및 몸 관리가 가능해진다.

과목별 핵심개념노트, 단어장과 수능전략노트만 있으면 여러분은 수능장에서 천하무적이 될 수 있다. 이 노트들이 여러분을 수능 당일에 올바른 길로 안내해 줄 것이다.

07
수능 점수를 극대화시켜주는
내신 전략

수능을 잘 보기 위해서라도 내신 공부는 필수다. 이미 수시에 반영될 3학년 1학기 내신 시험이 끝났고 정시에서도 내신이 거의 반영 안 되는데 무슨 얘기를 하는 것이냐고 말할 수도 있다. 하지만 2학기 내신 성적이 여러분 대입에 직접적인 영향을 주지 않더라도 내신시험을 소홀히 해서는 안 된다. 내신 공부가 수능에도 많은 도움이 되기 때문이다. 수능 시험에는 이해, 응용, 통합, 신유형 문제가 출제되기 때문에 개념에 대한 완벽한 이해와 실력 향상을 위한 공부가 중요하다고 말했었다. 하지만 이것이 암기를 할 필요가 없다는 의미가 아니다. 수능 문제를 풀려면 반드시 암기하고 있어야 하는 부분이 있고 구체적이고 사소한 부분도 암기할 필요가 있다.

우리가 이해 중심으로 공부하는 이유도 결국엔 암기를 잘하기 위해서라는 사실을 잊어버리면 안 된다. 평소에는 이해하고 정리하고 암기하려고 해도 잘 안 된다. 이해하는 시간이 오래 걸리는 탓도 있지만 단기적으로 집중할 목표가 없어서이기도 하다. 하지만 내신 시험 기간에는 단기 목표가 있기 때문에 집중력이 평소에 비해 상승한다. 수능 공부를 한다는 마음으로 내신 공부를 하면 암기와 문제 풀이가 훨씬 더 잘된다. 수능 공부 안에 내신 공부가 포함되는 것이라고 이해하면 된다. 정말 중요한 팁이다. 내신을 수능에 필요한 부분을 집중적으로 정리하고 암기 및 문제 풀이를 하는 기회로 삼아야 하는 것이다.

수능이 얼마 남지 않았기 때문에 내신 시험 준비를 위해 원래처럼 3~4주씩 시간을 투자할 수는 없고 7일~10일 정도만 시간을 투자한다. 이때는 학교에서 기본적인 개념 및 문제 풀이 중심으로 내신 시험 문제를 내기 때문에 수능을 위한 암기 및 문제 풀이 연습을 하기에 좋다. 내신 시험 준비 기간 동안 배운 내용을 정리, 확인하고 다양한 문제를 반복해서 풀며 사소한 부분을 암기하는 방식으로 공부하면 된다. 그렇다고 모든 과목 내신 공부를 할 수 없기에 주요 과목을 중심으로 공부한다. 국어, 영어, 수학은 필수로 들어갈 것이고 탐구 과목은 본인이 수능에서 선택하는 과목만 공부하면 된다. 만약 본인이 수능에 응시하는 과목과 내신 과목이 겹치지 않는다면 국어, 영어, 수학 과목만 공부하면 된다.

내신 계획을 세우기 전에 시험과 본인을 분석할 필요가 있다. 1학기 시험지를 보며 해당 과목 선생님의 출제 유형을 파악해야 한다. 같은 과목이라도 선생님의 성향에 따라 문제가 다르게 출제된다. 어떤 유형을 주로 출제하는지, 어떤 부분에서 많이 내는지, 시험 난이도는 어떤

지, 사소한 부분까지 꼼꼼하게 내는지 등을 분석하고 정리해둔다.

시험 유형에 대한 분석이 끝났으면 스스로를 분석한다. 과목별로 본인이 지난 시험에 잘한 것과 부족했던 점을 구체적으로 정리해야 한다. 분석은 시험 자체뿐 아니라 평소 공부, 시험을 준비하는 과정까지 다 포함한다. 특히 이 시점이면 수능 실전문제 풀이 및 분석을 하고 있을 때이기 때문에 그 분석 결과도 내신 시험 전략에 반영한다. 분석이 완료되면 이번 시험에는 어떻게 보완할지 해결책을 마련한다.

시험과 스스로에 대한 분석이 끝나면 시험 계획을 수립한다. 과목과 시험 범위를 정리하는 것이 우선인데 시험 범위는 선생님이 수업 시간 때 알려준다. 시험 범위가 나왔으면 다음으로 우선순위를 정한다. 과목별 우선순위는 '단위수, 본인의 입시 전략'을 종합해서 정한다. 단위수는 과목이 1주일에 들어 있는 수업수로 단위수가 높을수록 주요 과목이라는 뜻이다. 국어, 영어, 수학이 이에 해당한다. 본인이 가장 중요도를 가지고 공부해야 하는 과목이 보일 것이다. 우선순위를 정했으면 구체적인 시험 계획을 세운다. 내신 시험일을 기준으로 우선순위에 맞게 시험 범위를 분배한다. 단, 시험 시작일 전날에는 시험 시작일에 보는 과목을 배치하고 시험 기간 후에는 다음 날 보는 과목을 배치하면 된다.

이 시기에 국어, 영어, 수학 수능 공부는 매일 해야 한다. 내신 공부라고 해서 수능 공부와 구분 짓는 것이 아니다. 수능 실전문제 풀이 및 분석은 내신과 관계없이 매일 꾸준히 하고 남는 시간을 활용해서 시험 범위에 해당하는 내용을 정리하고 암기하고 문제 풀이까지 해주는 것이다. 탐구도 실전 문제 풀이 및 분석을 계속하면서 내신 시험 기간을 이용해 수능에 필요한 핵심 개념을 총정리하고 꼼꼼하게 암기해준다.

내신 전략과 계획을 완벽하게 수립했으면 이때부터 공부를 시작한다. 내신 시험의 핵심은 '암기, 문제 풀이'다. 내신 기간에는 평소처럼 이해와 분석 중심의 공부를 해서는 안 된다. 내신 기간만큼은 이때까지 해오던 방식을 접어두고 시험에 나오는 부분을 꼼꼼하게 외우고 최대한 많은 문제를 풀어야 한다.

암기도 무작정 하는 것이 아니다. 과목별로 암기 포인트가 있다. 국어와 영어는 교과서나 보충교재 지문을 완벽하게 숙지해야 한다. 지문 내용은 물론이고 주요 단어, 문법, 배경지식 등을 정리하고 외워야 한다. 수학은 다양한 문제를 풀고 분석하고 문제 유형별 풀이법을 정리하고 외워야 한다. 해당 문제와 관련된 핵심 개념 및 포인트를 바로 떠올릴 수 있게끔 연습하고 정리해야 한다. 탐구는 교과서, 노트, 부교재 등을 보며 사소한 부분까지 꼼꼼히 암기해야 한다. 내용뿐 아니라 개념과 관련된 자료, 지문도 같이 공부한다.

내신 기간에 수능, 모의고사 문제도 같이 대비해야 한다. 내신 문제에도 수능, 모의고사와 유사한 문제가 다수 출제되기 때문이다. 많은 양이 아니더라도 국어, 영어는 지문 독해 및 문제 풀이를 중심으로 공부한다. 계속 해오던 대로 틀린 문제 및 지문을 분석하고 틀린 문제의 지문으로는 독해 훈련을 한다. 수학은 시험 범위 외의 다양한 응용문제도 풀고 분석하고, 유형별로 풀이법을 정리하고, 부족한 부분은 보완한다. 탐구도 개념만 알아서는 풀지 못하는 문제들이 있기에 관련 문제들을 함께 풀고 정리하고 부족한 개념은 보완한다.

시험공부를 하면서 시험을 볼 때의 전략도 같이 수립한다. 문제를 푸는 순서를 정하거나 모르거나 헷갈리는 부분이 나왔을 때 어떻게 대처할 것인지까지 준비해야 한다. 시험 당일에는 핵심이 정리된 노트만 가지고 간다. 시험이 시작되기 전까지 계속 반복해서 보고 마지막까지 암기한다. 시험지와 OMR 카드를 받으면 OMR 카드부터 빨리 작성한다. 시험 칠 때 중요한 것은 최대한 빠르게 1번부터 마지막 문제까지 푸는 것이다. 한 문제 한 문제 정확하게 풀되 모르는 것이 있으면 고민하지 말고 표시하고 빨리 넘어가야 한다. 본인이 맞힐 수 있는 문제부터 잡아야 한다. 문제를 끝까지 다 봤다면 1번으로 다시 돌아가서 확실히 아는 문제부터 다시 보며 정답을 확인하고 그 문제는 OMR 체크를 한다. 그러고 나서 남는 시간에 애매하거나 모르는 문제에 집중한다. 웬만한 문제는 다시 꼼꼼히 보고 고민하면 답이 나온다. 그럼에도 불구하고 답이 안 나오는 문제는 과감하게 찍는다. 이 전략은 내신 시험에만 적용되는 것이 아니라 수능 실전 연습 때도 그대로 적용된다.

이것이 바로 내신과 수능이 별도의 시험이 아니라 함께 준비해야 하는 시험이라고 하는 이유다. 수능 100일 로드맵 안에 내신 시험 기간을 암기와 문제 풀이를 위한 기간으로 포함하는 것이다. 내신 기간을 잘 활용한다면 수능 공부를 하는 데 많은 도움이 될 것이다. 별것 아닌 것처럼 보이지만 이 사소한 것 하나가 수능에서 성패를 가른다.

성공과 실패는 큰 것에서 결정되지 않는다. 별것 아닌 것 같은 이 1%가 수능 100일의 성패를 가른다. 지금이라도 늦지 않았으니 이 1%를 제대로 배워 여러분의 것으로 만들어야 한다. 1% 내신 시험 전략으로 여러분의 수능 성적이 달라질 것이다.

08

서울대 합격생이 알려주는
1% 문제 분석법과 설명하기 공부법

개념 이해와 실력 향상을 위한 공부, 다양한 문제 풀이 및 실전 연습이 수능 100일 공부의 핵심이라고 할 수 있다. 하지만 이것보다 훨씬 중요한 것이 분석이다. 절대적인 공부 양도 중요하지만 그저 양만 추구한다면 수능에서 좋은 성적을 절대로 받을 수 없다. 양보다 우선되어야 하는 것은 질이다. 그 질에 해당하는 것이 바로 분석이다. 문제를 푸는 것 자체보다 분석에 더욱 집중해야 한다. 문제 풀이를 할 때는 많은 문제를 풀기보다 한 문제 한 문제 정확하게 풀어야 한다. 틀린 문제 및 시험을 꼼꼼하게 분석할 때만 진짜 실력을 쌓을 수 있는 것은 물론이고 수능에서 실력을 온전히 발휘할 수 있다.

국어는 지문과 문제를 나누어서 분석하고 정리하면 된다. 국어는 지문 내용을 근거로 응용하는 문제가 많이 나온다. 단순히 사실 확인 문제만 나오는 것은 아니다. 그렇기 때문에 문제를 대충 분석해서는 안된다. 문제의 어떤 부분을 이해 못 했고 지문 내용을 문제와 왜 연계하고 응용하지 못했는지 철저히 분석해야 한다. 각 문제의 분석은 리스트로 만들어서 거기에 답을 하면 좋다. 답은 1번인데 본인은 2번을 답으로 선택했다고 해보자.

1. 왜 나는 2번을 답으로 선택했고 1번은 답이 아니라고 생각했는가?
2. 지문의 어떤 내용을 잘못 이해했는가?
3. 지문의 내용을 정확하게 이해했다면 문제의 어떤 부분을 잘못 이해해서 답을 잘못 선택했는가? 지문의 내용을 문제에 적용하지 못한 이유는 무엇인가?
4. 그렇다면 어떤 근거로 1번이 답이 되는 것인가?
5. 나머지 3~5번은 왜 답이 안 되는 것인가?

질문에 해당하는 답을 글로 정리해야 한다.

문제 분석에서 끝나서는 안 되고 틀린 문제에 해당하는 지문도 다시 독해하며 핵심 내용 및 주제를 찾고 설명을 하고 해설지와 비교한다. 문제를 틀린 이유는 대부분 지문 내용을 제대로 이해하지 못해서다. 그러므로 단락별 주제와 전체 주제를 찾으면서 지문 독해를 다시 한다. 지문 내용을 완벽하게 이해했음에도 틀렸다면 본인이 찾은 주제를 해설지와 비교해서 틀린 부분이 있으면 역시 리스트로 만들어 답을 하면 좋다.

1. 왜 나는 주제를 그렇게 생각했지?

2. 지문의 어떤 부분을 잘못 이해해서 주제를 잘못 찾았지?

3. 왜 실제 주제는 그렇게 되지?

이와 같은 질문에 답을 하고 그 이유를 최대한 자세하게 분석해서 글로 정리한다. 이 과정을 제대로 하지 않고 형식적으로만 주제를 찾고 비교하면 안 된다. 단어나 사자성어 문제가 나오기도 하는데 이 부분은 그때그때 확인하고 정리해서 외우면 된다.

==영어도 지문과 문제를 분석하면 된다.== 단어, 문장구조, 번역, 내용 이해를 중심으로 분석하고 보완한다. 단어가 틀렸으면 단어장에 문장과 함께 정리한다. 문장구조 파악이 안 되었으면 문법 교재에서 그 부분만 뽑아서 복습한다. 단어와 문장구조 파악은 되는데 번역이 안 된다면 단어와 문법 조합 능력이 부족한 것이니 문장구조를 더 공부할 필요가 있다. 영어를 한글로 번역한 내용을 이해하지 못했을 때는 어떤 부분을 어떻게 잘못 이해했는지 해설지를 보면서 분석하며 지문 내용을 정확하게 이해해야 한다. 그리고 앞서 살펴본 국어처럼 어떤 근거로 오답을 선택했고 정답을 오답으로 생각했는지, 나머지 선택지는 왜 답이 되지 않는지도 분석한다. 이렇게 분석한 후 해설지를 덮고 다시 처음부터 해당 지문을 독해하면서 문장구조 파악과 해석을 완벽하게 해석해서 스스로 정답까지 도출할 수 있을 때까지 공부한다. 영어는 문법이나 단어 문제가 한두 문제씩 나오는데 이 부분도 국어처럼 그때그때 정리하고

외우면 된다.

영어 듣기는 틀렸거나 맞았지만 애매하게 맞은 문제를 중심으로 분석을 한다.

1. 왜 정답이 1번인데 나는 3번을 선택했지?
2. 왜 나는 1번을 정답으로 생각하지 않았지?
3. 왜 정답은 1번이지?
4. 나머지 답은 왜 정답이 아니지?
5. 어떤 부분을 정확하게 못 들었고 잘못 해석했지?
6. 어떠한 부분을 듣지 못하고 놓쳤지?
7. 핵심 내용을 왜 듣지 못했지?

위와 같은 질문에 대한 답을 찾으면서 본인이 틀린 이유를 구체적으로 분석하고 글로 정리한다. 문제에 대한 분석이 끝났으면 해당 문제를 다시 들으면서 한글 받아쓰기를 한다. 한글 받아쓰기 한 부분과 해설지를 비교하면서 잘못 해석한 부분에 대한 이유를 분석·정리한다. 어휘, 문법도 빠뜨리지 않고 복습하고 단어장과 문법노트에 정리한다.

수학과 물리는 문제 분석(요구하는 것, 조건), 개념 발상, 식 수립, 계산을 중심으로 분석한다. 네 가지 중에서 본인이 틀린 이유를 분석하고 그 내용을 최대한 구체적으로 해당 문제 위에 바로 적으면 된다. 분석 후에는 해결책까지 정리하고 부족한 부분을 보완해야 한다. 문제에서 요구하는 것과 조건 파악이 부족하다면 "앞으로는 문제에서 요구하는 것을 정확하게 파악하고 숨은 조건까지 파악해야겠다"는 식으로 해결책을 세우면 된다. 개념이 부족해서 문제를 틀렸다면 해당 개념을 복습하며 자신의 것으로 완벽하게 만든다. 식 수립도 개념을 제대로 이해 못 한 것이 대부분이니 개념 공부를 해주고 평소에 연습을 많이 해야 한다. 계산은 내가 가장 많이 실수했던 부분이다. 계산은 풀이 과정을 정확하고 체계적으로 적으면서 문제를 풀고 답이 나왔을 때 한 번 더 신경 써서 확인해야 한다.

탐구는 문제 분석, 개념 발상, 자료(지문, 표, 실험 등), 선택지를 중심으로 분석한다. 탐구는 보통 주어진 자료를 잘 이해하지 못해서 개념을 못 떠올리는 경우가 많다. 교과서나 기본서에 나오는 지문, 표부터 완벽하게 공부하고 다양한 문제를 풀어보며 자료 분석력을 길러야 한다. 개념은 수학과 마찬가지로 해당 개념만 복습하며 완벽하게 이해 및 정리하고 암기까지 꼼꼼히 해줘야 한다. 자료를 다 이해하고 개념까지 잘 발상해놓고 선택지를 이해 못 해서 문제를 틀리는 경우도 있다. 선택지에는 해당 지문, 표와는 관련 없는 전혀 다른 단원의 개념이 나오기도 한다. 이 또한 통합문제의 한 부분이라고 할 수 있다. 선택지 자체를 분석하며 핵심 개념이 있다면 같이 정리하고 공부해야 한다.

문제를 분석하고 정리했다고 공부가 끝난 것이 아니다. 틀린 부분을 분석하고 정리가 끝나면 직접 설명하면서 본인의 것으로 만들어야 한다. 분석을 바탕으로 해설지를 보지 않고 지문 및 문제를 완벽하게 설명할 수 있어야 하나의 문제에 대한 분석이 끝난 것이다. 대부분 수험생들은 문제와 해설지를 비교해서 답을 맞추고 틀린 이유를 글로 정리하면 분석이 끝났다고 착각한다. 하지만 머리로 이해했다고 제대로 이해한 것이 아니다. 선생님처럼 설명할 수 있어야 진짜 이해한 것이다.

여러분들은 이때까지 머리와 손으로만 공부했을 것이다. 이 방식은 뇌를 자극하는 부분이 적기 때문에 공부에도 흥미가 느껴지지 않고 효과도 떨어진다. 오랜 시간 동안 책상 앞에 앉아서 공부했는데 오히려 머리가 멍하게 느껴지고 책의 내용이 머릿속에 들어오지 않는 경험을 많이들 해봤을 것이다. 하지만 설명하는 공부는 오감을 활용하기 때문에 내용 이해는 물론이고 암기도 훨씬 잘된다.

미국의 행동과학연구기관 NTL(National Training Laboratory)에서 다양한 방법으로 학습한 다음 24시간 후에 내용을 얼마나 기억하고 있는지 실험했다. 실험 결과 학생들이 듣기, 시청각 수업 등 강의 중심의 수동적 학습을 했을 경우에는 5~30%를 기억한 반면 집단 토의나 말로 설명하기 등 학생 중심의 참여 수업을 했을 경우에는 50~90%를 기억했다. 그 중에서 가장 효과가 높은 학습 방법은 설명하기로 학습한 내용의 90%를 기억했다.

절대로 대충 공부해서는 선생님처럼 설명할 수 없다. 해당 내용을 정확하고 깊이 있게 이해함은 물론이고 사소한 부분까지 꼼꼼하게 공부해야 한다. 학교 선생님, 학원 강사들이 수많은 사람들 앞에서 수업을 하고 강의할 수 있는 이유는 그만큼 깊이 있게 공부했기 때문이다. 그렇기 때문에 학생들이 어떠한 질문을 해도 바로 답할 수 있는 것이다. 수업을 하는 선생님의 마음으로 공부하면 자연스럽게 깊이 있게 이해하는 공부를 하게 되고 긴장감도 생겨 집중력이 높아진다.

설명하는 공부의 가장 좋은 점은 본인이 공부를 제대로 했는지 점검할 수 있다는 것이다. 선생님과 강사들은 자신의 과목을 통달했기 때문에 막힘없이 술술 설명할 수 있다. 반대로 설명에서 막힌다면 그 부분을 제대로 이해하지 못했다는 것을 반증해주는 것이다. 설명하는 과정을 통해 어디까지 이해했고, 어느 부분을 모르는지 정확하게 파악할 수 있다. 이것이 바로 설명하는 공부를 해야 하는 진짜 이유다.

국어 지문 독해는 책을 덮고 지문의 핵심 내용을 설명해야 한다. 설명이 막히는 부분이 있다면 지문을 보며 자신이 놓친 부분을 확인해서 보완하고 다시 책을 덮고 완벽하게 될 때까지 설명한다. 해당 지문을 완벽하게 설명할 수 있으면 지문 독해 공부를 제대로 한 것이다.

영어 지문은 영어 문장을 직접 소리 내 읽고, 한글로 직접 번역해보고, 핵심 내용까지 설명할 수 있어야 한다. 만약 해석이 안 된다면 단어, 문법, 해석 중에서 어떠한 부분이 부족한지 파악해서 보충 공부를 해주어야 한다.

수학, 탐구 과목은 단순히 말로 하는 것보다 필기를 같이 하면서 설명하는 것이 효과적이다. 빈 노트나 화이트보드를 활용해서 문제 및 해당 개념의 내용을 직접 써가면서 설명하는 것이다. 이때 중요한 것은 사소한 것까지 다 적지 말고 핵심 내용을 중심으로 써야 한다는 것이다. 설명하기는 단지 텍스트를 외우려고 하는 것이 아니라 이해하기 위해서 하는 것이기 때문이다. 설명하다 보면 떠오르지 않거나 막히는 부분이 생긴다. 그런 부분을 교과서와 기본서, 개념노트를 보면서 보완하고 다시 설명한다. 완벽하게 설명할 수 있을 때까지 반복해서 공부한다. 절대로 대충 하고 넘어가면 안 된다.

이러한 방식으로 수능, 모의고사 문제집을 한 권 공부한 후에 바로 새로운 문제집을 풀어서는 안 된다. 한 번 봤다고 모든 것을 다 기억하고 이해하는 것이 아니기 때문이다. 주기적으로 반복 학습 하는 것이 중요하다. 국어와 영어는 실제 시험에서는 전혀 다른 지문이 나오기에 여러 번 볼 필요는 없다. 틀린 부분 위주로 다시 보며 총정리를 빠르게 하고 바로 새로운 문제집으로 넘어간다. 영어 단어는 자투리 시간을 이용해서 꾸준히 봐주어야 한다. 수학, 탐구는 최소 3번에서 최대 10번까지 틀린 문제가 없어질 때까지 반복해서 푼다. 수학, 탐구는 분석할 당시는 다 이해했다고 생각한다. 하지만 며칠 후에 문제를 다시 풀면 또 틀리는 경우가 많다. 수학, 탐구는 새로운 문제가 나온다고 해도 정해진 유형과 개념에서 나오기에 새로운 문제를 많이 풀기보다 하나의 문제집을 제대로 푸는 편이 더 효과적이다.

문제에 대한 완벽한 분석, 부족한 부분 보완과 함께 설명하기 방식까지 결합된다면 응용력, 분석력, 통합력이 자연스럽게 길러지는 것은 물론이고 핵심 내용 암기도 훨씬 더 잘된다. 이것이 바로 서울대 합격생이 알려주는 '1% 문제 분석법'과 '설명하는 공부법'이다.

수능이 100일 남았기 때문에 노력보다 중요한 것은 '선택과 집중'이다.
모든 것을 다 완벽하게 할 수 없고 시간도 부족하기 때문에
우선순위를 정하고 공부하는 것이 중요하다는 의미다.
즉, 수능까지 100일 동안 공부하는 순서에도 전략이 있다.

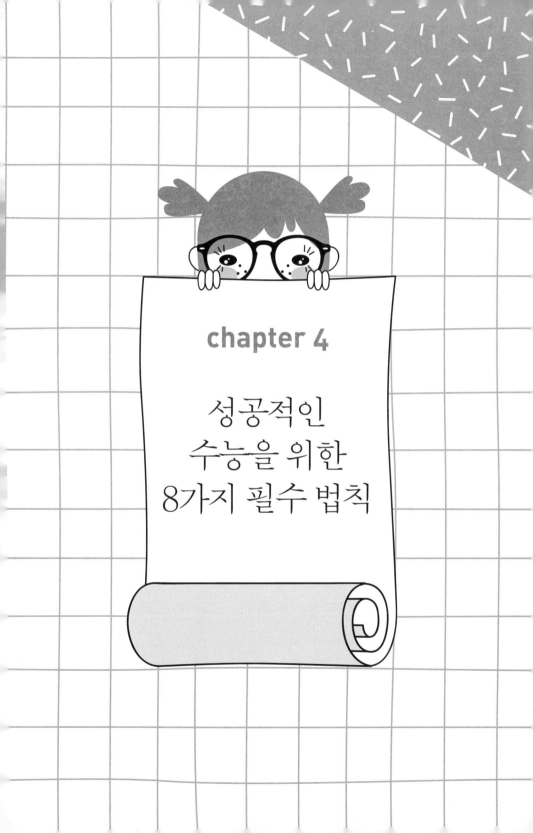

chapter 4

성공적인
수능을 위한
8가지 필수 법칙

01
공부하는 순서에도
전략이 있다

　입구가 넓은 항아리가 여기 있다. 큰 돌을 하나씩, 항아리 속에 넣어보겠다. 이제 큰 돌을 더 이상 넣을 수가 없는 상태다. 이 항아리가 가득 찼는가? 대부분의 사람들은 그렇다고 대답할 것이다. 그렇다면 항아리에 자갈을 쏟아 넣은 다음 흔들어보겠다. 자갈들이 큰 돌 사이를 비집고 들어가게 될 것이다. 이 항아리가 가득 찼는가? 여기서부터는 선뜻 대답하지 못하는 사람이 생기기 시작한다. 다음으로 항아리에 모래를 쏟아 부어 보겠다. 항아리가 가득 찼는가? 이쯤 되면 거의 대답하지 못할 것이다. 마지막으로 주전자를 가지고 항아리가 넘칠 만큼 물을 부어보겠다.

　이 행동의 핵심은 과연 무엇일까? 대부분의 사람들은 인생이 바쁘고 시간이 없고 스케줄이 아무리 꽉 짜여 있더라도 잘 궁리하면 얼마든지 더 끼워 넣을 방법이 있다는 것이라고 대답할 것이다. 그 말도 틀린 게 아니지만 진짜 핵심은 아니다. 여기에서 진정으로 배워야 할 교훈은 '가장 큰 돌을 가장 먼저 넣지 않는다면, 절대로 자갈, 모래, 물을 넣을 수 없게 된다'는 사실이다. 입시에서 가장 먼저 넣어야 할 '가장 큰 돌'은 과연 무엇일까? 바로 그 큰 돌부터 챙겨 넣는 것이 중요하다. 수능이 100일 남았기 때문에 노력보다 중요한 것은 '선택과 집중'이다. 모든 것을 다 완벽하게 할 수 없고 시간도 부족하기 때문에 우선순위를 정하고 공부하는 것이 중요하다는 의미다. 즉, 수능까지 100일 동안 공부하는 순서에도 전략이 있다.

우선순위를 정할 때 가장 먼저 고려해야 하는 것이 맞춤형 입시 전략이다. 맞춤형 입시 전략에 근거해서 자신이 수능에서 반드시 응시해야 하는 과목은 어떤 과목이고, 과목별 반영비율, 최저학력기준은 있는지 고려해서 과목의 중요도를 순위로 매겨야 한다. 이때 본인 과목의 선호도 및 체감 난이도는 중요하지 않다. 본인이 수학을 싫어하고 수학이 과목 중 가장 어렵지만 우선순위가 가장 높다면 수학 공부에 가장 많은 시간과 노력을 투자해야 하는 것이다. 단지 힘들고 어렵다는 이유로 본인의 꿈과 목표를 포기하는 것은 어리석은 행동이다.

맞춤형 입시 전략을 바탕으로 스스로의 공부 상태를 점검해야 한다. 자신이 잘하는 과목은 무엇인지, 부족하고 보완해야 할 과목, 개념, 실력은 무엇인지 하나도 빠짐없이 한눈에 보이게끔 정리한다. 그중에서 도저히 학교 수업과 혼자 하는 공부로 해결할 수 없는 부분이 있으면 해당 부분은 사교육을 활용해서(학원, 인강 등) 공부한다. 이렇게 하면 불필요한 시간, 돈, 에너지 낭비를 줄일 수 있는 것은 물론이고 올바른 방향으로 나아갈 수 있다.

전교 꼴찌, 축구선수였던 내가 서울대에 합격할 수 있었던 이유는 나만의 완벽한 입시 전략을 가지고 있었기 때문이다. 당시 나의 입시 전형 요소를 종합해보니 내신도 예체능 포함해서 전 과목을 공부해야 했고 수능에서 한국사가 필수임과 동시에 사회탐구 과목은 4과목 모두 응시해야 했다. 과목 중에서는 수학의 비중이 가장 높았다. 나는 수학을 가장 싫어하고 어려워했지만 서울대 체육교육과에 합격하려면 수학에 가장 많은 시간과 노력을 투자해야 했다. 이 전형을 바탕으로 나만의 완벽한 입시 전략을 만들었다. 입시 전략을 바탕으로 우선순위 중심으로 계획을 수립해서 적절한 시간을 배분하고 집중적으로 공부와 다양한 활동을 병행했다.

나는 수능 100일 전부터 혼자 공부하는 시간을 최대한 확보하고 중요한 과목, 덜 중요한 과목과 내가 잘하는 것과 부족한 것이 무엇인지를 정확하게 파악했다. 모르는 것의 80~90%는 학교 선생님께 질문해서 해결했다. 학교 선생님들은 언제든지 만날 수 있으므로 따로 어디를 가지 않아도 되고 돈도 들지 않는다. 무엇보다 해당 과목의 전문가이기에 질문하면 내가 생각하지도 못한 부분까지 알려주셨다. 학교 수업과 선생님을 통해 해결하기 어려운 부분은 공부 잘하는 친구, 선배에게 물어보거나 정 안 될 때는 인강을 들으며 보완했다. 가끔씩 공부법 사이트에 들어가 Q&A 게시판에 물어보기도 했다.

하루를 책상 앞에 앉아 과목별 공부를 하는 것으로 시작하는 게 아니라 맞춤형 입시 전략과 과목별 핵심 공부법을 확인하는 것으로 시작했다. 이것들을 확인하지 않고 공부하면 예전의 모습으로 돌아가게 된다. 노력보다 중요한 것은 선택과 방향이다. 맞춤형 입시 전략과 핵심 공부법부터 확인하며 잘못된 방향이 아닌 올바른 방향을 잡고 공부를 시작하는 것이 정말 중요하다.

본인의 맞춤형 입시 전략을 어떻게 세우느냐에 따라 우선순위가 달라지겠지만 보통은 국어, 영어, 수학과 탐구 과목 순으로 우선순위가 결정된다. 학생들이 가장 많이 하는 질문 중 하나가 "국어, 영어, 수학, 탐구 과목 중 어떤 과목을 먼저 공부를 해야 하나요?"다. 정답은 없지만 과목별 특성을 고려해봤을 때 하루 중에 국어, 영어부터 공부하고 그다음 수학, 탐구를 하는 것이 좋다. 왜냐하면 수학과 탐구는 상대적으로 공부 시간이 오래 걸리는 반면 국어와 영어는 많이 공부하기보다 적은 양이라도 매일, 꾸준히 해야 하는 과목이기 때문이다. 즉 국어, 영어는 운동처럼 훈련과 감각이 중요한 과목이기에 먼저 공부하는 게 여러 가지 면에서 좋다.

국어, 영어 공부를 먼저 끝내 놓으면 수학과 탐구를 공부할 때 부담이 적다. 수학과 탐구는 국어, 영어보다 해야 할 양도 많을뿐더러 중간에 개념 이해가 안 되거나 문제 풀이가 막히면 시간을 금방 잡아먹게 된다. 그러다 보면 그날 해야 할 수학, 탐구 과목 공부도 다 못 끝내는 것은 물론이고 국어, 영어 공부까지 못하게 되는 불상사가 생기게 된다. 반대로 국어, 영어는 그날 해야 할 지문 양이 정해져 있고 수학, 탐구보다 공부 양이 많지 않기 때문에 심리적으로도 편하고 이미 국어,

영어 공부를 끝냈다는 성취감도 생긴다. 그러면 수학, 탐구 공부를 할 때 걱정 없이, 집중적으로 공부할 수 있다.

그런데 평일에 학교를 다니면서 공부하다 보면 국어, 영어, 수학 공부를 하다가 탐구 과목은 거의 공부하지 못하는 경우가 생긴다. 하지만 이 부분은 크게 걱정할 필요가 없다. 탐구 과목은 국어, 영어, 수학 과목보다 우선순위가 떨어지고 매일, 꾸준히 하기보다 한 번에 집중해서 끝내는 게 더 좋기 때문이다. 평일에 그 주에 해야 하는 탐구 과목 공부를 못했다면 그 부분은 주말로 딜레이 처리해서 몰아서 해주면 된다. 그렇게 하면 국어, 영어, 수학은 물론이고 탐구 과목까지 다 잡을 수 있다.

지금 입시에서의 공부는 책상 앞에 앉아서 공부하는 그 이상이다. 책상 앞에 앉아 공부하는 것만으로도 100일 동안 수능 성적을 향상시킬 수 있다. 하지만 그것만으로는 원하는 대학에 가지 못한다. 꿈, 목표 대학과 학과, 입시 전략, 계획, 시간 관리, 자기 관리도 수능 공부에 포함된다.

공부의 범위가 넓어진 만큼 공부 순서도 과목별 공부만 생각해서는 안 된다. 전체적인 관점에서 입시를 바라보며 공부 순서도 전략적으로 세워 자신만의 루틴을 만들어야 한다. 과목별 공부 순서만 있는 것이 아니라는 것을 100일 동안 매순간 인지하고 있어야 한다. 과목 공부는 수능 공부의 일부라는 것을 항상 기억해야 한다. 국가대표 선수들은 운동장에서 하는 훈련은 물론이고 잠자고 밥 먹고 쉬는 것까지 훈련의 일부로 여긴다. 우리도 국가대표 선수들과 마찬가지로 이런 부분까지 생각하며 공부 순서를 정하고 전략적으로 공부해야 한다. 이것이 바로 아마추어와 프로, 보통 학생과 서울대생의 차이다.

서울대생의
1% 시험 전략

"월드컵은 경험하는 자리가 아니다. 증명하는 자리다."

2002년 한일 월드컵 4강 신화의 주역이자 前 KBS 해설위원인 이영표의 말이다. 월드컵 국가대표 선수들과 코칭스태프들은 4년 동안 열심히 훈련하고 평가전도 치른다. 하지만 아무리 평가전에서 좋은 성과를 거두어도 월드컵에서 예선 탈락하면 무용지물이다. 예선 탈락이 진짜 실력이 되는 것이다.

"실수도 실력이다. 실력과 실전은 다르다."

수능은 모의고사와는 차원이 다른 시험이다. 수능 시험장에서는 어떠한 변수가 있을지 알 수 없을뿐더러 그 변수에 적절하게 대처하지 못하면 3년 동안 공부한 것이 물거품이 돼버린다. 모의고사는 수능처럼 변수가 다양하지 않을 뿐만 아니라 변수가 있더라도 크게 신경 쓰지 않아도 된다. 혹시 변수에 적절히 대처하지 못해 성적을 잘못 받는다 하더라도 모의고사 성적이 대학 합격에 전혀 영향을 주지 않기 때문이다.

매년 수능일에 TV를 보면 늦잠을 자거나 수험장을 잘못 찾아서 급하게 시험장에 들어가는 학생들이 항상 있다. 수능 당일에 아파서 수능 자체를 보지 못하거나 시험 중에 실력을 발휘하지 못해 성적이 좋지 않게 나온 학생들도 많이 있다. 책상 앞에 앉아 공부를 열심히 하는 것은 기본이다. 여기에 더해 실전에서 원하는 결과를 얻으려면 외적인 것도 철저하게 신경 쓰며 관리하고 실전 훈련을 해야 한다.

월드컵 및 올림픽 국가대표 선수들이 시합 날이 다가오면 수면, 식단, 시간 관리, 자신만의 루틴 및 코스 점검을 하는 이유가 여기에 있다. 가장 잘 알려진 것이 양궁 국가대표 선수들의 실전 훈련 방식이다. 양궁 국가대표선수들은 시합 전에 관객을 모아놓고 일부러 시끄러운 환경을 만들거나 비바람이 불 때 나가서 시합하는 훈련을 한다. 4년마다 한 번 열리는 올림픽에서 어떠한 최악의 변수가 나타날지 모르기 때문에 여기에 대비하는 것이다. 극한 상황에서 훈련하기 때문에 대한민국 양궁은 세계 최고의 자리를 수십 년째 유지를 할 수 있었다.

고등학교 1학년 2학기 기말고사 때였다. 그때 지구과학 수행평가가 다른 어떤 과목보다 어려웠다. 그럼에도 나는 수업을 열심히 듣고 공부를 열심히 해서 지구과학 수행평가에서 전교 1등을 했다. 집필시험만 배운 대로 잘 보면 1등급은 물론이고 전교 1등이 확실했다. 시험을 쳐 보니 한 문제만 헷갈렸고 나머지 문제는 완벽하게 다 맞게 풀었다. 1등급은 물론이고 압도적인 1등을 할 것 같다고 확신했다. 그런데 시험 결과를 확인하니 75점이었다. 담당 선생님한테 가서 확인해보니 내가 마지막 페이지 문제 전부에 OMR를 체크 안 했던 것이다! 1등급은 전교생 4%에 해당하고 우리 학년 전교수가 150명이었기에 6등 안에 들면 1등급이었다. 그런데 나의 전교 석차와 종합 등급은 7등, 2등급이었다. 이 결과를 받는 순간 나는 모든 것을 집어던지고 다 포기하고 싶었다. 내신등급이 가장 중요했던 나에게 엄청난 허무함과 절망감을 가져다주었다.

이 경험을 통해 나는 "실수도 실력이다. 실력과 실전은 다르다. 사소한 것 하나가 성적을 결정한다. 과목별 공부 외에 다른 것도 철저하게 신경 써야 한다"는 것을 뼈저리게 느꼈다. 이때 이후로 실수를 만회하려고 더 독하게 공부했고 OMR 카드 체크를 철저하게 해서 수능일까지 OMR 카드에 대한 실수를 한 번도 한 적이 없다

수능은 단순히 개념만 이해하고 문제를 잘 푼다고 성적이 잘 나오는 그런 시험이 아니다. 수능은 여러분이 최소 100일부터 최대 12년 동안 공부한 실력을 하루 만에 평가하는 초고난도 실전 시험이다. 그렇기 때문에 평소에 탄탄히 쌓은 기본 실력을 바탕으로 수능 실전 문제를 풀고 월드컵, 올림픽 국가대표 선수와 똑같은 방식으로 시간, 몸, 마인드 관리를 철저하게 하며 시험에서 발생할 수 있는 모든 상황을 가정해서 실전 훈련을 해야 한다.

수능 실전 연습은 D-40부터 수능 3일 전까지 진행한다. 5년 동안의 수능, 모의고사 문제집과 시중에서 판매하는 8절 수능 모의고사 문제집으로 실전 훈련을 한다. 실전 훈련을 할 때 가장 중요한 것은 시간 관리다. 실제 수능 시간보다 5~10분 정도 앞당긴 채 훈련을 진행해야 한다. 그래야 긴장감을 가지고 집중력 있게 시험을 볼 수 있을 뿐 아니라 수능 당일에 시간에 쫓기지 않고 문제를 풀고 나서 여유롭게 답안을 체크하고 확인할 수 있다. 실전 훈련이기 때문에 이때부터는 OMR 마킹도 함께 해야 한다.

시간을 측정하면서 시험을 봤다고 끝나는 것이 아니다. 여기서부터가 중요하다. 바로 시험에 대한 분석을 해야 한다. 시험보다 중요한 것은 시험 이후의 피드백이다. 시험 자체에 대한 분석(시험 유형, 출제된 파트 및 개념, 난이도 등)과 본인 분석(틀리거나 시험을 못 본 이유 – 암기, 문제 풀이, 개념 발상, 실력 부족, 시간 관리, 시험 기술 등)을 하고 한눈에 보이게 정리해야 한다. 앞으로의 공부에 적극적으로 반영하고 이것을 보며 전략과 계획을 세운다.

시간을 줄여서 시험을 치면 대부분의 학생은 시간 내에 문제를 다 못 푼다. 우선 본인이 왜 주어진 시간 내에 다 못 풀었는지를 시험을 치는 과정을 돌아보면서 분석한다. 잘 풀리지 않는 문제를 오랜 시간 붙잡고 있었는지, 모르거나 못 푸는 문제는 없었지만 실력 자체가 부족했던 것인지, 문제 풀이 전략을 비효율적으로 수립했는지 등 다양한 이유가 있을 것이다. 시간을 분석했다면 이를 극복하는 해결책도 함께 마련해야 한다. 만약 어렵고 막히는 문제를 오래 잡고 있는 것이 문제였다면 '조금이라도 막히는 문제가 있다면 체크해놓고 다음 문제로 바로 넘어가고 우선 풀 수 있는 문제부터 빨리 풀고 난 후에 어렵고 막혔던 문제를 다시 푼다는 식으로 최대한 구체적이고 현실적으로 해결책을 수립해야 한다.

시간 관리 외에 각 과목별로 '시험 치기 전부터 시험 끝날 때까지'의 전략을 완벽하게 짜야 한다. OMR 마킹, 문제 풀이 순서, 어렵고 막힌 문제가 생겼을 때의 대처법, 쉬는 시간 활용법 등 실전에서 겪을 수 있는 모든 것을 자신에게 최적화해 전략을 수립해야 한다. 구체적으로는 문제를 푸는 동시에 OMR 마킹을 할 것인지 문제를 다 풀어놓고 한 번에 할 것인지, 문제를 1번부터 차례대로 풀 것인지 아니면 본인에게 편하고 쉬운 것부터 풀 것인지 등이 있다. 이 전략은 실전 훈련을 하면서 수능 전까지 수정 및 보완한다.

시험 외적인 분석을 한 후에는 시험 자체를 반드시 분석해야 한다. 각 과목별로 문제 난이도, 문제 유형 및 특징, 활용된 개념 등을 분석하는 것이다. 그러한 과정에서 수능에서 많이 나오는 문제 유형과 개념을 파악해서 남은 시간 동안 그 부분 중심으로 선택하고 집중하는 공부를 할 수 있다. 특히 문제 유형별로 어떻게 풀 것인지에 대한 자신만의 전략을 반드시 수립하고 실전 연습할 때 훈련하고 적용하며 자신의 것으로 만들어야 한다. 그래야 실전에서 당황하지 않고 신속, 정확하게 문제를 풀 수 있다.

가장 중요한 것은 틀린 문제에 대한 분석이다. 아무리 기본 개념을 제대로 공부하고 실력을 향상했다 하더라도 아직까지 부족한 점은 있기 마련이다. 각 과목별 문제 분석은 3장에서 말했기 때문에 이 부분에서는 생략한다. 이 외에 답은 잘 찾았는데 OMR 마킹을 잘못해서 틀리는 경우도 많기 때문에 반드시 점검해야 한다.

이런 식으로 3~4회 정도 진행해보면 어느 정도 시간 관리도 되고 자신만의 전략도 수립되었으며 실력 향상도 많이 되어 있을 것이다. 이때부터는 최대한 다양한 환경에서 시험을 치는 훈련을 해야 한다. 나는 가장 시끄러운 쉬는 시간과 점심 시간을 활용해 실전 연습을 많이 했다. 특히 영어 듣기를 이 시간에 했다. 그래야 집중력도 상승하고 수능을 보다가 갑작스러운 소음이 발생했을 때 흔들리지 않고 시험을 칠 수 있을 것이라고 생각했기 때문이다. 아무리 수능 시간에 비행기를 이륙시키지 않는다 할지라도 교실에서 소음이 발생할 수 있다. 실전 연습을 할 때 친구들한테 일부러 다리를 떨거나 방해해달라고 부탁하는 것도 좋은 방법이다.

춥고 더운 환경에서도 시험을 쳐봐야 한다. 수능 당일은 보통 추워서 교실에 히터를 틀기 때문이다. 수능 당일 여러분이 앉을 자리가 추울지 더울지 알 수 없고 어떤 자리에 앉으냐에 따라 히터와 가까울 수도 있고 멀 수도 있다. 가장 좋은 방법은 주말에 학교 교실을 활용하는 것이다. 주말에 빈 교실에 가서 수능 시험과 똑같은 시간에 실전 연습을 해보자. 이때 히터를 다양한 온도로 설정해서 연습을 해야 한다. 그래야 수능 당일 온도에 맞게 몸이 바로 적응할 수 있다. 한 자리에서만 시험을 치는 것이 아니라 모든 장소를 돌아가면서 시험을 쳐봐야 한다. 수능 당일 어떤 자리에 배치될지 알 수 없기 때문이다.

100일 동안 실력을 쌓는 것은 기본이고, 수능에서 발생할 수 있는 모든 변수를 고려해서 실전 연습까지 철저히 해야 한다. 이렇게 수능시험을 철저히 준비한다면 여러분이 100일 동안 쌓은 실력을 수능 시험장에서 온전히 발휘할 수 있을 것이다.

누군가는 이렇게까지 수능을 준비해야 하느냐고 물어볼 수도 있다. 좋은 성적을 받지 않고 적당히 공부해서 대학을 갈 학생이라면 이렇게 할 필요가 없다고 나는 대답한다. 하지만 수능 공부를 하기로 마음먹었고 원하는 목표를 달성하려는 학생이라면 반드시 이렇게까지 준비해야 한다. 꼭 입시를 준비하는 수험생이 아니더라도 자기의 분야에서 최고가 되고자 하는 모든 사람은 이렇게 해야 한다. 자신의 분야에서 최고가 된 사람은 한 명도 빠짐없이 이렇게까지 노력했다. 큰 것이 아니라 사소하고 귀찮아 보이는 1%를 실천하느냐 안 하느냐가 성공과 실패를 가른다는 점을 명심해야 한다.

03
수험생을 위한
시험불안증 극복법

  아무리 100일 동안 열심히 공부했다 해도 실제 시험에서 실력을 발휘하지 못하면 말짱 도루묵이다. 시험장에서 실력을 발휘하지 못하는 이유는 여러 가지가 있지만 가장 큰 요인은 시험불안증이다. 시험장에만 가면 불안하고 떨리고 열심히 공부한 부분이 생각나지 않고 머리가 멍해지는 현상이다. 평소에는 잘하다가 시합장만 가면 얼어버리는 운동선수가 있다. 심리적인 부분이 약하기 때문이다.

  고 3이 되고 나니 고 1, 2 때와는 다르게 내신, 수능 공부는 물론이고 수시 지원을 위해 준비할 것들이 많았다. 수시 내신이 고 3 1학기까지 들어가기 때문에 나는 수능 공부만으로도 바쁜 고 3 때 내신 전 과목 공부를 해야 했다. 내신, 수능 다 합쳐서 사회탐구 과목만 6과목을 공부했다. 내신, 수능 공부는 물론이고 학업 외 활동을 하며 자기소개서까지 준비했다. 이렇게 공부하고 준비해야 하는 것도 엄청 많았는데 시간은 턱없이 부족했다. 무엇보다 '내가 이렇게 목숨 걸고 공부하는데 수능을 잘 볼 수 있을까? 내가 꿈꾸고 상상하던 서울대에 합격할 수 있을까?' 하는 걱정과 불안감이 매일 들었다. 육체적, 심리적으로 많이 힘들고 불안해서 펑펑 운 적도 있었다.

2학기가 시작하고 수능 전까지 가장 힘들었던 것은 주위 친구의 대학 합격 소식이었다. 수능 시험을 치기 전에도 합격 발표를 하는 대학이 많았다. 심지어 어떤 친구는 수능 3일 전에 대학에 합격했다. 매일 들려오는 합격 소식을 접할 때마다 더욱 불안하고 힘들었다. 수능 전에 합격한 친구들은 '수능 끝나고 무엇을 하며 놀지?' 등을 얘기했고 수업 시간에도 떠들고 놀았다. 많은 친구들이 수능 시험 전에 수시에 합격하다 보니 학업 분위기조차 제대로 형성되지 않은 상태였다. 그럼에도 불구하고 나는 수능 준비를 해야 했다. 막바지 수능을 준비하면서 다른 것보다 심리적으로 많이 힘들었다.

나는 이러한 심리적인 힘듦을 극복하려고 다양한 방법으로 노력했다. 심리적인 부분은 특정 요인 하나 탓에 발생하는 것이 아니라 복합적으로 발생한다. 그렇기 때문에 해결책도 다양하게 마련해야 한다. 걱정과 불안감은 입시가 끝나는 날까지 없어지지 않는다. 중요한 것은 어떻게 적절하게 대처해서 걱정과 불안감을 최소화하느냐는 것이다. 정말 힘들고 불안해서 공부가 안 되면 하루 푹 쉬는 것도 좋은 방법이지만 이 방법은 오래 가지 못한다. 걱정과 불안감을 해소하는 효과적인 방법은 최종 목적지를 명확히 하고 그곳에 도달해야 하는 이유를 명확히 하는 것이다. 목표와 반드시 도달해야 하는 이유가 있다면 육체적, 심리적으로 힘들어도 중도에 포기하지 않을 수 있다.

수능이 100일 남은 시점에서 나는 목표와 공부하는 이유를 다시 한 번 명확하게 점검했다. 나의 최종 목표는 서울대학교 사범대학 체육교육과였다. 대학은 '한 번뿐인 인생, 어차피 공부할 것이라면 최고를 목표로 해보자'는 마음으로 우리나라 최고의 대학인 서울대학교를 목표로 삼았다. 그리고 체육교육과를 선택한 이유는 내가 스포츠, 체육에 관심이 많았기 때문이다. 그런데 서울대학교에 스포츠, 체육 관련 과는 사범대학 체육교육과밖에 없었기 때문에 서울대학교 사범대학 체육교육과가 나의 목표가 되었다.

다음으로 힘들고 어려운 입시 공부를 해야 하는 나만의 이유를 정립했다. 첫째, 나의 진짜 꿈을 이루어 행복하고 후회 없이 살고 싶어서 공부한다. 둘째, 축구선수로서는 실패했기 때문에 새로운 꿈을 이루려면 반드시 공부해야 한다. 셋째, 대한민국은 철저한 학벌주의이기 때문에 나중에 하고 싶은 것이 생겼을 때 불이익을 받지 않으려면 지금 공부를 해서 명문대를 가야 한다. 넷째, 미래에 내가 하고 싶은 것을 자유롭게 하기 위해서 공부한다. 다섯째, 항상 나에게 힘을 주고 응원해주는 모든 사람들에게 보답하기 위해서 공부한다. 여섯째, 축구를 그만두고 공부할 때 나를 무시하고 비아냥댄 사람들에게 당당하게 증명하려면 절대로 포기하지 않고 공부해야 한다.

그런 다음 나만의 좌우명과 각오까지 구체화했다. 나의 좌우명은 "오늘이 내 인생의 마지막 날이다"이다. 나 김경모는 몇 억 분의 일의 경쟁을 이기고 태어났고, 생각 하나만으로 내가 원하는 것을 얻을 수 있기 때문에 위대하고 유일한 존재다. 그리고 나에게 주어진 인생은 짧고 한 번 뿐이기에 순간과 하루가 그 어떤 것보다 소중하다. 그렇기 때문에 나는 현재 가장 옳고 중요한 한 가지 꿈과 목표(서울대 합격)에 내 모든 것을 걸어야 한다.

나는 목표 대학, 공부하는 이유와 좌우명을 A4 용지에 적고 수능 100일 동안 매일 아침 공부하기 전과 힘들고 어려울 때마다 보면서 수능을 완벽하게 보고 서울대에 합격한 나의 모습을 생생하게 떠올렸다. 목표와 각오, 좌우명이 수능 100일 동안의 내 모든 행동 기준이 되었고 힘들고 답답하고 포기하고 싶을 때마다 큰 힘이 되었다. 여러분도 내가 한 것처럼 자신만의 목표, 공부하는 이유, 좌우명을 만든다면 100일 동안 육체적, 심리적으로 힘들고 불안할 때 엄청난 도움이 될 것이다.

시험불안증을 극복하는 또 다른 방법은 불안하고 힘든 것을 글로 적는 것이다. 100일 동안 공부하다 보면 걱정과 불안 때문에 공부에 집중이 되지 않을 때가 생길 것이다. 그럴 때 억지로 공부한다고 공부가 잘되지 않는다. 그때는 잠시 공부를 내려놓고 A4 용지나 노트에 무엇 때문에 걱정되고 불안한지 솔직하고 구체적으로 글로 적는다. 사소한 것까지 빠짐없이 다 적는다. 생각만 하는 것보다 글로 적으면 그 행위 자체가 심리적인 안정을 가져다주고 그 과정에서 생각과 마음이 차분하게 정리된다. 글로 감정을 적는 것만으로도 효과가 있지만 한 단계 더 나아가서 본인이 지금 가지고 있는 걱정과 불안감을 어떻게 극복할 수 있을지에 대한 해결책까지 구체적으로 적으면 더 좋다. 그 순간에는 걱정과 불안이 해결되지만 한 번에 없어지지는 않고 비슷한 감정이 자주 찾아올 것이다. 그럴 때마다 정리한 글을 틈틈이 보면서 마인드 컨트롤을 하면 효과적이다. 걱정하고 불안한 것은 자연스럽고 당연한 감정이다. 여러분뿐 아니라 수능을 100일 남겨둔 모든 수험생이 똑같이 느끼는 것이다. 이 사실을 아는 것만으로도 심리적 불안을 해결하는 데 도움이 많이 된다.

심리적으로 아무리 힘들고 불안할지라도 상상의 힘은 절대로 이길 수 없다. 모든 것은 생각과 상상의 결과다. 쉽게 말하면 여러분이 '수능을 잘 볼 수 있을까? 실력대로 발휘하지 못하면 어쩌지?'라고 생각하면 실제 수능장에서 실력을 제대로 발휘하지 못하게 돼 수능을 잘 못 보게 된다. 하지만 '나는 이때까지 후회 없이 공부했기 때문에 수능 시험을 잘 볼 수 있다. 마지막 결과가 나올 때까지는 모르기 때문에 자신감과 확신을 가지고 공부하자. 걱정하고 불안해할 시간에 오늘 내가 해야 하는 공부를 완벽하게 하는 데 집중하자'라고 생각하면 자신감과 확신을 가지고 수능 시험을 보게 되어 여러분이 목표한 바를 달성할 수 있는 것이다. 걱정과 불안은 당연한 것이다. 그렇기 때문에 걱정과 불안을 억지로 없애려 하지 말고 그럴수록 여러분의 최종 목표에 집중해야 한다. 수능 시험을 준비한 대로 잘 보고 원하는 목표 대학에 합격한 여러분의 모습을 매 순간 상상한다면 그것이 실제로 이루어질 것이다.

시험불안증을 극복하는 최고의 방법은 철저한 준비와 훈련이다. 걱정하고 불안해한다고 해결될 것은 전혀 없다. 오히려 여러분의 소중한 공부 시간을 잡아먹을 뿐이다. 걱정하고 불안해할수록 그냥 공부하는 것이 최고의 해결책이다. 수험생이 시험불안증을 가지는 것은 당연하다. 불안하지 않다면 그 사람은 수능이 본인의 인생에서 중요하지 않은 사람이다. 걱정과 불안은 없애려고 하면 더 커진다. 걱정, 불안, 두려움이라는 감정을 있는 그대로 받아들이는 것이 중요하다. 무엇보다 시험은 결과이고 결과는 우리가 통제할 수 있는 영역이 아니다. 다만 스스로 할 수 있는 것, 해야 하는 것에 집중해서 제대로 공부하고 후회 없을 만큼 노력하면 된다. 그러면 신기하게도 결과는 자연스럽게 따라온다.

100일 동안 내가 이 책에서 제시한 로드맵과 방법을 완벽하게 실천하며 수능을 준비한다면 그것만으로 걱정과 불안은 줄어든다. 특히 실전 훈련 때 다양한 환경과 변수를 예상하고 훈련해서 몸에 배게 하는 과정을 거치면 수능에 대한 자신감과 확신이 생길 것이다. 그리고 시험 당일 아침에 눈뜬 순간부터 마지막 과목 시험이 끝날 때까지 모든 것을 자신만의 루틴과 전략으로 수립하고 시뮬레이션까지 해본다면 수능 시험을 보기 전에 이미 수능을 정복한 여러분의 모습이 보일 것이다. 걱정하고 불안해한다고 해결될 것은 하나도 없다. 철저한 준비와 훈련만이 자신감을 늘리고 불안감을 줄이는 핵심이다.

04
수능 100일 전
사교육 활용법

수능 대역전의 비결은 사교육에 없다. 수능은 암기가 아닌 이해와 실력으로 풀 수 있는 문제만 나오기 때문에 혼자 공부하는 시간을 최대한 확보하고 스스로 공부해야 한다. 그렇다고 사교육이 아예 필요 없다는 뜻은 아니다. 로드맵과 과목별 공부법에서도 설명했듯이 기초가 되어 있지 않거나 부족한 부분이 있으면 사교육을 활용해야 한다. 무엇보다 수능이 100일밖에 남지 않았기 때문에 효율적인 공부를 하려면 학원, 인강 등을 전략적으로 활용할 필요가 있다.

여러분은 지금까지 사교육에 많은 시간과 돈, 에너지를 투자했을 것이다. 그런데 왜 학원에 그렇게 많은 시간과 돈을 쏟아 부었음에도 불구하고 성적이 오르지 않았을까? 수험생들은 대부분 학원 수업과 인강을 듣는 것만 공부라고 생각한다. 학원 수업과 인강만 열심히 들으면 수능 성적을 잘 받을 것이라고 착각한다는 뜻이다. 사교육은 수능 성적을 잘 받는 데 필요한 보조 도구일 뿐이다. 아무리 수업을 많이 듣고 머릿속에 많이 넣어도 내 것으로 만드는 시간을 가지지 않으면 밑 빠진 독에 물 붓기와 같다. 보통 학생들은 학원 수업과 인강에서 배우는 것은 많은데 정작 자기 것으로 만들 시간을 내지 못한다. 공부의 기본은 예습-수업-복습이다. 우리나라 수험생은 학원에 등록해서 예습과 수업만 죽어라 한다. 정작 제일 중요한 복습은 하지 않는다. 공부의 기본조차 지키지 않는 것이다. 수능은 단순 암기 및 문제 풀이가 아니라 실력을 갖춰야 풀 수 있는 문제를 중심으로 출제된다. 이 실력은 학원이 아니라 혼자 공부하는 시간을 통해서만 기를 수 있다. 하지만 우리나라 수험생들은 혼자 공부하는 시간이 생기더라도 학원 과제 하느라 바쁘다.

학생들이 학원을 가는 여러 가지 이유가 있지만 가장 주요한 이유는 부모님 때문이다. 부모님은 주변 사람의 여러 가지 얘기를 듣고 자신의 자녀도 학원에 다니지 않으면 안 될 것 같은 마음에 좋다고 하는 학원에 등록한다. 성적이 안 좋은 학생일수록 본인에 대한 제대로 된 분석 없이 일단 학원에 등록하고 본다. 모든 스케줄이 학원 중심으로 돌아간다. 학원 강사가 알려주는 것만 열심히 들으면 성적이 오를 것이고 공부를 잘하고 있다고 착각한다.

하지만 막상 시험 결과를 보면 큰 차이가 없다. 성적이 오르지 않는 원인을 잘못 파악했기 때문이다. 수능은 중학교나 학력고사 시험과 차원이 다른 시험이다. 중학교 내신과 학력고사는 시험 범위에 해당하는 부분을 많이 보고 집중적으로 암기하고 문제를 많이 푸는 사람이 높은 성적을 받을 수 있는 시험이다. 이 시험을 볼 때는 학원에 열심히 다니면서 강사가 알려주는 것만 열심히 듣고 적고 외우고 문제 풀면 성적 향상에 효과가 있었다. 반면에 수능은 수업 많이 듣고 열심히 받아 적고 암기하고 문제를 푼다고 좋은 성적을 받을 수 있는 시험이 아니다.

무조건 학원에 가지 말고 모든 것을 혼자 공부하라고 말하는 것이 아니다. 수능 100일 공부를 할 때 사교육은 반드시 필요하다. 중요한 것은 본인에게 부족한 부분을 파악하고 그 부분을 보충하려는 목적으로 학원을 이용해야 한다는 것이다. 학원을 몇 개를 가든, 인강을 몇 개를 듣든 배운 것을 본인의 것으로 완벽히 만드는 것이 무엇보다 중요하다. 학원의 도움이 아닌 스스로 내용을 이해하고 정리하고 문제를 풀고 분석해야 한다. 그 시간을 가지지 않으면 남은 100일 동안 공부를 열심히 해도 무용지물이다.

국어 지문 독해, 영어 지문 독해 실력이 충분하고 수학, 탐구 개념이 명확하게 정리된 학생들은 굳이 사교육을 활용하지 않고 스스로 문제 풀이·분석과 실전 훈련을 하면 된다. 하지만 국어, 영어 지문 독해력이 많이 부족하고 수학, 탐구 개념이 제대로 잡히지 않은 학생은 반드시 사교육을 활용해야 한다. 하지만 학원과 인강을 고르기 전에 혼자 공부할 수 있는 시간을 우선 확보해야 한다. 혼자 공부하는 시간을 제외하고 남는 시간에 학원, 인강을 전략적으로 이용하는 것이 핵심이다. 그렇지 않은 상태에서 학원과 인강을 듣는 데 시간과 돈을 모두 투자하면 결과는 제자리다.

사교육을 활용할 때 중요한 것은 본인에게 부족하고 필요한 부분만들고 나머지는 과감하게 버려야 한다는 것이다. 수능 공부를 늦게 시작해서 기초가 안 되어 있거나 이때까지 공부를 했지만 제대로 공부하지 못한 부분이 있을 것이다. 그 부분을 분석해서 눈에 보이게 정리해야 한다. 기초적인 부분이 부족하다면 그것도 파악해야 한다. 이렇게 자신에 대한 분석을 바탕으로 그 부분을 잘 알려주는 학원 또는 인강 강사를 찾아서 보충하는 것이다.

그런데 공부를 못하는 학생의 특징은 모든 것을 처음부터 끝까지 들으려 한다는 것이다. 돈 아깝다는 이유로 이미 다 아는 것도 또 듣는다. 수능이 100일 남은 여러분에게 돈보다 중요한 것이 시간이다. 학원과 인강은 수능 공부를 하는 데 필요한 도움을 얻기 위한 수단일 뿐이다. 돈 아깝다고 모든 커리큘럼을 다 찾아서 듣다가 가장 중요한, 혼자 공부하는 시간을 날릴 수 있다는 점을 염두에 두어야 한다. 학원과 인강 강사의 말만 듣는 게 아니라 본인의 필요에 따라 주체적으로 활용해야 한다. 본인의 돈과 시간을 투자했기에 똑똑한 소비자가 되어야 한다. 본인에게 필요한 부분을 해결했다면 나머지 강의는 굳이 듣지 말고 과감하게 버릴 수 있어야 한다.

사교육을 활용한다면 학원보다 인강을 먼저 찾는 쪽을 추천한다. 학원을 가려면 따로 시간을 빼야 하고 학원은 정해진 시간에만 갈 수 있다. 이동하는 시간도 무시할 수 없다. 학원 수업은 한 번 들으면 다시 들을 수 없다. 학원도 학습 공간이기 때문에 사소하게 지켜야 할 것도 많다. 하지만 인강은 필요할 때 언제든지 컴퓨터나 스마트폰으로 볼 수 있다. 이해 안 된 부분은 무한 반복도 가능하다. 인강을 듣는 것이 학원을 가는 것보다 시간을 훨씬 아껴준다. 그럼에도 불구하고 학원을 가야 하는 상황이라면 그때 학원을 이용하면 된다.

학원 수업이나 인강을 이용할 때도 학교 수업과 마찬가지로 예습-수업-복습 사이클로 공부해야 한다. 수업 전에 그날 배울 내용을 예습하고 수업을 집중해서 들으면서 필기하고 수업이 끝나자마자 복습해서 자신의 것으로 완벽하게 만들어야 한다. 학원과 인강에서 배운 것을 본인의 것으로 완벽하게 만드는 데 가장 많은 시간과 노력을 투자해야 한다. 배운 것을 복습하면서부터 진짜 공부가 시작되는 것이다. 복습이 끝나면 진짜 실력을 쌓는 공부를 반드시 해야 한다.

과목별 공부의 경우 사교육은 선택의 문제다. 하지만 고 3이라면 반드시 사교육을 활용해야 하는 것이 있다. 바로 6월, 9월 모의고사 시험이다. 6월과 9월 모의고사는 수능을 출제하는 평가에서 주관하는 시험으로 그해 수능의 난이도, 유형을 예상할 수 있는 중요한 시험이다. 그렇기 때문에 6월과 9월 모의고사는 완벽하게 분석해야 한다. 학교에서도 과목별로 선생님들이 분석을 잘해주긴 한다. 하지만 내 경험상 학교 선생님은 이 기간이 되면 내신, 학생부, 추천서 등으로 바쁘시기 때문에 분석이 조금 부족할 수 있다. 그렇기 때문에 6월과 9월 모의고사만큼은 반드시 사교육을 활용해야 한다.

나는 고등학교 3년 동안 수능 한국사와 6월, 9월 모의고사 분석 강의만 사교육을 활용했다. 과목별로 시험 난이도, 문제 유형, 출제된 파트 및 개념 등을 체계적이고 꼼꼼하게 분석해야 한다. 6월과 9월 모의고사 시험 분석을 기준 삼아 남은 기간 동안 선택과 집중을 할 수 있다.

사교육을 활용하더라도 수능 공부는 결국 스스로 하는 것이다. 진짜 실력을 기르는 공부를 해야 수능을 잡을 수 있다. 명문대에 합격한 학생 중에도 학원, 인강을 활용한 사람들은 많지만 혼자 공부하지 않은 사람은 단 한 명도 없다. 공부는 스스로 했을 때 내 것이 되는 것은 물론이고, 그것이 수능이 요구하는 공부법이다. 수능 대역전의 비결은 사교육에 없다.

05

모의고사 성적은
수능 성적이 아니다

여러분이 고등학교에 입학하자마자 학교 선생님들과 학원, 인강 강사들이 이런 말을 많이 했을 것이다. "3월 모의고사 성적이 수능 성적을 결정한다." 그렇게 얘기하는 이유는 선생님들과 학원, 인강 강사들이 여러분을 다루기 가장 쉬운 수단이 모의고사 성적이기 때문이다. 수능 시험은 아직 충분히 남았다 보니 여러분에게 아무리 강조해도 와 닿지 않는다. 하지만 모의고사 성적은 바로 결과가 나오기에 학생들을 긴장시키고 더욱 열심히 공부하게 할 수 있다. 수능이 100일 남은 지금은 6월과 9월 모의고사 성적이 수능 성적을 결정한다는 말을 이미 수없이 듣고 있을 것이다.

하지만 입시에서 모의고사 성적은 중요하지 않다. 3월, 6월, 9월 모의고사가 수능 성적이라면 여러분은 지난 2년 반 동안 그리고 남은 100일 동안 공부할 이유가 전혀 없다. 이미 모의고사 성적으로 여러분의 수능 성적이 결정 났다는데 열심히 공부할 필요가 없는 것 아닌가. 내가 제일 이해가 안 되는 것이 모의고사 성적을 잘 받았다고 칭찬하고 홍보하는 것이다. 내신은 입시에 직접적인 영향을 끼치기에 입시 전략이 당장 없어도 열심히 할 수 있다. 하지만 모의고사 성적은 어떠한 대학도 눈여겨보지 않는다. 3년 동안 모의고사 성적을 올만점 받아도 수능에서 3등급이면 그 학생은 3등급인 것이다.

우리 학교 전교 1, 2등은 고등학교 1학년 때부터 내신 성적을 최상위권으로 유지했다. 그들은 모의고사 성적도 항상 최상위권은 아니었지만 못해도 상위권을 유지했다. 전교 1, 2등이 3년 동안 1등을 번갈아 가면서 했다. 나는 전교 1등도 아니었고 모의고사 성적이 3년 동안 좋았던 적이 거의 없었다. 그런데 최종 입시 결과는 내가 1등이었다. 내가 서울대에 합격했고 전교 1등은 부산대, 전교 2등은 연세대에 합격했다. 이러한 결과가 나온 이유는 그들은 모의고사를 중심으로 공부했고 나는 수능 중심으로 공부했기 때문이다.

수능이 100일 남은 시점에서 여러분은 모의고사 성적 때문에 많이 고민하고 흔들릴 것이다. 본인의 모의고사 성적이 좋지 않은 것도 있지만 주변 친구가 자신보다 모의고사 성적이 높게 나오면 상대적인 박탈감을 느끼기 때문이다. 하지만 현재 여러분의 모의고사 성적과 주변 친구의 성적 때문에 흔들릴 필요가 전혀 없다. 모의고사는 말 그대로 모의일 뿐이다. 모의고사가 수능 성적과 직접적으로 연결된다는 말에 흔들리거나 현혹되지 마라. 모의고사 성적은 올 1등급이지만 수능에서 망한 사람을 수없이 많이 봤다.

    모의고사 성적을 잘 받고도 수능을 망치는 이유는 모의고사와 수능이 차원이 다른 시험이라는 것을 이해하지 못했기 때문이다. 모의고사는 우선 부담감이 없다. 오히려 부담이 되는 시험은 내신이다. 내신은 성적이 바로 학생부에 반영되고 그것은 수시 합격과 직접 연결된다. 모의고사는 성적이 좋지 않아도 문제될 것이 없다. 모의고사 성적은 어느 대학에서도 평가 항목에 반영하지 않기 때문이다. 하지만 수능은 실전이다. 수능 시험 한 번으로 여러분이 3년 동안 공부한 것을 평가받고 그 점수가 대학 입학에 가장 큰 영향을 미친다. 심리적으로도 부담이 많이 된다. 그러다 보니 평소에 공부를 잘하고 모의고사 성적이 좋았던 학생이 수능에서 실력을 발휘 못 하는 경우가 많다.

    심리만큼 시험 환경이 시험 성적에 영향을 많이 끼친다. 모의고사와 수능은 시험을 보는 환경 자체가 완전히 다르다. 모의고사는 여러분이 있는 학교, 여러분이 항상 앉는 자리에서 시험을 본다. 하지만 수능은 특별한 경우가 아니면 다른 학교에서 시험을 보고 어디에 앉을지 전혀 알 수 없다. 시험을 보는 책상과 의자는 물론이고 교실 분위기와 화장실 위치도 다르다. 모의고사를 볼 때는 학교 급식소에서 점심을 먹지만 수능 당일에는 도시락을 직접 싸 가야 하고 밥도 시험장 아무데서나 먹어야 한다. 모의고사는 여러분이 매일 보는 반친구와 보지만 수능은 전혀 알지 못하는 다른 학교 학생과 본다. 수능 시험 때의 변화된 환경에 빠르게 적응하지 못하면 이 또한 실력 발휘를 못하는 원인이 된다. 수능 시험 하루 전날 수능 시험 장소에 미리 가보는 이유가 여기에 있는 것이다. 이러한 부담감이 있다 보니 모의고사 때는 경험하지 못한 다양한 변수가 수능에서 많이 발생한다. 수능 당일 늦게 일어날 수도 있고 시험장을 잘못 찾아가는 경우도 있다. 심리적인 부담으로 컨디션이 좋지 않을 수도 있고 생리적인 현상이 시험 도중에 발생할 수도 있다.

수능은 실전이다. 모의고사를 아무리 잘 쳐도 수능일 망치면 그것이 여러분의 진짜 실력이다. 스포츠에 비유하면 모의고사는 연습경기, 친선전이고 수능은 월드컵, 올림픽인 것이다. 국가대표 선수들이 연습경기에서 좋은 성적을 받으려고 준비하고 훈련하지 않는다. 연습경기는 말 그대로 연습일 뿐이고, 월드컵과 올림픽을 위한 하나의 과정일 뿐이다. 연습경기를 통해 스스로가 부족한 부분이 무엇인지를 파악하는 것이 중요하지 결과는 전혀 중요하지 않다.

여러분이 모의고사에 초점을 맞춰 공부해서는 안 되는 이유다. 모의고사 중심으로 공부하면 실력 향상보다 문제 풀이에 집중할 수밖에 없다. 당장의 모의고사 성적을 잘 받아야 하기 때문이다. 문제 풀이에만 집중하면 성적이 어느 정도는 오른다. 가끔 1등급을 받을 때도 있다. 하지만 딱 거기까지고 그 이상의 성적 향상은 되지 않을뿐더러 실제 수능에서는 그것보다 성적이 낮게 나온다. 눈앞의 모의고사 성적에 절대 연연하지 말고 우리의 최종 목표인 '수능'에 초점을 두고 차근차근 공부하고 준비해야 하는 이유다.

그렇다고 모의고사 시험을 대충 보라는 말은 절대 아니다. 모의고사 성적에만 연연하지 않을 뿐이지 모의고사 시험을 볼 때만큼은 열심히 봐야 한다. 모의고사는 수능 시험을 잘 보기 위한 좋은 기회다. 여러분 스스로 수능 실전 훈련을 하겠지만 모의고사 시험만큼 완벽한 환경을 갖추는 것은 쉽지 않기 때문이다. 즉, 모의고사를 수능 실전 훈련을 하는 데 전략적으로 활용하는 것이다. 수능이 100일 남은 시점에서 9월과 10월 모의고사는 반드시 보게 될 것이다. 빠르면 9월, 늦어도 10월이면 여러분은 수능 실전 훈련을 하고 있을 것이다. 그러니 모의고사 시험 보는 날을 수능 당일이라고 생각하고 준비해보자. 모의고사 전날에 수능 전날과 똑같은 시간에 맞춰서 자고 수능 당일과 똑같은 시간에 일어난다. 실제 수능 시험장에 챙겨 갈 것만 딱 챙겨서 학교에 간다. 수능 당일 시험장에 도착한 순간부터 마지막 과목 시험이 끝나는 순간까지(수능 시험 시작 전, 과목별 시험 시간, 쉬는 시간, 점심 시간) 어떻게 행동할지 계획 및 전략을 수립해서 모의고사를 볼 때도 그대로 실천해야 한다. 시험도 과목별로 여러분이 수립한 전략에 따라 성실하게 봐야 한다. 절대로 모의고사 시험을 대충 보거나 피곤하다고 찍고 자는 일이 있어서는 안 된다. 그 말은 수능 시험장에서도 그렇게 하겠다는 것과 같은 뜻이다.

모의고사 시험을 본 후 그날 시험 분석을 해야 한다. 우선 시험 외적 분석을 한다. 시험 환경과 본인 컨디션은 어땠는지, 준비한 전략대로 시험을 봤는지, 전략대로 보지 못했다면 그 이유는 무엇인지, 시험 시간은 충분했는지, 시험 시간이 부족했다면 그 원인은 무엇인지 등 스스로에 대한 분석을 철저하게 하며 무엇을 잘했고 무엇이 부족했는지를 파악해야 한다. 시험 분석 후에는 구체적인 해결책까지 도출해서 정리하고 다음 실전 훈련을 할 때 반영해야 한다. 학원 및 인강 강사들은 모의고사 시험 당일에 해설 강의를 업로드한다. 해설 강의를 보면서 시험 난이도, 문제 유형, 과목별 출제된 파트 및 개념 등을 다양한 관점에서 구체적으로 분석해야 한다. 그리고 본인이 틀린 문제는 틀린 이유를 철저하게 분석하고 부족한 부분을 보완해야 한다.

특히, 6월과 9월 모의고사는 반드시 분석해야 한다. 6월 모의고사는 이미 봤지만 수능 실전 훈련을 하면서 다시 처음부터 풀어보고 해설 강의를 보고 분석한다. 6월과 9월 모의고사는 그해 수능의 지표라는 데 의의가 있다. 여러분의 6월, 9월 모의고사 성적이 수능 성적을 결정짓지는 않지만 6월과 9월 모의고사를 통해 수능이 어떻게 나올지 예측할 수 있다. 6월과 9월 모의고사는 수능을 출제하는 기관(평가원)에서 주관하는 시험이기 때문이다. 과목별로 시험 난이도, 문제 유형, 출제된 파트 및 개념과 본인이 부족한 부분을 체계적이고 꼼꼼하게 분석해야 한다. 그래야 남은 기간 동안 선택과 집중해서 공부할 수 있다.

2002년 월드컵에서 대한민국 사령탑이던 히딩크 감독의 별명은 오대 영이었다. 히딩크 감독이 대한민국 국가대표팀을 맡은 후 치른 대회 및 친선전에서 항상 5대0으로 졌기 때문이다. 하지만 히딩크 감독은 그 결과에 연연하지 않았다. 최종 목표인 월드컵을 기준으로 철저하게 준비하고 선수들을 강하게 훈련시켰다. 그 결과 히딩크 감독은 2002년 한일 월드컵에서 월드컵 첫 승, 최초 16강 진출은 물론이고 월드컵 4강이라는 신화를 만들었다.

여러분은 현재 월드컵인 수능을 목표로 공부하고 있다. 연습경기인 모의고사를 목표로 공부하는 게 아니다. 모의고사는 말 그대로 모의일 뿐이고 모의고사 성적은 여러분에게 순간적인 만족감과 안도감을 줄 뿐이다. 절대로 모의고사 성적에 연연해서는 안 된다. 지금 모의고사 성적이 아무리 바닥이라도 수능 당일 대박을 치고 원하는 대학에 합격하면 된다. 다시 한 번 말하지만 모의고사 성적이 수능 성적이라는 말에 속지 마라. 여러분의 대학 입학을 결정하는 것은 모의고사 성적이 아닌 수능 성적이다.

06
대한민국 고 3에게
주말과 방학은 존재하지 않는다

    대한민국 수험생에게는 기본적으로 주말과 방학이 없다. 원래 주말은 주중에 열심히 일하고 공부했으니 주말에 다 내려놓고 재충전을 한 후 다음 주에 더 열심히 일하고 공부하라고 존재하는 것이다. 방학의 원래 의미는 한자 그대로 학업을 놓는다는 뜻이다. 학기 중에 열심히 공부했으니 학업을 중단하고 휴식을 취하며 하고 싶은 것을 즐기는 시기인 것이다. 하지만 대한민국 고등학생은 학년과 관계없이 주말에는 학원을 다니거나 학교 자습실에 가고 방학 때는 학원을 다니거나 학교에서 보충수업을 듣고 자습을 한다. 그렇다 할지라도 고 1, 2 때는 주말과 방학을 이용해서 쉬거나 놀러가기도 한다. 수능 공부는 3년짜리 공부이기 때문에 주말과 방학 때 적절히 잘 쉬고 잘 노는 것도 필요하다. 나 또한 수험생들에게 목표 양을 다했으며 스스로에게 보상을 주라고 한다.

하지만 수능이 100일 남은 고 3한테는 주말과 방학의 의미가 적용되지 않는다. 여러분의 로드맵과 계획을 보면 알겠지만 해야 하는 공부 양이 절대 적지 않다. 100일 동안 하루도 빼놓지 않고 집중적으로 공부해도 달성할까 말까하는 분량이다. 평일에 자투리 시간을 다 활용해도 딜레이가 생길 것이고 딜레이 처리를 하는 데만 주말이 부족할 수도 있다. 현실성을 고려해서 목표 양을 설정해 분량을 주-일 단위로 나누었지만 그것이 그 분량을 다했다고 그 날, 그 주에 공부를 더 이상 안 해도 된다는 의미가 아니다. 그 날 또는 그 주의 목표 양을 다 끝냈는데 시간이 남았다면 다음 주에 해야 할 분량을 미리 당겨서 공부하거나, 부족하고 보완해야 할 부분에 대한 공부를 계속해야 한다. 언제까지? 여러분이 하루의 공부를 마치고 잠드는 순간까지.

수능 100일이 시작되는 시점은 아마 여름방학이 중간 정도 되었거나 개학을 앞둔 시기일 것이다. 고 3 여름방학은 D-100부터 D-40까지 기간에 포함되기 때문에 앞에서 알려준, 이 기간에 해야 하는 공부를 그대로 하면 된다. 학원을 가고 인강을 듣거나 학교 보충수업을 한다면 반드시 예습-수업-복습 사이클로 공부하고 이후에는 혼자 공부하는 시간을 활용해 수능, 모의고사 실전 문제 풀이 및 분석, 부족한 개념을 공부하면 된다. 방학 때의 주말은 앞에서 알려준 대로 딜레이 처리를 하고 딜레이 처리 후에는 부족한 부분 중심으로 공부하면 된다. 여름방학은 짧지만 그래도 100일 기간 중에는 공부할 수 있는 시간이 가장 많기 때문에 여름방학 때 과목별 총복습을 한다면 2학기 때 공부하는 게 훨씬 수월할 것이다.

주말과 방학 때는 딜레이 처리, 복습과 부족한 부분에 대한 공부를 하면서 보내면 된다. 주말과 방학이라고 해서 늦게 자고 늦게 일어나서는 안 된다. 똑같은 시간에 자고 일어나서 아침밥을 먹는다. 그리고 공부할 것을 챙겨 똑같은 시간에 공부하고 휴식 및 점심, 저녁 식사를 하고 똑같은 시간에 하루를 마치고 집에 온다. 수능이 100일 남은 고 3에게는 평일, 주말, 방학의 개념이 없다. 주말과 방학이라고 늘어지고 패턴을 깨면 다시 회복하고 패턴에 적응하는 데 시간과 노력을 또 투자해야 한다. 공부할 시간이 턱없이 부족한데 여기에 시간을 쓰는 것은 상당한 낭비다. 100일이라는 기간 동안 매일 똑같은 하루하루를 보낸다고 생각하면 된다.

주말과 방학이 없다고 해서 무리하거나 잠을 줄여서까지 공부를 하라는 뜻은 아니다. 100일 동안 몸과 건강 관리는 필수다. 틈틈이 휴식하는 것은 필요하지만 맘 놓고 노는 것을 100일 동안만 하지 말자는 의미다. 쉬는 시간, 점심시간, 저녁 시간에는 공부를 내려놓고 간식도 먹고 든든하게 밥을 먹고 산책 및 운동도 하고 음악도 듣고 쪽잠을 자면서 뇌와 몸을 충전해야 한다. 그래야 지치지 않고 집중력을 가지고 수능 당일까지 공부할 수 있다. 공부가 끝나고 집에 와서는 개운하게 샤워하고 과일 등 디저트를 먹으면서 컨디션 관리도 해야 한다. 주말에는 땀 흘리는 운동을 하고 사우나에 가고 맛있는 음식을 먹으면서 1주일 동안 쌓인 피로와 스트레스를 날리고 재충전해야 한다. 즉, 수능에서 최상의 컨디션을 발휘하기 위해 휴식 및 건강관리를 해야 한다는 의미다.

수능 100일 전부터는 모든 것을 수능에 맞춰야 한다. 수능 시험에 조금이라도 방해되는 모든 것을 제거해야 한다. 휴식하라고 해서 밤늦게까지 TV, 유튜브 보고 컴퓨터 게임을 하라는 게 아니다. 이것들은 오히려 공부에 방해가 될 뿐이다. 평생 놀지 말라는 것도 아니다. 수능 시험과 대학 입시가 끝나는 순간부터 여러분은 원 없이 놀 것이다. 노는 것이 훨씬 힘들고 지루하다는 것을 느낄 때까지 놀 수 있다. 대학에 합격하면 TV, 영화, 유튜브도 마음대로 볼 수 있고 밤새도록 게임하고 놀수 있다. 딱 100일 동안만 주말, 방학이 없다고 생각하고 노는 것을 절제하고 수능 공부에 미쳐보자는 의미다.

수능이 100일 남은 고 3은 깨어 있는 모든 시간을 다 공부한다고 생각하면 편하다. 그러면 괜한 변명과 합리화를 할 필요가 없다. 여러분에게 방학과 주말은 존재하지 않고 사치일 뿐이다.

07

수능 2주 전부터 모든 것을
수능 당일과 똑같이 맞추어라

　수능 2주전 전부터는 모든 것을 수능 당일과 똑같이 맞춰야 한다. 수면시간, 식사 시간 및 식사 메뉴, 과목별 시험 시간은 물론이고 배변 시간까지 정해야 한다. 과목별 공부만 열심히 하고 이 부분을 준비하지 않으면 수능 당일에 최상의 실력을 발휘할 수 없다. 수능 전날 새벽 늦게까지 수면을 취하지 못하면 수능 당일 피곤하고 멍한 상태로 시험을 봐야 한다. 정해진 시간에 식사를 든든하게 하지 않으면 시험 볼 때 갑자기 배가 고파서 시험에 집중 못 할 수도 있다. 수능 당일에 먹을 아침, 점심 식사와 간식을 정해놓지 않거나 평소에 먹지 않던 것을 먹으면 몸이 적응하지 못해 배탈이 날 수 있다. 시험 시간을 피해서 배변을 보지 않으면 일생일대의 시험을 보는 도중에 배에 신호가 와서 시험을 포기하고 화장실을 가야 하는 불상사가 발생할 수가 있다. 이런 것까지 완벽하게 준비해야 수능 당일 발생할 수 있는 변수를 최소화하고 최상의 상태에서 시험을 볼 수 있다. 힘들게 준비한 인생 시험인데 사소한 일 때문에 수능 시험을 망친다면 그것만큼 억울한 것은 없을 것이다.

수능 2주 전부터는 생활 패턴부터 수능과 똑같이 맞춰야 한다. 수능 시험 시간을 기준으로 수능 전날 몇 시에 자서 수능 당일 몇 시에 일어날 것인지 정하고 똑같이 실천해서 수면 패턴부터 맞춰야 한다. 수능 당일에 먹을 아침 식사, 점심 식사와 쉬는 시간에 간식으로 무엇을 먹을지 정하고 2주 동안 똑같은 시간에, 똑같은 것을 먹으며 몸을 적응시켜야 한다. 아침밥은 든든하게 먹고 점심밥은 가볍고 소화가 잘되는 것으로 먹는 게 좋다. 나는 아침은 가볍게 한식을 먹었고 점심은 전복죽과 과일을 먹었다. 쉬는 시간에는 당을 보충하려고 초콜릿을 먹었다. 수능 당일 입을 옷도 미리 정해서 입어보고 사용할 볼펜, 연필, 지우개, 컴퓨터용 사인펜도 정한 것만 사용해서 수능 당일 똑같이 가져간다. 축구선수들이 평소에 착용하는 유니폼과 축구화가 아닌 새로운 것을 시합 때 착용하면 제 컨디션을 발휘하지 못하고 오히려 발에 물집이 잡히는 이치와 똑같다. 건강관리와 배변 습관도 철저하게 신경 써야 한다. 수능 당일 아프면 3년 동안의 노력이 물거품이 된다. 이 시기에는 잘 먹고 잘 자고 가벼운 운동을 해주고 옷을 따뜻하게 입는 등 건강관리를 잘해야 한다. 평소에 하지 않는 새로운 것을 하지 말고 마음을 평온하게 유지해야 한다. 그래야 수능일에 최상의 컨디션으로 시험을 볼 수 있다.

실전 훈련은 수능 시험과 똑같은 시간과 환경에서 해야 한다. 나는 평일에는 학교 스케줄이 있다 보니 완벽히 똑같이 적용할 수 없기에 부분적으로만 적용했다. 대신 주말에는 하루가 완전히 비기 때문에 학교 교실을 활용해서 수능과 완전히 똑같은 시간과 환경에서 실전 훈련을 했다. 특히 수능 당일 어떠한 환경에서 시험을 보게 될지 모르므로 다양한 환경을 조성했다. 다양한 자리(창가, 복도 쪽, 제일 앞, 제일 뒤, 가운데 등)에서 시험을 본 것은 물론이고 교실에 히터를 틀어놓고 히터와 가까운 쪽과 먼 쪽에 앉아서 시험을 봤다. 아니면 옷을 겹겹이 입거나 아예 얇게 입으면서 온도 조절을 했다. 그리고 집중력 향상을 위해 가장 시끄러운 쉬는 시간을 활용해서 영어 듣기 시험을 봤다. 뿐만 아니라 수능 시험일, 같은 교실에서 시험을 보는 학생 중 갑자기 재채기를 하거나 다리를 떨거나 하는 상황이 있을 수 있기 때문에 친구한테 일부러 말을 걸거나 다리를 떨고 기침을 하는 등 방해를 해달라고 부탁했다. 이렇게 수능에서 발생할 수 있는 모든 변수를 예상하고 훈련하며 대비를 철저하게 했다.

이러한 방식으로 생활패턴을 수능 당일과 똑같이 맞추고 다양한 환경을 조성한 상태에서 수능, 실전 모의고사 문제집을 가지고 훈련하면 된다. 이때 반드시 OMR 카드를 구해서 컴퓨터 사인펜으로 체크해야 한다. 말 그대로 수능과 똑같은 방식으로 시험을 치는 것이다. 과목별로 실제 시험 시간보다 5분~10분 정도 앞당겨 문제를 푼다. 그래야 수능 당일에 시간이 부족하지 않고 집중력을 가지고 여유롭게 문제를 풀 수 있다. 실전 훈련이 끝났으면 저녁을 먹고 분석을 한다. 시험 외적 분석, 시험 내적 분석과 스스로에 대한 분석을 철저히 해줘야 한다.

시험 환경은 매번 다양하게 조성하며 어떠한 환경에도 적응할 수 있도록 철저히 대비해야 한다. 5~10분을 앞당겨서 시험을 봐서 시간이 부족했을 것이기 때문에 왜 시간이 부족했는지 분석해야 한다. 실제 시간보다 앞당긴 것이지만 앞당긴 시간이 실제 수능 시험이라고 생각하고 분석하는 것이다. 즉, 제 시간에 문제를 풀지 못한 이유를 분석하고 제 시간에 풀기 위한 전략을 수립해야 한다. 풀이 순서 및 풀이 전략은 훈련을 하면서 다양한 방법을 적용해보고 자신에게 가장 적합한 것을 찾아야 한다. 그것을 찾았으면 남은 기간 동안 그 순서와 전략대로 훈련해서 완벽하게 몸에 익히고 수능 당일에 그대로 시험을 치면 된다.

시험 내적 분석을 한 후에는 틀리거나 애매한 문제들은 더 철저하게 분석한다. 틀린 이유를 최대한 구체적으로 찾고 해설지와 문제를 보면서 스스로 완벽히 이해할 수 있어야 한다. 특히 지문 독해와 개념이 부족해서 틀렸다면 반드시 지문 독해 훈련을 하고 해당 개념을 복습해야 한다. 이 과정에서 유형별 풀이 전략을 수립하고 수정·보완하면서 자신에게 맞는 최적의 풀이법을 만들 수 있다.

OMR 마킹 전략도 수립해야 한다. 시험지를 받자마자 이름, 수험번호, 과목코드 등을 OMR 카드에 기입해야 하기 때문에 이것도 미리 연습한다. 과목별로 한 문제를 풀 때마다 마킹할 것인지, 문제를 다 풀고 나서 한 번에 마킹할 것인지를 미리 생각하고 연습해야 한다. 시간이 부족할 것 같은 과목은 문제를 푸는 즉시 OMR 마킹을 하고 여유가 있는 과목은 문제를 다 풀고 다시 한 번 문제와 답을 확인하고 OMR 마킹을 하는 게 좋다. 힘들게 문제를 다 풀어 놓고 OMR 마킹을 잘못해서 문제를 틀리는 경우도 종종 있기 때문에 항상 마킹 전에 답을 한 번 더 확인하고 답안지 제출 전에도 꼼꼼하게 확인해야 한다.

어렵거나 헷갈리는 문제가 나왔을 때 대처법도 마련해야 한다. 가장 좋은 방법은 어렵고 헷갈리는 것은 조금 고민해보고 체크하고 넘어간 다음 본인이 확실하게 풀 수 있는 것부터 풀고 OMR 마킹까지 하고 나서 남는 시간에 체크한 문제들을 푸는 데 시간을 투자하는 것이다. 그럼에도 모르겠다면 과감하게 찍어야 한다. 찍는 것도 훈련이고 연습이다.

특히 이 기간에 6월, 9월 모의고사를 가지고 다시 한 번 실전 훈련을 하고 분석해야 하는 것을 잊으면 안 된다. 수능이 얼마 남지 않았기 때문에 복습도 우선순위를 세워서 해야 하는데 우선순위로 복습해야 하는 것이 6월과 9월 모의고사다. 6월과 9월 모의고사로 실전 훈련을 하고 시험 유형, 난이도, 출제된 파트 및 개념과 본인이 틀렸거나 부족한 부분을 분석한다. 분석을 바탕으로 보완함은 물론이고 출제된 모든 파트 및 개념은 반드시 총복습 해주어야 한다.

수능 3일 전에는 생활 패턴은 똑같이 유지하되 실전 훈련은 그만하고 총정리에 집중해야 한다. 3일 동안 모든 것을 처음부터 끝까지 복습할 수는 없다. 이미 100일 동안 제대로 공부했다면 반복 학습이 자연스럽게 이루어졌을 것이다. 자주 나오는 부분이 정해져 있고 본인이 틀린 부분을 또 틀린다는 것을 알았을 것이다. 그 부분을 집중적으로 복습하면 된다. 그리고 개념노트, 영어단어장을 중요한 부분과 자주 나오는 부분 중심으로 빠르게 봐준다. 가장 중요한 것은 수능 당일 전략노트다. 100일 동안 실전 문제 풀이와 실전 훈련을 하면서 자신만의 최적의 전략노트를 만들었을 것이다. 3일 전에 전략노트를 다시 한 번 보며 수정·보완할 부분이 있는지 확인하고 머릿속으로 반드시 시뮬레이션해 봐야 한다.

수능 당일에 어떠한 변수가 있을지는 누구도 알 수 없다. 그것에 대처하는 방법은 수능 당일과 똑같이 생활하고 똑같은 시간에 시험을 보고 다양한 환경을 조성해서 수능에서 발생할 수 있는 모든 변수를 예상하고 훈련하는 것뿐이다. 실력과 실전은 완전히 다르다. 수능 2주 전부터 모든 것을 수능 당일과 똑같이 맞춰야 하는 이유다.

08

서울대생만 아는
수능 당일 1% 비밀

    수능 시험은 수능 전날부터 시작된다. 수능 전날 준비를 철저하게 하지 않으면 이때까지 준비한 것이 물거품이 돼 버린다. 수능 전날에는 수능 당일에 챙겨가야 할 것을 꼼꼼하게 챙긴다. 수험표, 샤프, 볼펜, 지우개, 컴퓨터용 사인펜과 도시락과 간식까지 빠지지 않게 확인해야 한다. 그리고 수능 시험장에 가지고 갈 수 없는 금지 품목을 혹시 챙기지 않았는지도 확인해야 한다. 수능 하루 전에는 본인이 응시하는 고사장에 미리 가볼 수 있으니 학교의 분위기, 환경을 느껴보고 본인이 시험을 칠 교실 및 자리가 어떠한지도 살펴본다. 월드컵, 올림픽 국가대표 선수들이 시합 전에 자신이 뛸 경기장에 미리 가서 경기장 분위기, 상태 등을 확인해보는 것과 같은 과정이다.

    수능 하루 전에는 이미 공부는 끝난 상태이기 때문에 새로운 것을 보거나 욕심내서 공부하기보다 개념정리노트와 영어단어장만 빠르게 봐준다. 무엇보다 수능 당일을 위한 핵심전략노트를 다시 한 번 점검하고 다음 날 있을 수능에서 본인이 해야 할 것을 머릿속으로 상상하며 시뮬레이션을 돌려야 한다. 다음 날 최상의 상태에서 수능을 볼 수 있도록 잘 먹고 잘 쉬고 마인드 컨트롤도 철저하게 한다. 여러분은 지난 100일 동안 후회 없이, 제대로 공부했기 때문에 수능에서 좋은 성적을 받을 수밖에 없다. 쓸데없는 걱정과 불안감을 떨쳐버리고 '나는 잘할 수 있다. 나는 수능에서 내가 공부한 것 이상으로 성적을 받을 수 있다'는 등 긍정적인 자기 암시를 하며 자신감과 확신을 가지도록 한다. 이미 훈련했겠지만 수능 전날에는 10~11시 사이에는 취침에 들어야 한다. 최소 7~8시간은 푹 자야 수능 당일에 피곤하지 않게, 몸과 정신이 맑은 상태에서 집중력을 가지고 시험을 볼 수 있다. 아무런 걱정 없이 편안하게 숙면을 취할 수 있도록 한다. 본인이 계획한 기상 시간에 일어나서 개운하게 씻고 정해진 아침밥을 먹고 전투복을 입고 다시 한 번 준비물을 확인하고 잘 챙겨서 수능 시험장으로 간다. 수능 시험장에는 필수 준비물과 핵심전략노트만 가지고 간다.

시험장에 도착해서 1교시 국어 시험이 시작되기 전까지는 자신의 자리를 확인하고 자리에 앉아서 적응하는 과정을 거친다. 같이 시험을 볼 친구들은 어떠한지, 시험 분위기는 어떤지도 확인해보고 빠르게 적응해야 한다. 화장실은 미리 다녀오고 핵심전략노트를 보면서 1교시부터 마지막 시간 시험이 끝날 때까지를 머릿속으로 그려보고 마인드 컨트롤도 함께 한다. 첫 시간인 국어시험 시작 3분 전부터는 샤프, 지우개,

볼펜, 컴퓨터용 사인펜, 수험표, 시계를 제외하고는 다 넣고 감독관이 알려주는 주의사항을 잘 듣고 시험 준비를 한다. 마인드 컨트롤을 하고 마지막까지 시험 전략을 머릿속으로 떠올린다.

OMR 카드를 받으면 이름, 수험번호, 과목코드 등을 바로 기입하고 혹시 잘못 기입한 것은 없는지 확인한다. 시험지를 받고 시험이 시작되면 본인이 준비한 전략대로 시험을 보면 된다. 시험을 보다가 어렵거나 헷갈리거나 시간이 오래 걸리는 문제가 보이면 체크를 하고 빨리 다음 문제로 넘어간다. 이런 문제에 시간을 많이 투자하면 정작 본인이 맞힐 수 있는 문제를 못 풀 수도 있다. 시험이기 때문에 한 문제라도 더 맞추는 것이 중요하다. 본인이 확실하게 풀 수 있는 문제부터 풀고 OMR 마킹을 하고, 남는 시간을 활용해서 못 푼 문제를 다시 보며 풀고 OMR 마킹을 한다. 다시 봐도 모르는 문제는 고민하지 말고 과감하게 찍고 운에 맡긴다. 모든 문제에 대한 OMR 마킹을 마쳤으면 시험이 끝나기 전까지 다시 한 번 잘못 마킹한 것은 없는지를 확인한다.

매 시간 시험이 끝나면 쉬는 시간에 절대로 답을 확인하지 마라. 그 시험은 잊어버리고 다음 시간을 준비해야 한다. 시험 당일 학생들이 하는 가장 바보 같은 행동이 자기들끼리 답을 맞추고 있는 것이다. 이미 그 과목 시험은 끝났고 돌이킬 수 없다. 애매한 문제를 가지고 답을 맞춰보고 자기들이 맞는다고 논쟁한다. 나중에 보면 정답이 아닌 것으로 다투고 있는 경우가 많다. 얼마나 어리석은 행동인가! 그 문제의 정답 여부를 떠나 친구들과 얘기하는 도중에 본인이 푼 문제가 틀렸다는 것을 알게 되면 남은 시험 동안 계속 생각나서 다른 과목 시험까지 지장을 줄 수 있다. 답을 맞출 시간에 다음 시간 공부를 하는 쪽이 백 배, 천 배 현명하다. 시험이 끝나면 화장실을 가고, 초콜릿 등 간식을 먹고, 다음 시간 과목의 전략을 보고 준비해야 한다.

나는 이것 때문에 점심도 혼자 먹었다. 친구들과 같이 먹으면 외로움은 덜하지만 오전에 본 과목을 자연스럽게 이야기하게 되기 때문이다. 교실을 나와 비어 있는 벤치에서 준비한 도시락을 먹고 화장실을 갔다가 오후 시험 준비를 했다. 오후에 볼 과목에 대한 전략노트를 보며 시뮬레이션과 마인드 컨트롤을 함께 해준다. 우리는 완벽하게 준비했기 때문에 큰 문제는 없지만 점심을 먹고 난 후라 오후 시험 때 졸릴 수 있다. 이때를 대비해서 점심은 너무 많이 먹지 말고 가볍게, 배가 찰 정도로만 먹는다. 점심 시간에 가볍게 스트레칭을 해주고 필요에 따라서는 미스트를 뿌리거나 찬물로 세수하며 잠을 깬다. 오후 시험도 오전 시험처럼 전략대로 보면 된다.

그렇게 정신없이 수능 시험을 보다 보면 마지막 과목 시험이 끝나 있을 것이다. 수능 시험장에 보통 아침 8시에 들어가고 해가 지고 나서 6시쯤에 나온다. 시험을 끝내고 나면 '수능 시험 막상 보니까 별것 아니네. 이 시험 하나 때문에 내가 지난 3년 동안 고생한 거야?'라는 공허함을 느끼게 될 것이다. 여러분이 수능 시험을 치기 전까지는 모르겠지만 수능은 막상 쳐보면 걱정하고 불안해할 정도의 시험이 아니다. 수능 시험이 가지는 의미와 대입에서의 영향력 때문에 철저하게 준비했고 그 과정에서 걱정하고 불안해했지만 한편으로는 그렇게 걱정할 만큼의 시험은 아닌 것이다.

나도 똑같은 방법으로 수능을 쳤고 똑같은 것을 느꼈다. 수능 전날 11시 30분에 자서 6시에 일어나 밥을 먹고 전날 챙긴 준비물을 가지고 아버지 차를 타고 수험장에 도착했다. 내가 시험을 보는 수험장에 온 학생들은 전반적으로 조용했다. 시험 칠 때 큰 변수가 없을 것이라는 안도감이 들었다.

8시쯤 복도에서 언어 시험 전략을 보고 10분 전에 자리에 앉아 시험 준비(필기구, 마인드 컨트롤)를 하고 시작을 기다렸다. 8시 40분에 국어 시험이 시작됐고 전략대로 완벽하게 풀었다. 국어 시험이 끝나고 쉬는 시간에 수학 전략노트를 보고 5분 전에 자리에 앉아 시험 준비를 하고 수학 시험을 봤다. 점심은 실전 훈련 때도 똑같이 먹었던 전복죽과 과일을 먹었다. 오후 첫 과목은 영어였고 밥 먹고 난 후라 조금 피곤했지만 평소에 이 부분도 훈련한 덕분에 집중력을 가지고 전략대로 잘 풀 수 있었다. 쉬는 시간에 탐구 과목 4과목의 과목별 전략을 보고 시험을 봤다. 특히 탐구는 훈련할 때보다 더욱 빠르고 정확하게 문제를 풀었다. 윤리, 국사, 근현대사는 15분 만에 풀었고 법과 사회는 20분 만에 풀었다.

마지막 시험은 제2외국어인 러시아어였다. 내가 지원한 고사장의 분위기가 조용하고 시험 치기 좋았던 이유는 바로 제2외국어를 선택했기 때문이었다. 제2외국어를 선택하는 학생들은 SKY나 최소 상위권 대학에 지원하는 학생들이기 때문이다. 나의 맞춤형 입시 전략에 제2외국어는 포함되지 않았음에도 불구하고 나는 시험장 분위기를 위해 제 2외국어를 선택해서 응시했다. 내가 지원하는 학과에서 제2외국어는 반영하지 않기 때문에 공부는 하나도 하지 않았다. 그 말은 러시아어를 수능장에서 처음 봤다는 뜻이다. 축구를 그만두고 공부한 이후 처음으로 찍어봤다. 아무리 천천히 찍어도 30분이나 시간이 남아서 다른 제2외국어 시험지를 보면서 다른 나라의 언어는 어떻게 생겼는지를 확인할 정도였다.

시험을 마치고 나니 시험은 생각보다 별것이 아니었고 오히려 허무감을 느꼈다. 수능 시험을 준비하면서 이때까지 내가 한 걱정과 불안이 쓸데없고 무의미하다는 생각도 들었다. 수능 시험을 마치고 집에 와서 모든 것을 내려놓고 가족들과 함께 치킨을 먹으며 축하파티를 했다.

수능 시험의 끝은 허무하지만 수능 시험을 마치기 전까지는 열심히 공부하고 완벽하게 준비해야 한다. 이것이 바로 서울대생만 아는 수능 당일 1%의 비밀이자 성공하는 수능 당일 전략이다. 수능 당일 전략만 제대로 준비하고 실천해도 수능에서 최소 20~30점을 더 받을 수 있다.

여러분이 아직 고 3이고 수능이 100일나 남은 것이
얼마나 감사한 일이지 생각해야 한다.
인생을 바꿀 기회가 아직 남았다는 의미이기 때문이다.

chapter 5

수능 100일
공부법으로 최후의
승리자가 되어라

01
수능 100일 공부법으로
막판 뒤집기

　나는 입시 기간 동안 수없이 많은 바닥을 경험했다. 아침부터 밤까지, 주말과 명절 없이 공부했는데도 내가 노력한 만큼 내신, 모의고사 성적이 나온 적은 없었다. 그럴 때마다 허무했고 절망 그 자체를 느꼈다. 그렇게 미친 듯이 공부했는데도 결과가 안 나왔으니 말이다. 하지만 남들보다 최소 5년 늦게 시작했기에 당연한 결과였다. 공부를 해본 적이 없는 축구선수가 항상 공부를 해온 친구들을 단기간에 따라잡는다는 것은 불가능한 일이었고 일반 학생들도 합격하기 힘든 서울대를 목표로 한 것 자체가 어불성설이었다. 나는 공부를 하는 매순간 고통스러웠고 답답했다. 마음속에서는 '진짜 될까? 할 수 있을까? 이렇게 공부하면 내가 원하는 목표를 이룰 수 있을까?'라는 불안과 의심이 항상 가득했다 무엇보다 최종 발표가 나기 전까지 서울대에 합격할 가능성이 거의 제로였다는 사실이 불안했다. 그 누구도 내가 서울대에 합격할 수 있다고 믿지 않았다.

하지만 나는 그럴수록 나 자신을 믿고 최종 목표인 '서울대 합격'만 바라보고 상상하고 마지막까지 공부해보자고 다짐했다. '나는 무조건 수능에서 대박을 치고 내가 원하는 대학에 합격한다. 어차피 50%의 가능성이다. 이왕 공부할 거 무조건 된다고 생각하고 공부하자'고 스스로에게 다짐했다. 수능 공부의 최종 목적은 당장의 모의고사 성적이 아니라 대학 합격이기 때문이다. 그 결과 나는 수능을 무사히 잘 봤음은 물론이고 전교 꼴찌, 축구선수에서 서울대 합격이라는 기적을 만들었다. 수능 100일 공부법으로 막판 뒤집기를 해서 대역전의 주인공이 된 것이다.

이 책은 바로 그 기적의 결과물이다. 여러분이 앞으로 남은 100일 동안 느끼고 경험하고 해야 하는 모든 것을 여기에 담았다. 이 책을 읽는 것만으로 두려움과 불안감이 없어짐은 물론이고 100일 동안 방황하지 않고 자신감과 확신을 가지고 공부할 수 있다. 사람들이 불안해하고 걱정하는 이유는 명확한 기준이 없기 때문이다. 그렇기 때문에 본인 나름대로 노력하는데 '이렇게 하면 진짜 맞는 걸까? 나는 제대로 가고 있는 것일까?' 등 불안과 걱정을 안고, 그것이 목표에 집중하는 데 제일 큰 방해물이 된다. 하지만 목표, 방향과 이에 따른 명확한 기준이 있다면 아무리 힘들더라도 버티고 노력하는 힘이 된다. '이렇게만 하면 된다'는 명확한 기준이 있다면 불안해하고 걱정할 이유가 없고 온전히 목표에 집중할 수 있다. 이 책이 100일 동안 명확한 여러분의 기준이 되어줄 것이다. 이 책에서 제시한 것을 빠짐없이 실천한다면 100일 동안 공부하는 동안 불안, 걱정이 없어짐은 물론이고 원하는 목표를 반드시 달성할 수 있다.

고등학교 3학년 여름방학 때 나는 누구나 잡을 수 없는, 인생 최고의 기회를 얻었다. 서울대학교 프로네시스 봉사동아리 학생이 우리 학교에 멘토링을 온다는 것이었다. 서울대생은 서울에 있어도 만나기 쉽지 않다. 그러한 서울대생이 한 명도 아니고 약 20명 정도가 단체로 온다는 것이었다. 그것도 3박 4일 동안! 나는 서울대생들이 온다는 소식에 가슴이 너무 설레었고 어떤 것을 물어볼지 하나도 빠짐없이 다 정리했다. 3박 4일 동안 그들은 입시의 모든 것, 본인들이 가진 경험과 노하우를 하나도 빠짐없이 다 알려주었다. 과목별 및 시험별 공부법, 꿈과 목표 대학·학과를 설정하는 법을 알려주었다. 그것을 바탕으로 전략을 짜고 수능까지의 로드맵과 계획을 수립하는 법을 알려주었다. 수험 생활 중에 힘들고 어려운 일이 있을 때 어떻게 극복했는지 경험담도 생생하게 들려주었다. 자기소개서는 어떻게 쓰는지 알려주고 첨삭까지 해주었다. 논술과 면접도 어떻게 준비해야 하는지 다 알려주었다.

지금 돌이켜보면 3박 4일 동안 그들이 알려준 내용은 전체 입시 중 일부였다. 하지만 나한테는 그들이 한 줄기 빛이자 오아시스였다. 그들이 가르쳐준 내용도 입시에서 많은 도움이 되었지만 그들의 존재 자체가 나에게는 엄청난 힘이 되었다. 내가 원하는 대학에 합격한 그들이기에 나의 롤모델, 멘토이자 꿈이고 희망이었다. 3박 4일간의 멘토링이 끝난 후에도 모르거나 힘든 일이 있을 때 그들에게 연락해서 조언을 구했다. 대학 생활로 바빴음에도 불구하고 그들은 귀찮은 내색 없이 수능 공부법과 합격 노하우를 아낌없이 알려주었고 나에게 서울대 합격이 가능하다고 힘을 주었다.

내가 서울대에 합격하는 데 그들의 도움만 받은 것은 아니지만 아주 큰 도움을 받은 것만은 확실하다. 서울대생이라고 해서 딱히 특별한 것이 있지 않다. 그들도 나처럼 똑같이 힘들고 불안한 시기를 겪은 평범한 학생들이었다. 하지만 그들은 스스로를 믿고 열심히 노력해서 본인의 목표를 달성했기에 특별했고 수많은 수험생들의 꿈과 희망이 되는 사람들이었다. 나는 수능 공부를 하는 매순간이 불안하고 힘들었지만 그들 덕분에 더욱 열심히 노력할 수 있는 동기와 확신을 얻었다.

꿈과 목표를 이루는 좋은 방법은 자신만의 멘토를 만드는 것이다. 이미 그 분야에서 성공한 사람에게 배우는 것만큼 빠르고 효과적인 방법은 없다. 여러분도 남은 100일 동안의 성공을 위해 자신만의 공부 멘토를 정하는 것을 추천한다. 공부 멘토라고 해서 딱 한 명만 정할 필요는 없다. 자신에게 꿈, 희망과 확신을 주고 방법과 전략을 알려주는 모든 사람이 여러분의 멘토가 될 수 있다. 여러분은 지금 열심히 공부하는데 성적이 잘 나오지 않고 공부 방법이 맞는지 의문이 많이 생길 것이다. 그렇다면 주저하지 말고 자신만의 공부 멘토를 찾아 나서라! 간절히 원하고 구하는 자는 모든 것을 얻을 수 있다! 멘토를 일일이 찾기 힘들다면 내가 여러분의 멘토가 되어 그들에게 받은 사랑과 노하우를 전해주겠다.

바로 이 '수능 100일 공부법'에 내가 여러분에게 전해주고 싶은 모든 것이 있다. 목표 설정, 로드맵 및 계획 수립, 과목별·시기별 공부법, 자기 관리, 실전 연습, 마인드 컨트롤 등 100일 동안 성공할 수밖에 없는 수능 공부의 모든 것을 담았다. 만약 책을 읽고 이해가 안 가거나 실천을 하는 데 어려움이 있고 불안하고 걱정이 된다면 주저하지 말고 나에게 연락하라. 여러분이 어려워하고 이해 안 되는 부분을 상세히 알려주는 것은 물론이고 불안, 의심, 걱정을 자신감과 확신으로 바꾸어 주겠다.

모든 사람이 여러분에게 불가능을 얘기하고 있을 것이다. 하지만 나는 여러분이 존재만으로도 무한한 잠재력을 가지고 있고, 수능은 100일 전부터가 진짜 시작이기에 기적을 만들 수 있다고, 마지막 순간까지 확신을 가지고 말할 것이다. 여러분이 지금 어떠한 상황에 놓여 있는가는 전혀 중요하지 않다. 중요한 것은 여러분이 얼마나 간절한지와 100일 동안 목숨 걸고 노력할 준비가 되어 있느냐다.

수능 100일 공부법 자체가 여러분의 목표를 이루어 줄 수는 없다. 아무리 최고의 방법을 알려줘도 그것을 받는 사람이 이것의 가치를 모르고, 실천하지 않는다면 무용지물이다. 방법이라는 것은 그것을 활용하는 사람이 어떠한 목표와 마음가짐을 가지고 있느냐에 달려 있는 것이다. 이 책을 읽는 여러분이 남은 100일 동안 자신의 목표를 이뤄 인생을 한 번 바꾸어 보겠다는 간절함과 목숨 걸고 노력할 각오가 되어 있다면 수능 100일 공부법으로 막판 뒤집기가 가능하다. 나처럼 여러분도 수능을 넘어 입시 대역전의 주인공이 될 수 있다.

02

인생에서 100일만
공부에 미쳐라

매해 N수생들이 존재한다. 수능뿐 아니라 임용고시, 공무원 시험에도 있다. N수생이 된 데에는 여러 가지 이유가 있을 것이다. 상대평가이기 때문에 다른 사람이 자신보다 성적이 조금이라도 높으면, 본인이 아무리 열심히 노력해도 떨어지는 구조인 것도 한 가지 이유다. 이러면 본인의 노력이나 의지와 관계없이 다음 해를 준비해야 한다. 하지만 사람들이 N수생이 되는 이유는 대부분 본인 스스로 후회와 아쉬움이 있기 때문이다. 즉, 스스로 최선을 다해 노력하지 않았기에 한 번 더 하면 잘할 수 있을 것이라는 마음이 생기는 것이다.

내 친구들이 하나같이 하는 말이 있다. "내가 고등학교 때 조금만 노는 것, 자는 것 줄이고 경모 너처럼 열심히 공부를 했다면 지금보다 더 좋은 대학에 합격을 했음은 물론이고 대학에 와서, 사회에 나와서 이렇게 고생을 하지 않았을 텐데. 지금 고등학교로 돌아간다면 밥 먹고 자는 시간 빼고 모든 시간을 공부를 할 것이다.” 후회와 아쉬움이 남은 말들이다. 하지만 이미 돌이킬 수 없는 상황이고 후회해봤자 신세한탄만 될 뿐이다. 모든 것이 끝나고 시간이 지나간 뒤에는 바꿀 수 있는 것은 전혀 없다. 수험생들이 재수, 삼수를 하고 싶어 하는 이유는 딱 하나다. 그때 본인이 모든 것을 걸고 노력하지 않았기 때문이다. ‘조금만 더 열심히 할걸, 친구들과 놀지 말고 수업 시간에 딴짓하지 말걸, 주말에 쉬지 말고 공부할걸’ 등이 후회되고 아쉬운 것이다.

대한민국 공무원 시험의 메카라고 불리는 노량진에 한 번 가보면 딜레마와 같은 구조를 볼 수 있다. 나는 공무원 시험, 임용고시를 본 적은 없지만 군대 동기, 대학 동기들이 노량진에서 공무원 시험, 임용고시 공부를 해서 응원차 가본 적이 있다. 한편에는 공무원 학원이 가득 차 있는데 반대편은 카페, 술집, 밥집 등이 가득 차 있었다. 노량진의 물가는 다른 데에 비해 현저히 낮은 편이다. 고시생들은 공부에만 집중해야 하고 돈을 벌지 못하기 때문이다. 그럼에도 고시생들이 많아 노량진에서는 장사가 잘될 수밖에 없다.

중요한 것은 이러한 환경 자체가 공부에 집중하기 어렵게 만든다는 것이다. 아침부터 밤까지 목숨 걸고 공부해도 될까 말까 한데 평일과 주말 상관없이 카페와 술집은 고시생들로 가득 차 있다. 카페에서 열심히 공부하는 학생도 물론 있지만 그보다 딴짓하고 조는 학생이 더 많고 커플도 쉽게 볼 수 있다. 술집, 고깃집에 가면 고시생들이 공부해야 할 시간에 술로 고시생활의 힘듦을 달래고 있다. 제3자인 내 눈에는 바로 보인다. 진짜 공부하는 학생은 고시원 및 학원에서 초단위로 공부하고 있지 절대 카페, 술집, 밥집에서 여유롭게 있지 않는다. 그런데 심각한 것은 거기에 있는 고시생들이 스스로 열심히 공부하고 노력하고 있다고 착각하고 있다는 것이다. 매년 시험에 떨어지면 '나는 열심히 노력했는데 운이 안 좋아서, 올해 시험은 어려워서 아쉽게 떨어진 것이다. 한 해만 더 하면 될 것이다'라고 착각한다.

대입을 준비하는 여러분이든 고시생이든 상관없이 '노력해야 한다'고 말하면서 정작 진짜 노력이 무엇인지는 모르는 것 같다. '나는 나름대로 열심히 노력했는데 왜 남들처럼 결과가 나오지 않지?'라고 생각한다. 아침부터 밤까지 책상 앞에 앉아 공부하는 것을 노력한 것으로 착각하기 때문이다. 미안하지만 여러분과 그들이 이때까지 한 노력은 진짜 노력이 아니다. 내가 다시 이것을 한다고 했을 때 절대 하고 싶지 않아야 진짜 노력이다. 내가 할 수 있는 모든 것을 쏟아 부었기 때문에 그것 이상으로는 더 할 수 없는 상태여야 진짜 노력을 했다고 할 수 있는 것이다. 나는 입시 때로 다시 돌아가라고 하면 차라리 죽는 것을 선택할 정도로 돌아가고 싶지 않다. 3년 동안 아무것도 하지 않고 가만히 앉아 있으면 서울대를 보내준다고 해도 절대 고등학교 때로 돌아가지 않을 것이다.

내가 수능 공부를 할 때가 10대였고 지금에 비해서는 아무것도 아니었다. 그렇지만 지금 다시 그때로 돌아간다고 해도 그때의 나만큼 노력할 자신이 없다. 아무것도 없었고 절망, 불안감, 두려움, 의심이 마음속에 가득했다. 모든 사람이 나를 믿지 않았고 무시하고 나의 꿈을 비웃었다. 내가 하는 이 공부가 원하는 목표를 달성하게 해준다는 보장도 없었다. 하지만 나는 그럴수록 나를 믿고 확신했고 오직 살아야겠다는 절박함을 가지고 미친 노력으로 공부했다. 내가 축구선수에서 시작해 서울대에 합격할 수 있었던 이유다.

나는 '축구선수로서의 꿈이 좌절됐고 이제 남은 것은 공부밖에 없다. 공부에서도 실패하면 나의 인생은 끝이다'라는 마음으로 공부했다. 아무리 힘들고 답답하고 어려워도 '똑같은 실패'를 반복하지 않기 위해 누구보다 열심히 했다. 열심히만 해서는 남들보다 똑같은 결과도 얻지 못할 것을 알기에 말 그대로 목숨 걸고 공부했다. 나는 삶의 최우선 순위를 공부에 둔 상태에서 아침부터 밤까지 주말과 연휴 없이 공부했다. 나는 밥 먹고 자고 쉬고 운동하는 시간을 빼곤 모든 시간을 책상 앞에 앉아서 공부했다. 이렇게 공부해도 될까 말까 했다.

여러분에게 수능은 인생에서 한 번뿐인 기회다. 여러분이 아직 고 3이고 수능이 100일이나 남은 것이 얼마나 감사한 일인지 생각해야 한다. 인생을 바꿀 기회가 아직 남았다는 의미이기 때문이다. 수능 끝나고 '조금만 더 열심히 공부할걸. 그때 안 놀고 공부했으면 재수 안 하는 건데', 대학 입학하고 사회 나가서 '고등학교 때 남들 놀 때 참고 공부했더라면 지금 이렇게 힘들지는 않을 건데' 같은 후회와 미련을 남기지 않기를 바란다. 한 번뿐인 인생, 한 번뿐인 고 3이고 이왕 하는 공부라면 절실하게, 이거 아니면 죽는다는 마음으로 후회 없이, 미련 없이 공부해야 한다. 여러분이 고 1, 고 2보다 더 좋은 점이 있다면 길어봐야 100일만 공부하면 된다는 것이다. 고 1, 고 2는 이 힘들고 답답한 공부를 1~2년 더 해야 한다. 어차피 지금 고 1, 고 2로 돌아간다고 열심히 공부할 것이 아니라면 100일 남은 지금이 최고의 기회이고 감사해야 할 일이다.

그렇기 때문에 100일 동안 여러분은 이때까지 해본 적 없는, 차원이 다른 노력을 해야 한다. 모든 것을 내려놓고 살면서 딱 100일만 목숨 걸고 공부해봐라. 어설프게 공부할 마음이면 처음부터 시작하지 않는 것이 좋다. 어설프게 공부하면 안 하는 것과 비슷한 결과가 나오거나 오히려 더 못한 결과가 나올 수 있다. 그것만큼 시간, 에너지 낭비는 없다. 차라리 수능 공부, 대학 입시를 포기하고 마음 편히 노는 편이 낫다.

그렇다고 아무 생각 없이 하루 종일 책상 앞에 앉아 공부하라는 것은 아니다. 수험생이 아침부터 밤까지 죽어라 공부해도 성적이 안 나오는 이유가 노력 부족만은 아니다. 명확한 꿈, 목표와 제대로 된 방법이 전제된 상태에서 목숨 건 노력을 해야 결과를 낼 수 있다는 것을 절대 잊으면 안 된다. 수능 100일 공부법에서 제시한 방법을 완벽하게 실천하는 것이 진정한 노력이고 여러분이 원하는 결과를 만들어낸다.

성공한 모든 사람은 자신이 노력한 그 순간에 대한 자부심은 있지만 그때로 다시 돌아가고 싶어 하지 않는다. 그때만 생각해도 너무나도 힘들었고 스스로에게 부끄럽지 않고 후회하지 않을 만큼 노력했기 때문이다. 즉, 수능과 입시를 끝내고 돌아봤을 때 그것을 이겨낸 스스로에 대한 자부심과 다시는 돌아가고 싶지 않은 마음이 생겨야 진짜 노력했다고 할 수 있는 것이다. 여러분 스스로에게 부끄럽지 않으려면 인생에서 100일만 공부에 미쳐라.

03
수능 대역전은 간절함과 집중적인
노력에 달려 있다

아무것도 없던 내가 밑바닥에서 시작해서 마지막에 기적을 만들 수 있었던 가장 큰 이유는 바로 '간절함'이다. 비록 나는 남들보다 공부를 5년 늦게 시작했고 성적이 바닥이었지만 그 누구보다 '서울대 합격'이 간절했다. 그렇기 때문에 나는 내 앞의 모든 고통과 시련을 견디고 극복할 수 있었고 오직 공부에만 집중할 수 있었다. 나는 어떠한 순간에도 서울대 합격을 간절하게 꿈꾸었고 간절한 만큼 목숨 걸고 공부했다. 원하는 것을 얻으려면 반드시 대가를 치러야 하고 하나를 가지려면 반드시 나머지는 포기해야 한다. 가장 원하는 하나를 가지기 위해 다른 것을 다 포기하고 목표에만 모든 것을 집중해야 한다. 그런 각오가 안 되어 있다면 그것 자체가 목표에 대한 간절함이 없거나 간절함이라고 착각하고 있는 것이다.

공부에 도움되지 않는 것들이라면 내가 좋아하는 것이라도 과감히 정리했다. 나는 컴퓨터 게임(축구, RPG)과 오락실 게임을 즐겨했고 PC 방과 노래방도 친구들과 가끔씩 갔었다. 하지만 게임이 공부에 많은 지장을 준다는 것을 깨닫고 컴퓨터에 깔려 있는 모든 게임을 지웠다. 오락실, PC방과 노래방도 과감하게 끊었다. 고 3 때는 입시가 끝날 때까지 휴대폰도 정지시켰다. 인생에서 한 번뿐인 기회인데 친구들과 연락하면서 시간을 허비할 수 없었다. 주변에서 놀러 가자, 축구하자고 해도 타협하지 않고 과감히 거절했다. 힘들고 피곤하고 대충 하고 싶어도 절대로 대충 넘어가지 않았다. 사소한 것도 완벽하게 하고 넘어갔다. 타협한다는 것은 내 꿈과 인생을 포기한다는 것을 의미했다. 인생에 도움이 되지 않는, 별것도 아닌 유혹도 이겨내지 못하고 거기에 넘어가는 것은 바보 같은 짓이다. 나는 후회나 미련이 남을 행동을 하지 않기 위해 스스로 노력했다.

내가 아침부터 밤까지, 주말과 연휴도 없이 쉬지도 않고 공부에만 미쳐 있으니 아버지는 심지어 나보고 "경모야, 공부 많이 하지 마라. 머리 나빠진다"라고 말하기까지 했다. 내가 공부에만 미쳐 있으니 오히려 공부를 좀 적게 하라는 뜻이었다. 이왕 할 공부! 또라이 소리를 들을 만큼 미친 듯이 공부해야 한다. 살면서 무언가에 미쳐서 또라이 소리를 듣지 못했다면 제대로 노력한 게 아니다. 성공한 사람은 시작할 때 모두 또라이 소리를 들었다. 보통 사람 눈에는 정상으로 보일 수 없다. 하지만 본인의 목표가 간절한 사람은 다 이렇게 한다. 성공한 사람들에게 이것은 지극히 정상적인 것이다.

앞으로 여러분이 공부해야 할 시기는 이제 길어봐야 100일이다. 인생에서 100일도 순간적인 유혹, 만족을 포기 못 한다면 그것만큼 어리석은 일이 없다. 하고 싶은 것을 기약 없이 억제하지 말라는 것도 아니다. 더도 말고, 덜도 말고 딱 100일이라는 기간 동안만 참고 공부하라는 것이다.

고등학교 때 노는 것과 대학교에서 노는 것은 차원이 다르다. 고등학생인 여러분이 지금 아무리 논다고 해봤자 대학생에 비하면 노는 축에 들지도 못한다. 고등학생은 미성년자다 보니 나이 제한이 있고 경험할 수 있는 폭도 좁고 노는 것도 제한적이다. 기껏 PC방, 게임, 영화, 가까운 곳 여행하기, 쇼핑 정도다. 학생들은 대부분 당장이 힘드니까 도피하고 싶어서 친구들과 어울리고 주말에는 하루 종일 논다. 나 또한 사람이기에 놀고 싶은 마음이 안 든 것이 아니다. 주말에 친구들이 재밌게 놀고 와서 다음 주에 학교에 와서 에피소드를 말하면 공부만 하고 있는 나의 모습이 안쓰럽기까지 했다. '그냥 그들과 같이 즐기면서 놀까? 힘들면 쉬는 시간에 그들처럼 자거나 쉴까?' 하는 마음이 생겼다. 나 빼고 다 그러고 있으니 영향을 안 받을 수 없었다. 하지만 나는 그럴수록 '지금 노는 것은 순간이고 수준도 떨어진다. 고등학교 3년까지만 노는 것 참고 공부해서 서울대에 가면 노는 수준이 달라질 것이다'라고 더 독하게 마음먹었다.

남들 놀 때 열심히 공부해서 서울대학교를 가고 보니 노는 수준 자체가 차원이 달랐다. '환경이 사람을 만든다'는 말이 어떠한 것인지를 몸소 느꼈다. 서울대에 오니 만나는 사람, 교육 환경과 수준, 기회가 일반

대학교에 갔다면 접할 수 없는 것들이었다. SKY생은 마인드, 목표와 대화하는 수준도 달랐다. 자연스럽게 나는 의식이 커지고 더 큰 세상을 보게 되었다. 왜 SKY를 가면 다른 대학교에 갔을 때보다 더 많은 기회가 있을 수밖에 없는지 알게 되었다.

만나는 사람, 정보, 기회도 있었지만 무엇보다 노는 클래스가 달랐다. 고등학교 때의 나와 비교도 되지 않을 수준으로 서울대학교에서 놀았고 10년이 지난 지금은 더욱 수준 높게 삶을 즐기고 있다. 8년 전에 강남 영어 학원을 다니면서 당시 메이크업 아티스트이자 파티플래너였고 지금은 일본의 유명 패션대학교 졸업을 앞둔 이성 친구를 알게 되었다. 그 친구가 나를 청담동, 압구정, 신사동의 클럽파티에 초대해주었다. 그때까지만 해도 클럽하면 부정적인 인식만 가지고 있었다. 그런데 친구가 초대해준 파티는 내가 생각하던 것과는 차원이 달랐다. 클럽의 규모도 엄청났고, 럭셔리했으며, 분위기도 즐거웠고, 매력적이며 능력 있는 남녀들이 넘쳐났다. TV에서만 보던 연예인들이 클럽에서 쇼케이스 공연을 했고 테이블, 부스, 룸을 잡고 파티를 벌였다. 클럽에서의 경험에서 나는 더 큰 동기를 부여받았다. '나의 능력, 매력, 가치를 높여서 반드시 클럽의 가장 좋은 자리를 잡고 논다'고 다짐했다. 이 다짐을 한 지 5년 만에 나는 청담동에서 제일 잘나가는 클럽의 가장 좋은 룸에서 나의 VVIP들을 초대해 최고의 생일 파티를 했다. 그 이후로 나는 지금까지 청담동, 이태원 등 가장 좋은 클럽의 메인룸에서 생일파티를 한다.

대학 와서 보니 다른 친구들은 국내나 동남아 같이 가까운 곳으로 짧게 여행을 다녀왔다. 하지만 나는 대학교 4학년 1학기까지 다니다가 1

년 휴학을 했다. 이 시기에 나는 미국, 캐나다 여행뿐 아니라 65일 동안 혼자서 유럽여행을 했다. 고등학교 때 남들처럼 공부를 안 하고 쉬고 놀았다면 불가능한 일이었다. 나는 남들과 다른, 클래스 있는 대학 생활을 하면서도 미래에 대한 준비도 같이 해나갔다. 입시 때 그랬던 것처럼 내가 꿈꾸고 원하는 삶을 그리고 그것을 이루고자 노력했다. 그 결과 나는 내가 대학생 때 꿈꾸고 상상하던 그 삶을 살아가고 있다.

반면에 고등학교 때 공부를 안 한 친구들은 대학 가서 공부하기 바빴다. 학교 시험, 취직 준비, 공무원 시험 준비 등으로 대학 생활의 대부분을 보냈다. 심지어 공무원 시험 준비를 하느라 3~4년의 시간을 보내는 친구도 있었다. 친구들은 10년 전이나 지금이나 달라진 것도 크게 없고 먹고 노는 것도 비슷했다. 친구끼리 만나면 고깃집에서 밥 먹고 호프집에서 술 마시면서 예전 추억을 소환하거나 현재 어떻게 지내는지를 이야기할 뿐이었다.

나는 공부에 집중하려고 사랑도 포기했다. 고등학교 입학 후 첫 중간고사가 끝나고 체육대회 때 알게 된 이성 친구가 있었다. 1학년 때는 알고만 지내다가 고 2 수학여행을 갔다 오면서부터 그 친구를 이성적으로 좋아하기 시작했다. 자습할 때 쉬는 시간이 다가오면 그 친구를 만날 생각에 가슴이 떨리고 공부에 집중이 안 되었다. 쉬는 시간이 20분 정도밖에 안 됐지만 짧은 시간만 봐도 좋았고 공부할 때 힘이 되었다. 그때부터 휴대폰으로 자주 연락하고 좋아하는 감정도 표현했다. 나는 2학년 때 합반이었고 그 친구는 여자반이었다. 그럼에도 나는 생일, 화이트데이, 빼빼로데이, 크리스마스가 다가오면 선물을 사고 손편지를 써서 여자반에 찾아가서 그 친구에게 주었다. 소풍 때도 각자 친구들과 놀다가 따로 만나 시간을 보냈다. 고등학교 2학년 겨울, 고 3이 되기 전에 이 친구를 좋아하는 마음이 커진 나는 결단해야 했다. 사랑 vs. 공부, 이 둘 중 하나를 선택해야 했다. '좋아하는 이 친구에게 고백할까? 아니면 포기할까?' 내 가슴은 이 친구를 원하고 사귀고 싶어 했지만 머리는 안 된다고 얘기하고 있었다.

결론부터 말하자면 나는 사랑을 포기하고 공부를 선택했다. 나는 내 꿈과 생존을 위해 공부하고 있었다. 그런데 사랑을 선택하면 내 꿈을 포기해야 했다. 지금이야 둘 다 할 수 있지만 그때 나는 어렸기에 둘 다 잡을 수 없었다. 감정 컨트롤을 할 만큼 성숙하지 않았다. 좋아하는 감정이 더 강하기에 공부에 집중할 수 없었다. 나는 그 당시 이 친구를 여자로서 사랑하고 책임을 질 자신이 없었다. 학교에서 자주 보기도 하지만 사귀면 주말에도 시간을 내서 데이트를 해야 했다. 하지만 나는 그때 주말에도 아침부터 밤까지 공부했기에 이 친구를 만날 시간이 없었다. 이 친구 집이 같은 지역도 아니다 보니 만나는 것 자체도 힘들었다. 책임 못 지고 사귀다가 서로에게 상처만 남겨줄 바에야 시작하지 않는 편이 좋다고 생각했다. 고백하고 사귈 수 있음에도 사랑을 포기해야 하는 것만큼 힘든 것은 없었다. 이 결단을 하고 난 후에 '헤어질 때 헤어지더라도 후회 없이 사귀어 볼걸'이라는 생각을 하기도 했다. 꿈을 위해 공부하고 서울대 가서 더 매력적인 여자를 만나 그때는 후회 없이 사랑을 하자며 말도 안 되는 위로를 했다.

인생은 공평하다. 지금 하면 나중이 덜 힘들고 지금 안 하면 언젠가는 해야 한다. 중요한 것은 지금 하는 것이 가장 힘들지 않다는 것이다. 지금 노는 것을 미루고 딱 100일만 수능 공부에 집중하면 여러분의 인생과 노는 수준이 달라진다. 나는 입시 기간 동안 간절함을 가지고 목숨 건 노력을 했기에 대학 생활 때도, 군대 가서도, 사회에 나온 지금도 후회하거나 아쉬운 것이 없다. 입시 때의 절박함으로 매 순간 목숨 걸고 노력했기 때문이다. 성공한 사람과 실패한 사람 간 방법의 차이는 없다. 똑같은 방법을 줘도 누구는 성공하고 누구는 실패한다. 성공과 실패, 1등과 꼴찌의 차이는 오직 절박함과 집중적인 노력뿐이다.

04

입시에 성공한 모습을
상상하라

"간절하게 꿈꾸고 생생하게 상상하고 목숨 걸고 노력하면 이루어진다."

전교 꼴찌, 축구선수였던 내가 서울대에 합격할 수 있었던 핵심 비법을 한 문장으로 설명하라고 하면 나는 주저 없이 이 말을 한다. 꿈과 목표를 이루는 데 있어 간절함은 중요한 요소지만 마음에만 담고 있다고 해서 그것이 저절로 이루어지지는 않는다. 꿈과 목표를 실현시켜줄 수 있는 방법이 필요한데 그 방법은 바로 '시각화, 상상'이다. 나는 이 원리를 고등학교 2학년 때 『시크릿』이라는 책을 보고 알았다. 이 책은 '한 번 뿐인 인생을 멋지게 보낼 수 있는 최고의 비밀'을 가르쳐 주는 책이다. 『시크릿』의 핵심 내용은 '끌어당김의 법칙'이다. 쉽게 말하면 긍정적인 생각을 하면 긍정적인 것을 끌어당기고 부정적인 생각을 하면 부정적인 것을 끌어당긴다는 것이다.

원하는 것을 얻으려면 원하는 것을 명확하게 하고 그것이 이루어지는 상상을 생생하게 해야 한다. 오직 되는 것만 생각하고 이루어질 수 있다는 믿음과 확신을 가져야 한다. 이것을 바탕으로 목숨 건 노력을 해야 결과가 나오는 것이다.

나는 서울대를 목표하고 나서 『시크릿』에서 배운 것을 그대로 적용했다. 인터넷에서 서울대 엠블럼과 입구 사진을 찾아 인쇄해서 책상에 붙이고 다이어리에 넣어두었다. 내 목표와 버킷리스트는 A4에 정리했다. 단순히 서울대 합격만이 아니라 서울대 합격 이후 내가 원하는 것을 빠짐없이 다 적었다. 우리가 공부하는 이유는 대학에 합격하기 위해서지만 대학 합격은 끝이 아니라 시작이기 때문이다.

- 모든 사람들에게 서울대 합격 소식을 당당하게 알리기
  (직접 방문, 전화, 이메일 등)
- 서울대 합격 플래카드 걸기
- 졸업식 때 각종 상장 및 장학금 쓸기
- 창녕군에서 주는 대학등록금 받기
- 서울대에 입학해서 지금보다 몇 백 배, 몇 천 배 즐거운 생활 누리기
  (꿈을 위한 공부, 연애, 여행, 운동, M.T, 쇼핑, 파티, 소개팅, 미팅 등)

사진을 붙이고 기록하는 것만으로도 효과는 있다. 하지만 나는 직접 가서 보고 느끼는 것만큼 강력한 것은 없다고 생각했다. TV나 인터넷

으로 여행지를 보는 것과 직접 가서 보고 느끼는 것은 차원이 다르다. 나는 서울대 투어를 가서 서울대 입구를 배경으로 사진을 찍었다. 서울대를 투어하며 지나다니는 서울대생이 나라고 생각했다. 직접 찍은 사진을 책상에 붙이고 다이어리에 넣었다. 나는 매일 아침, 밤 그리고 힘들고 불안하고 포기하고 싶을 때마다 서울대 사진과 버킷리스트를 봤다. 그때의 내 상황은 서울대에 합격하기에는 불가능했지만 그것은 신경 쓰지 않았다. 눈을 감고 마음을 편안하게 하고 서울대에 합격해서 내가 적은 버킷리스트가 실현되는 모습을 생생하게 상상했다. 즉, 서울대를 목표로 정한 날부터 합격하는 날까지 하루도 빠짐없이 내가 서울대에 합격했을 때의 모습과 감정, 합격하고 나서의 멋지고 재미있는 대학 생활을 상상하고 시각화했다. 생생하게 내 꿈과 목표가 이루어진 모습을 상상하면 나도 모르게 자신감과 용기가 생겼고 그것이 공부할 때 필요한 동기가 됐다. 아무리 힘들고 어렵고 답답해도 내 목표와 버킷리스트를 상상하면 가슴이 설레고 반드시 이룰 수 있을 것이라는 확신이 생겼다.

나는 아무리 힘들고 어려운 상황이 와도 마지막까지 절대 포기하지 않고 내 목표를 상상하며 모든 것을 바쳐서 노력했다. 나는 그 누구보다 서울대 합격이 간절했고 이것을 위해서만 하루하루를 살았다. 서울대학교가 나의 목표라고 했을 때 모든 사람들이, 심지어 아버지조차 무시하고 불가능한 일이라고 했다. 남들보다 노력을 많이 했는데 성적이 안 좋은 정도가 아니라 바닥으로 떨어진 적도 많았다. 하지만 나는 주위의 부정적인 말과 당장의 모의고사 성적에 신경 쓰지 않았다. 그럴수

록 나는 강해졌고 나를 확실하게 믿었다. '누가 뭐라고 하든 나는 무조
건 서울대에 합격할 것이고 마지막에는 누구보다 멋지게 웃을 것이다'
라는 다짐을 서울대 최종 합격 발표날까지 하루도 빠짐없이 했다. 그
결과 나는 '서울대학교 사범대학 체육교육과'에 합격하는 기적을 만들
수 있었다.

더 중요한 것은 서울대 합격 목표와 함께 적은 버킷리스트들이 완벽
하게 이루어졌다는 것이다. 버킷리스트에 적은 것들이 다 이루어졌음
은 물론이고 내가 예상하지 못한 것들까지 이루어졌다. 서울대에 합격
하자마자 수많은 사람에게 축하를 받았고 합격 소식을 전했다. 서울대
에 합격한 다음 고향에 돌아왔을 때 서울대 합격 플래카드가 6~7개 정
도 걸려 있었다. 졸업식 때는 모든 사람들이 보는 앞에서 각종 상장 및
장학금을 말 그대로 독식했다. 창녕군에서 주는 대학등록금도 받았다.
가장 놀랐던 것은 바로 EBS 〈공부의 왕도〉에서 출연 요청 제의가 왔었
다는 것이다. 나의 합격 소식을 어떻게 들었는지 모르지만 〈공부의 왕
도〉 PD가 나의 합격스토리를 방송에 담고 싶다고 전화했다. 나는 흔쾌
히 수락했고 1주일 동안 촬영했다. 합격 스토리가 전국적으로 방송되었
고(22회−축구소년의 3단계 문제풀이법) 전국의 중·고등학교와 기업에서
강연 요청이 들어와 수많은 학생 앞에서 나의 이야기를 전해주었다.

뿐만 아니라 내가 상상했던 것 이상의, 최고의 대학 생활을 보냈다.
성적을 위한 공부가 아닌, 진정한 꿈을 위한 공부를 했다. 다양하고 매
력적인 여성들과 소개팅, 미팅을 하고 연애를 했다. 만약 내가 고등학
교 때 사랑을 선택했다면 절대로 불가능했을 일이었다. 그 누구의 간

섭도 받지 않고 혼자서, 자유롭게 전국여행은 물론이고 해외여행(유럽, 미국, 캐나다, 일본, 중국 등)을 했다. 대학 동기 및 커뮤니티에서 만난 사람들과 M.T.도 가고 내가 사고 싶은 것을 마음껏 샀다. 청담동, 신사동, 논현동, 이태원 등 클럽에서 파티를 하며 즐겁고 행복한 시간을 보냈다.

이것이 바로 시각화와 상상의 힘이다. 여러분이 남은 100일 동안 수능 대박은 물론이고 원하는 대학에 합격하는 기적을 만들려면 가장 먼저 해야 하는 것은 여러분의 목표를 명확히 하고 버킷리스트를 만드는 것이다. 목표 대학과 학과를 명확하게 적고 학교 엠블럼, 캠퍼스 사진 등을 오려서 책상 앞, 다이어리 등에 붙인다. 주말 하루 시간을 내 여러분의 목표 대학에 가서 사진을 찍고 학교에 있는 대학생들을 보며 여러분이 이미 그 대학교의 학생이 된 것처럼 상상하고 캠퍼스를 누비고 와야 한다. 그래야 목표에 대한 간절함, 동기 부여와 이룰 수 있다는 자신감과 확신이 생긴다. 그 힘을 가지고 100일 동안 흔들리지 않고 집중력 있게 공부할 수 있다.

그런 다음 목표 대학에 합격한 후에 하고 싶은 것들도 하나도 빠짐없이, 구체적으로 적어라. 글과 함께 관련 사진을 함께 붙이면 그 효과가 훨씬 크다. 예를 들면 대학에 가서 유럽여행을 가고 싶다면 어떤 나라, 어떤 도시, 어떤 장소에 가고 싶은지 구체적으로 적고 관련 사진을 찾아 인쇄해서 붙이는 것이다. 구체적으로 프랑스, 파리, 에펠탑에 가고 싶다면 에펠탑 사진을 인터넷에서 찾아 붙인다. 목표와 버킷리스트가 완성되면 100일 동안 하루도 빠짐없이, 틈나는 대로 목표와 버킷리스트를 보며 여러분이 수능 100일 공부법으로 수능과 입시에서 성공해서 원하는 것을 누리고 있는 모습을 생생하게 상상하면 된다.

순간적인 모의고사 성적에 좌절하고 울고 포기하면 결국엔 부정적인 결과(수능 망침 또는 원하는 않는 대학 합격)가 나올 것이다. 반대로 여기에 신경 쓰지 말고 생각을 바꿔 '아직 100일이라는 시간이 남았다. 수능일까지 끝까지 해보자'라는 마음가짐을 가지고 철저히 준비하고 노력한다면 원하는 결과를 얻고 마지막에 자기가 원하는 대학 또는 그 이상의 대학에 합격할 수 있을 것이다.

중요한 것은 주위의 환경, 현재의 성적이 아니라 여러분의 목표, 생각, 감정, 마음가짐이다. 즉, 여러분 스스로 목표와 그 수단으로서의 공부를 얼마나 간절히 원하는지에 달려 있다. 간절하지 않으면 아무리 좋은 것을 알려줘도 결과를 낼 수 없다. 간절함이 있으면 어떻게든 스스로 방법을 찾아낸다. 어떠한 고난과 시련이 와도 타협하지 않고 절대 포기하지 않으며 목표를 이룬 본인의 모습을 상상하고 될 때까지 버틴다.

여러분도 이것이 아니면 안 된다는 간절함으로 절대 포기하지 않고 노력하면 수능에서 실력 발휘를 잘해서 원하는 대학에 합격할 수 있다. 그래서 마지막에 최후의 승리자가 돼 스스로를 증명하면 된다. 간절함과 상상이 수능 100일 후의 여러분의 운명을 결정 짓는다.

254

05
지금 당장
시작하라

"일찍 출발한다고 반드시 이기는 것이 아니며
늦게 출발한다고 반드시 지는 것도 아니다."

시가 총액 1조 원인 JYP 그룹의 대표 박진영이 한 말이다. 지금 상황이 어떠한가는 중요하지 않다는 의미다. 마지막 결승선을 통과하기 전까지는 그 누구도 결과를 예상할 수 없다. 현재 모의고사 성적이 목표 대학에 합격하는 데 미치지 못한다고 해서 수능에서도 그 성적을 받는다는 보장은 없다. 반대로 현재 모의고사 성적이 올 1등급이라고 해서 수능에서 올 1등급을 받는다는 보장도 없다. 인생은 진짜 모르는 것이다. 지금의 상황이 어떠한가는 절대 중요하지 않다. 현재의 모의고사 성적이 낮다고 절망, 좌절하고 다른 사람을 부러워 할 필요 없다. 반대로 남들보다 성적이 조금 높다고 자만하거나 방심해서는 안 된다. 마지막에 어떠한 결과가 나올지는 그 누구도 알 수 없다. 공부를 진짜 잘하던 학생이 수능에서 망하고 지방대학으로 갈 수 있는 것이고 제일 밑바닥에서 시작한 학생이 마지막에 대박 쳐서 SKY에 갈 수 있는 것이다. 그렇기 때문에 지금의 상황, 성적에 일희일비 하지 말고, 마지막 수능일까지 절대 포기하지 말고 공부해야 한다.

어렸을 때 나의 꿈은 세계 최고의 축구선수가 되는 것이었다. 이 꿈을 이루고자 축구부에 입단해서 열심히 축구를 했고 전국대회에서 우승도 여러 번 했다. 하지만 나는 중학교 2학년 때 우리나라 엘리트 스포츠 교육 시스템의 실체를 알고 나서 축구선수의 꿈을 포기했다. 대한민국에서 운동선수로 성공한다는 것은 하늘의 별따기만큼 힘들다. 우리나라 엘리트 스포츠 교육 시스템은 철저히 성과 위주다. 지도자는 당장 팀을 우승시키는 것이 중요하기에 선수들이 어릴 때부터 혹독하게 훈련시키고 시합에도 많이 내보낸다. 그렇게 해서 좋은 성과를 낸다 하더라도 선수들은 나이가 들수록 부상을 당하기 쉬워진다. 한때 최고였던 선수가 갑작스러운 부상 때문에 운동선수의 삶을 그만두는 경우가 허다하다. 부상이 잦다보니 선수 수명도 평균적으로 낮을 수밖에 없다.

내가 운동할 때까지만 해도 운동선수는 수업에 들어가지 않았다. 시험 기간에만 가서 시험지도 보지 않고 답지만 체크하고 나와 바로 운동장으로 갔다. 지금은 수업에 들어간다고 하지만 대부분 수업 시간에 자거나 논다. 그중에 극소수의 운동선수만 운동하면서 열심히 공부도 한다. 이러한 구조다 보니 우리나라에서 운동선수에 대한 인식은 대부분

'무식하다, 머리 나쁘다, 싸가지 없다' 등에서 벗어나지 못한다.

성공할 확률이 그 어떤 분야보다 좁음에도 불구하고 운동선수들은 운동하는 데만 본인의 10대와 20대를 바친다. 그러다 보니 가장 심각한 문제는 운동을 그만두고 난 후의 삶이다. 아무런 준비가 없는 상태에서 운동을 그만두면 할 수 있는 것이 극히 제한적일 수밖에 없다. 일정 시기가 되면 본인이 운동선수로 성공할 수 없다는 것을 알고 있음에도 운동을 그만둔 후에 무엇을 해야 할지 모르고 두렵기 때문에 그만두지 못한다. 그 두려움이 미련으로 남아 '한 번만 더 열심히 해보자'라는 마음이 생겨 열심히 해보지만 악순환의 반복이고 소중한 청춘의 시간만 흘러간다. 이러한 엘리트 스포츠계의 현실을 적나라하게 보여준 TV 프로그램이 2015년에 방송된 〈청춘FC〉다.

남자들은 군대 문제도 있다. 운동선수가 일반 군대로 입대한다는 것은 운동선수로서의 삶을 포기하는 것이다. 국제시합에서 메달을 따서 면제 조건을 맞춰야 운동선수로서의 삶을 이어갈 수 있다. 병역 혜택을 주는 국제시합도 올림픽(동메달 이상)과 아시안게임(금메달)으로 제한되어 있다. 하지만 국제시합에서 메달을 따는 것이 어디 쉬운 일인가? 일단 국가대표로 선발되는 것부터 힘들다. 축구만 해도 전국에 축구선수는 수만 명인데 국가대표 엔트리는 23명이다. 국가대표로 뽑혔다고 해도 메달을 딴다는 보장이 없다. 대한민국을 넘어 현재 세계 최고의 선수인 손흥민 선수도 아시안게임에서 금메달을 따지 못했으면 EPL을 포기하고 현역 군인으로 입대할 뻔했다.

축구선수의 꿈을 포기하고 일반 학생으로 돌아오니 모든 사람들이

"축구선수가 무슨 공부를 하냐? 머리에 든 것은 있냐? 차라리 다시 축구하러 돌아가라?"는 등 무시하고 비아냥거렸다. 나는 이 말들을 듣고 '축구선수도 공부할 수 있다는 것을 반드시 보여주겠다. 대한민국 운동선수에 대한 편견을 내가 깨야겠다'고 다짐하며 공부를 시작했다. 하지만 축구를 하느라 공부를 해본 적이 없었기에 책상 앞에 앉아 있는 것 자체가 고통이었다. 수업 내용을 이해하는 것은 그 다음 문제였다. 나는 밑바닥부터 공부를 시작했다. 책의 내용을 이해하는 것이 아니라 책상 앞에 앉는 습관부터 잡았고 기초적인 영어 단어부터 공부했다. 남들보다 최소한 5년은 늦게 시작했기 때문에 그것을 따라 잡으려면 말 그대로 목숨 걸고 공부해야 했다. 나는 '이제 나에게 남은 것은 공부밖에 없다. 나는 남들과 상황이 다르다. 그들은 그냥 공부할지 몰라도 나는 생존을 위해 공부하는 것이다. 남들보다 늦게 시작했고 이때까지 공부를 안 해 봤으니까 못한다는 말은 변명과 합리화에 불과하다'라고 독하게 마음먹었다.

고등학교 입학 전에는 '한 번뿐인 인생, 어차피 3년 동안 해야 하는 공부! 최고를 목표로 하자'는 다짐을 했고 '서울대학교'를 목표로 삼았다. 서울대학교를 목표로 삼는다고 했을 때 주변 사람은 물론이고 아버지조차 나보고 미쳤다고 했다. 하지만 나는 그런 말에 흔들리지 않았고 그럴수록 목표를 이루고자 하는 욕구는 더욱 강해졌다.

고등학교 3년 동안 나는 공부에 내 모든 것을 걸었다. 중학교 때 한 노력으로는 서울대 합격은커녕 전교 1등도 할 수 없었다. 앞서 말했듯이 나는 공부를 위해 사랑도 포기했다. 남들보다 5년은 뒤쳐진 것이기에 이렇게 노력해도 될까 말까 했다. 공부하면서 포기하고 싶은 순간이 수백 번 있었다. 그럴수록 나는 마음을 다잡고 나에게 부족한 부분을 찾아내고 보완했고 잘못된 방법으로 공부했다면 되는 방법을 찾아 그 방법으로 바꾸었다. 나는 힘들고 어려울 때마다 "마지막까지 그 누구도 알 수 없다. 어떻게든 마지막에 서울대에 합격하면 모든 것이 바뀐다"를 되뇌며 버텼다.

누구보다 늦었고, 결승선을 통과하는 것 자체가 불가능해 보였다. 하지만 나는 '가장 늦었을 때가 가장 빠를 때이고 지금 당장 시작하는 것만이 목표에 도달할 수 있는 유일한 방법이다'라는 마음이었다. 그 결과 서울대 합격이라는 기적을 만들며 마지막에 1등으로 결승선을 통과했다.

이 책을 읽는 여러분의 마음은 축구를 그만두고 처음 공부할 때의 내 마음과 똑같을 것이다. '이때까지 공부를 제대로 한 것이 없는데 남은 100일 동안 공부한다고 성적이 오를까? 내가 원하는 대학에 합격하는 것이 가능할까?'라고 생각하고 있을 것이다. 이미 지나간 일은 돌이킬 수 없다. 확실한 것은 여러분의 입시레이스는 아직 끝나지 않았다는 것이다. 수능 100일이 남았다는 것 자체가 인생 최고의 기회이고 그것만으로 감사해야 한다. 100일이라는 기간 동안 어떠한 일이 일어날지는 그 누구도 예상할 수 없다.

중요한 것은 이 책을 읽는 여러분의 마음가짐과 태도다. '어차피 100일 동안 공부해야 하고, 그 결과를 예상할 수 없으니 한 번뿐인 인생, 한번 도전해보자'라는 마음으로 공부해야 하는 것이다. 그런데 여러분은 망망대해에 떨어져 있는 상황이 아니다. 여러분보다 더 열악한 조건과 상황을 극복하고 서울대에 합격한 내가 여러분의 수능과 입시의 성공을 위해 모든 것을 이 책 한 권에 담았다. 수능 100일 공부법과 함께라면 남은 100일 동안 두려움, 불안, 걱정 없이 희망과 확신을 가지고 누구보다 효율적이고 효과적으로 공부할 수 있다. 이 책을 읽는 순간 이때까지의 여러분의 상황과 현재의 성적으로는 생각조차 안 해 본 여러분의 진짜 목표를 찾게 되고 그것을 이루기 위한 전략, 방법을 배워 마지막까지 포기하지 않으면 꿈을 이룰 수 있다는 것을 깨닫게 될 것이다. 그리고 자신감과 확신이 생겨 주위 사람의 부정적인 시선을 극복할 수 있게 될 것이다.

지금 꼴찌라고 마지막에도 꼴찌라는 법은 없다. 가장 늦었을 때라고 생각할 때가 가장 빠를 때다. 지금 당장 여러분 인생 최고의 기회를 잡고 도전하라.

06

수능 100일 공부법으로
만드는 기적

"꿈을 꾸고 목표를 세우고

그것을 이루기 위해 매일 실천하고 확인하라."

현대 경영학의 아버지 피터 드러커가 한 말이다. 이 얘기는 수능 100일 공부에도 그대로 적용된다. 100일 동안의 공부로 여러분이 목표한 수능 성적을 받는 것은 중요하다. 하지만 책상 앞에 앉아 공부하는 것만으로는 절대로 수능에서 원하는 성적을 받을 수 없다. 100일 동안 여러분의 목표를 이루려면 반드시 올바른 방향으로 가고 있는지 매순간 확인하고 관리해야 한다.

수능 100일을 시작하기 전에 목표 설정, 맞춤형 입시 전략, 로드맵 및 계획을 수립했다면 그 다음은 그대로 잘 가고 있는지 끊임없이 점검해야 한다. 매일 아침 공부를 시작하기 전 목표와 버킷리스트를 보면서 본인이 이뤄야 할 것을 명확하게 인지하고 그것을 이룬 본인의 모습을 상상하고 시각화해야 한다. 특히 목표 대학 및 학과는 구체적으로 나와 있어야 하고 목표 수능 점수는 과목별로 반드시 수치화해야 한다. 그런 다음 맞춤형 입시 전략과 로드맵을 보면서 남은 기간 동안 과목별 어떠한 방법과 전략으로 공부를 해야 하는지 점검한다. 그 다음 계획을 보면서 메인 스케줄을 확인하고 오늘 해야 하는 과목, 교재, 분량과 혼자 공부할 수 있는 시간을 확인한다. 본격적인 공부에 들어가기 전에 과목별, 시기별로 정확한 공부법을 확인하고 그 방법대로 집중해서 공부한다. 공부가 끝났다면 잘한 것, 부족한 점을 구체적으로 분석 및 정리한다. 이렇게 해야 진짜 실력이 차곡차곡 쌓이는 것이다.

막연한 노력만으로는 이룰 수 없다. 잘못된 전략과 방법으로 노력한다면 본인은 열심히 하더라도 그 노력이 물거품이 된다. 이때까지 여러분이 열심히 공부했는데도 성적이 제자리인 이유가 바로 그것이다. 성공에는 철저한 매커니즘이 있다. 대충해서 이루어지는 성공은 하나도 없다. 그렇기 때문에 내가 앞에서 꿈, 목표, 버킷리스트를 최대한 구체적으로 적고 사진까지 붙이라고 한 것이다. 여러분이 보기에는 유치해 보이고 이렇게까지 해야 할 필요가 있느냐고 생각할 수 있다. 하지만 꿈을 이루고 성공한 사람은 이 방식을 사용했고 이것이 성공의 제1원칙이었다. 그런 다음 올바르고 제대로 된 전략과 방법을 가지고 집중적으로 노력하고, 끊임없이 피드백 하고 실력을 쌓으며 목표에 가까워지고 결국엔 그것이 현실로 이루어지는 것이다.

여러분에게 올바르고 제대로 된 전략과 방법은 바로 수능 100일 공부법이다. 남은 100일 동안 그냥 열심히 하는 것이 아니라 수능 100일 공부법에서 알려준 것을 하나도 빠짐없이 실천하고 피드백하면서 공부해야 그것이 진짜 노력이고 여러분의 목표를 이룰 수 있는 방법인 것이다. 여러분 스스로와 나를 믿고 100일 동안 제대로 실천한다면 꿈과 목표가 현실이 되는 기적을 경험할 수 있을 것이다.

수능 100일 공부법은 단지 수능, 입시에만 한정되지 않는다. 모든 것은 분야와 상황만 다를뿐 본질은 똑같다. 내가 서울대에 입학해서 원하는 대학생활을 하고 사회에 나와 꿈꾸어 온 삶을 살아가고 최고의 결과를 만들어가고 있는 이유는 수능 100일 공부법에서 인생을 배웠기 때문이다. 즉 나는 단지 수능, 입시에서 성공하는 법만 배운 것이 아니라 인생의 핵심, 성공하는 매커니즘을 몸소 익혔다. 대학, 군대, 사회에서 전혀 새로운 것을 배우고 진짜 나의 목표가 생겼을 때 수능, 입시 공부를 하면서 익힌 매커니즘을 그대로 적용했다. 그렇게 하니 나는 대학입학 이후부터 지금까지 내가 꿈꾸고 목표하고 상상한 것들을 대부분 이루었고 내가 기대하지 않은 것들까지 이루어낸 기적을 경험을 했으며 지금도 하고 있는 중이다

학창시절에 공부를 못했지만 대학교 가서 또는 사회 나와서 자신의 분야에서 성공한 사람이 많고, 공부를 잘했지만 사회 나와서 적응 못하고 평범하게 살아가는 사람도 많다. 하지만 중요한 것은 수능과 입시를 준비하는 과정은 여러분이 앞으로 살면서 원하는 것을 얻는 과정과 100% 일치한다는 것이다. 즉 이 과정을 통해 인생, 성공의 매커니즘을

배우고 익힐 수 있다. 대학 및 사회에 나와서는 이 매커니즘을 누구의 도움도 없이 스스로 찾고 부딪히면서 배워야 하기 때문에 더 많은 시간, 노력과 에너지를 들여야 한다.

20대 초중반 남자들이 입대하기 전에는 총도 제대로 만져보지 않았고 군대 생활에서 아는 것이 아무것도 없다. 하지만 그들이 6주라는 시간 동안 훈련을 받으면서 민간인에서 군인의 모습이 된다. 그 이유는 군대에는 규칙성과 통제, 강제성이 있기 때문이다. 하기 싫어도 할 수밖에 없는 환경, 시스템이기 때문에 이전과는 전혀 다른 사람으로 변화할 수 있는 것이다.

수능도 마찬가지다. 여러분이 원하든, 원치 않든 자퇴를 하지 않는 이상 수능이 끝날 때까지는 공부를 해야 한다. 입시도 군대처럼 강제성을 띠기 때문에 규칙적이고 통제된 삶 속에서 인생과 성공의 매커니즘을 깨닫고 배우고 몸에 익히는 기회가 된다. 수능 공부는 결과적으로 대학 입학을 위해서 하는 것이지만 수능 공부를 하는 과정에서 여러분도 모르게 인생의 핵심, 성공하는 매커니즘과 습관을 형성하고 있는 중이다. 이것이 바로 사회에서 성공한 사람 중에 SKY 출신이 여전히 많고 대기업에서 SKY 출신을 선호하는 이유 중 하나다.

나는 서울대 합격이라는 목표를 실현하기 위해 나만의 좌우명과 각오도 함께 만들었다. 수능이 다가오면서 생기는 어려움, 답답함, 불안감과 주위의 부정적인 말에 흔들려 나의 목표를 포기하는 일이 발생하지 않도록 하려고 "오늘이 내 인생의 마지막 날이다"를 나의 좌우명으로 만들었다. 오늘은 살면서 다시는 돌아오지 않고 내일은 새로운 오늘이다. 우리는 매일 새롭게 태어나는 것이고 매일이 우리 인생의 마지막 날인 것이다. 우리는 언제 죽을지 알 수 없고 그 날이 오늘이 될 수도 있다. 그렇기 때문에 우리에게 주어진 소중한 하루를 헛되게 보내서는 안 된다.

수능이 100일 남은 여러분에게 하루하루는 황금보다 소중하다. 하루하루를 어떻게 보내느냐에 따라 기적의 주인공이 될지 말지 결정된다. 인생 전체로 보면 100일이라는 기간은 아주 짧지만 여러분 인생에서 한 번밖에 없는 최고의 기회다. 그렇기 때문에 오늘 가장 옳고 중요한 한 가지(수능 공부)에 초집중하고 목숨 걸고 노력해야 한다. 이런 하루하루가 차곡차곡 쌓여 최고의 목표를 달성하게 되는 것이다.

구체적인 각오는 많지만 몇 가지만 뽑아서 여러분들에게 알려주겠다.

1. 꿈과 목표를 위해 자기 자신을 버릴 수 있는 사람,
   항상 이거 아니면 죽는다는 심정으로 공부하자.
2. 온갖 유혹의 손길(잠, 여자, 포기하고 싶은 마음 등)이 보이더라도
   잘 참아내고 그 시간을 공부에 투자하자.
3. 못해서 안 하는 것과 안 해서 못하는 것은 다르다.
   아무리 어렵고 답답하고 불안하고 두렵고 할 것이 많아도
   닥치고 공부하자.
4. 결과보다 과정이 중요하다.
   결과는 어떻게 될지 아무도 예상할 수 없고
   지금 내가 어떻게 하느냐에 따라 달라진다.

결과가 어떻게 될지 걱정, 불안해하면서

소중한 시간을 낭비할 바에야

지금 해야 하는 것을 목숨 걸고 실천하자.

5. 처음에 공부할 때 비웃고 무시한 사람들에게

전교 꼴찌, 축구선수도 공부해서 서울대에 갈 수 있다는 것을

증명하기 위해서라도 절대로 포기해서는 안 된다.

6. 120% 준비해야 실전에서 100% 발휘할 수 있다.

수능에 필요한 모든 것들을 사소한 것까지 완벽하게 준비한다.

7. 내가 진정으로 원하는 하나를 얻으려면

다른 모든 것을 포기해야 한다.

8. 그러라고 해.

서울대 목표라고 비웃고 무시하고 어떠한 욕을 해도

절대로 신경 쓰거나 흔들리지 않고 무시할수록

더욱 열심히 공부한다.

9. 세상 누구도 나를 믿지 않아도 나는 나 자신을 절대적으로 믿고

확신과 독기를 가지고 목숨 걸고 공부한다.

10. 너무 힘들고 불안하고 다 포기하고 싶다. 하지만 그래도 해야지.

이번이 내 인생 최고의 마지막 기회이기에

쓸데없는 생각을 할 겨를이 없고 목숨 걸고 실천해도 모자라다.

나는 이러한 마음가짐과 각오, 태도로 매일 공부했다. 모든 것을 다
포기하고 싶을 정도로 힘들고 답답하고 불안할 때마다 스스로에게 한

약속들을 보면서 마음을 다잡고 수능과 입시가 끝나는 순간까지 공부했다. 그 결과 나는 간절히 바라고 상상하던 꿈을 현실로, 불가능을 기적으로 만들었다. 수능 100일 공부법으로 나와 함께 달려보겠는가? 지금 하는 선택이 100일 뒤의 여러분을 결정한다!

최악과 최상은
연결된다

"최악과 최상은 연결된다."

이것은 나의 좌우명 중 하나로 꿈과 최고의 목표를 이루려면 반드시 바닥, 최악을 경험해봐야 한다는 의미다. 자신의 분야에서 최고가 된 사람 중에서 바닥과 최악을 경험해보지 않은 사람은 없다. 현재 브라운 관 및 스크린에서 활약하고 있는 명배우들은 지독한 가난과 무명 시절을 겪었다. 세계 최고의 운동선수도 처음부터 잘하진 않았으며 보통 사람들은 상상할 수 없는 고통, 어려움, 외로움을 겪었다. 성공한 사업가는 수없이 사업에서 실패한 사람들이다.

최악의 상태일 때는 인생을 포기하고 싶다는 생각이 수없이 든다. 자존감과 자신감도 완전히 바닥인 상태에서는 절대 일어나지 못할 것 같은 마음밖에 들지 않는다. 하지만 이 상태가 되면 스스로를 객관적으로 돌아보게 되고 오히려 자신이 가진 것에 감사하게 되며 하나씩 기초부터 차근차근 배우며 경험하고 실력을 쌓게 된다. 이렇게 쌓은 경험과 실력은 절대로 없어지지 않고 평생의 자산이 되며 설령 실패하고 무너지는 경험을 또 하더라도 다시 일어날 수 있는 힘이 된다. 특히 더 이상 잃을 것이 없다는 마음이 들며 오히려 더 큰 용기와 자신감이 생긴다. 그래서 꿈과 불가능에 도전하고 거기에 맞는 노력을 하게 된다.

바닥부터 시작해서 실력을 쌓으려면 어느 정도의 시간이 필요하다. 그 과정에서 '언제 꿈과 목표가 이루어질까?' 하는 불안과 걱정이 매 순간 존재한다. 하지만 스스로를 믿고 불안과 걱정을 잊을 만큼의 노력을 하면 예상치 못한 타이밍에 꿈과 목표를 이루게 된다. 이렇게 성공한 사람들은 그때부터 승승장구 하고 웬만한 일이 아니면 그 자리에서 내려오지 않는다. 본인이 바닥부터 노력해서 힘들게 얻은 결과이기에 더욱 감사하고 겸손하게 되고 그 자리를 유지하면서 더 큰 목표를 이루려고 이전보다 더욱 노력하기 때문이다.

간혹 큰 어려움과 고통을 겪지 않고도 여러 가지 요인으로 최고가 된 사람도 볼 수 있다. 하지만 그 사람들은 대부분 얼마 지나지 않아 쉽게 무너지고 잊힌다. 그런 사람들은 기본이 부족하거나 감사함을 모르고 겸손하게 행동하지 않기 때문이다.

연예인 이상민이 있다. 이상민은 천재 프로듀서라 불렸고 90년대 최고의 혼성그룹인 룰라를 만들고 이끈 리더였다. 룰라 전성기 때는 그 누구도 막을 수 없을 만큼 잘나갔다. 그만큼 부, 인기, 명예를 독식했다고 보면 된다. 인생에서 실패 없이 계속 잘나갈 것 같던 이상민은 룰라 시절 때 번 돈을 사업에 투자했는데 그 사업이 실패하면서 한순간에 수십억의 빚을 떠안고 신용불량자가 되었다. 최정상에 있던 사람이 한 순간에 바닥으로 떨어져 버린 것이다. 보통 사람은 살면서 겪을 수 없는 최고와 최악을 다 경험한 것이다. 그런데 대단하게도 이상민은 삶을 포기하지 않고 최악의 상황에서 인생을 배워나갔다. 그때부터 룰라 시절 때 얻은 부, 인기가 얼마나 소중하고 감사한 것이었는지 깨닫고 감사함과 겸손함의 자세로 살아갔다. 초반에는 일도 잘 구해지지 않고 수십억 원의 빚을 갚을 수 있을지 막막했지만 이상민은 바닥부터 자신의 인생을 다시 만들어 갔다. 그 결과 지금은 TV를 틀면 이상민이 다양한 프로그램에 나와서 활약하고 있고 빚도 거의 다 갚아가고 있다고 한다. 신용카드도 다시 만들고 집도 이사하면서 새로운 삶을 살고 있음을 알 수 있다.

세계 최고의 축구선수라는 꿈을 가지고 축구를 한 나였지만 현실은 막막하고 빛조차 보이지 않았다. 축구를 하면서 수업에 들어가지 않았음은 물론이고 책도 제대로 읽지 못했다. 아침부터 밤까지 훈련하고 시합을 뛰었고 몸이 너무 피곤해서 씻지도 못하고 잔 적도 많았다. 축구부를 하면서 축구 훈련 외에 숙소 청소, 선배들 빨래, 잔심부름, 훈련용품 챙기기 등 잡일이 많았다. 얼차려도 많이 받았고 많이 맞기도 했다. 숙소 청소가 잘 안 돼 있으면 엎드려뻗쳐, 원산폭격 같은 얼차려를 받거나 몽둥이로 맞았다. 선배들이 심부름을 안 하거나 자기 말을 안 들으면 때리기도 했다. 원산폭격 자세로 한 시간 동안이나 얼차려를 받은 적도 있었다. 내가 축구를 하러 온 건지 입대를 한 것인지 헷갈렸다. 열세네 살 어린 나이에 무슨 생각으로 군대보다 힘든 얼차려와 폭행을 버텼나 싶다. 이때부터 다른 것은 몰라도 독기, 끈기, 체력이 나도 모르게 강해진 것 같다. 나는 축구 말고 아무것도 할 줄 아는 것이 없었지만, 이러한 과정에서 우리나라에서 축구선수로 성공하는 것이 하늘에서 별 따기임은 물론이고 나에게 축구선수로서의 미래와 비전이 없다는 것을 느껴 오랫동안 꿈꾸어 온 축구선수의 꿈을 포기하고 공부를 시작했다.

나는 맨바닥에서 남들보다 늦게 공부를 시작했다. 축구만 하던 내가 책상 앞에 앉는 것은 고통 그 자체였다. 마음이 답답하고 5분만 앉아 있어도 엉덩이에 좀이 쑤셨다. 앉아 있는 것도 고통인데 수업 내용은 무슨 말인지 모르니 잠도 엄청나게 왔다. 운동장에서 축구하는 게 훨씬 편했다. 처음에는 괜히 축구를 그만두었나 싶은 생각이 들었고 공부를 포기하고 다시 축구를 할까도 고민했다. 하지만 이미 큰 결단을 했고 공부를 할 수밖에 없는 상황이었다. 그렇기 때문에 책상 앞에 앉아서 공부하기 전에 나는 내가 왜 공부를 해야 하는지 진짜 이유를 찾아야 했다.

내가 공부를 하는 가장 큰 이유는 주변 사람들의 무시와 비아냥거림 때문이었다. 축구를 그만두고 처음 공부를 할 때 대부분의 사람들이 "축구선수가 무슨 공부냐? 머리에 든 거는 있냐? 차라리 다시 축구를 하러 가라"라고 무시하고 비아냥댔다. 나는 여기에 자극을 받아 '축구선수도 공부할 수 있다는 것을 보여주자'는 마음이 생겨서 본격적으로 공부를 시작했다. 나는 처음에 다른 생각은 하지 않고 40분 수업을 졸지 않고 집중해서 듣는 것을 목표로 정했다. 책상 앞에 앉아 있는 습관을 형성하는 과정에서 답답하거나 포기하고 싶은 경우도 많았다. 수업 시간에 졸지 않으려고 수업 전에 스트레칭을 하고 찬물 세수를 했고, 선생님이 말씀하시는 것을 하나도 빠짐없이 다 적었다. 만약 수업을 듣다 졸리면 책과 노트를 들고 뒤에 나가서 서서 수업을 들었다. 책상 앞에 앉는 것이 습관이 된 이후에는 수업 내용을 내 것으로 만들고 영어 단어, 수학 기초 개념부터 공부했다. 완전 바닥부터 공부의 기본과 습관을 차곡차곡 쌓아나간 것이다. 그렇게 공부 습관을 하나씩 만들고 기초부터 공부한 결과 나는 중학교 3학년 때 전교 3등으로 졸업하며 축구 선수도 공부할 수 있다는 것을 증명했다.

하지만 중학교 공부는 아무것도 아니었고 고등학교 공부가 진짜였다. 3년 동안 공부하면서 단 한순간도 힘들지 않은 순간이 없었다. 매 순간 불안하고 걱정했고 포기하고 싶었다. 특히 수능이 100일 남은 시점에서는 그것이 극에 달했다. 그때마다 스스로에게 "나는 축구선수로서 한 번 실패했다. 또 실패를 할 수는 없다. 내 인생을 바꾸어 줄 유일한 것은 공부다. 이제 공부 아니면 내가 살아남을 방법은 없다. 공부에서도 실패하면 길이 없다"라고 말하며 마음을 다졌다. 남들은 누가 시켜서, 남들이 하니까, 공부하다 보니 성적이 잘 올라서 공부를 했다. 하지만 나에게 공부는 생존이었다. 살기 위해서 목숨 걸고 해야 하는 것이었다.

나는 공부를 못했고 바닥부터 시작했기 때문에 오직 간절함과 목숨 건 노력으로 승부를 봐야 했다. 남들은 주요 과목 내신, 수능만 공부하면 되었지만 나는 서울대를 목표로 삼았기 때문에 내신 전 과목, 수능 국어, 영어, 수학, 사탐 4과목은 물론이고 학업 외 활동, 자기소개서, 면접, 실기까지 준비해야 했다. 내신, 수능 공부만 해도 남들보다 해야 할 과목과 공부 양이 상당해서 벅찼고 시간이 없었다. 하지만 내신, 수능 공부는 서울대에 합격하는 데 필요한 기본 조건이었다. 그렇기 때문에 나는 남들보다 목표 관리, 자기 관리, 시간 관리를 더욱 철저히 할 수밖에 없었고 변명과 합리화를 할 시간조차 없었다. 그 결과 최악, 밑바닥에서 시작한 나는 서울대에 합격하면서 최상의 경험을 할 수 있었다.

여러분에겐 지금이 최악이라는 생각이 들 것이다. '100일 동안 공부하면 진짜 될까? 나는 주위 친구보다 모의고사 성적도 낮고 공부해본 적도 없는데 되겠어?'라는 불안과 의심을 가질 수도 있다. 하지만 꿈과 목표를 이룬 사람 중에 처음부터 완벽한 상태로 시작한 사람은 아무도 없다. 오히려 성공한 사람들의 시작은 말도 안 될 정도로 초라했고 아무것도 없었고 성공할 기미는 1도 안보였다는 것을 알아야 한다. 여러분이 지금 최악이고 바닥이라면 그러한 상황을 환영하고 감사해야 한다. 바닥이라는 것은 이제 올라갈 길밖에 없다는 의미이기 때문이다. 스스로 목표를 명확히 정하고 수능 100일 공부법을 완벽하게 실천한다면 노력한 그대로 결과로 나올 수밖에 없다. 수능 100일 전에는 바닥이지만 100일 후에 정상을 찍는 주인공이 되기를 응원한다. 최악과 최상은 연결된다.

08
마지막에 웃는 자가
최후의 승리자다

　2018~2019 시즌 세계축구의 핵심키워드는 VAR(Video Assistant Referee), 극장골 그리고 대역전극이다. 대표적인 대역전극은 챔피언스리그 4강전 2경기에서 연출되었다. 리버풀 vs. 바르셀로나와 토트넘 vs. 아약스 경기다. 리버풀 vs. 바르셀로나 1차전 경기는 바르셀로나 홈구장인 누캄프에서 열렸다. 누캄프는 원정팀의 무덤이라고 불리는 곳으로 바르셀로나를 누캄프에서 이기기는 아주 어렵다. 예상대로 바르셀로나는 리버풀을 1차전에서 3:0으로 이겼다. 이때까지만 해도 바르셀로나가 가볍게 결승전에 진출하는 것은 물론이고 챔피언스리그에서 우승할 것 이라고 예상되었다. 그 누구도 리버풀이 이길 수 있다고 생각하지 않았다. 2차전은 리버풀의 홈경기장인 안필드에서 열렸다. 리버풀이 결승전에 올라가는 현실적인 방법은 단 한 골도 먹지 않고 4:0으로 이

기는 것이었다. 아니면 3:0으로 이기고 연장에서 추가골을 넣거나(한 골도 실점하지 않는다는 조건하에) 승부차기까지 가서 이겨야 했다. 그런데 바르셀로나를 상대로 4골을 넣는 것 자체도 어렵지만 무엇보다 메시를 중심으로 한 세계 최고의 공격진을 상대로 한 골도 실점하지 않는 것은 불가능에 가까운 일이다.

전반 초반에 리버풀은 선제골을 넣었고 1:0으로 전반전을 마쳤다. 기적은 후반전에 일어났다. 리버풀은 한 골씩 따라가며 2골을 더 넣더니 나중에는 역전 골을 넣으며 경기를 순식간에 4:3으로 만들었다. 하지만 아직 경기는 끝나지 않은 상태였고 리버풀에게 남은 미션은 한 골도 실점하지 않는 것이었다. 힘들게 4골을 넣었지만 한 골을 실점해버리면 원정다득점 원칙으로 바르셀로나가 결승 진출을 하는 상황이었다. 그런데 리버풀의 모든 선수들이 간절한 마음으로 하나의 유기체가 돼 바르셀로나의 막판 총공세를 수단과 방법을 가리지 않고 막아냈다. 결국 리버풀이 4:3으로 이기면서 대역전극을 이루어내며 결승에 진출했다. 리버풀은 14년 만에 챔피언스리그 우승까지 거머쥐며 최후의 승리자가 되었다.

또 다른 4강전인 토트넘 vs. 아약스의 경기에서도 이 같은 기적이 일어났다. 1차전은 토트넘 홈에서 열렸는데 아약스가 1:0으로 승리했다. 2차전에서는 전반전에만 아약스가 2골을 넣으며 경기는 합계 3:0이 되었다. 사실상 아약스가 결승 진출을 한 것과 다름없는 상황이었다. 토트넘이 후반전에 3골을 넣어야(한 골도 실점을 하지 않는다는 전제하에) 결승 진출을 할 수 있었다(원정다득점 원칙). 토트넘이 후반 초반에 2골을 넣으며 경기는 순식간에 2:3이 되었다. 아약스는 토트넘의 추격 의지를 끊기 위해 적극적으로 공격하며 골찬스를 만들면서 동시에 토트넘의 공격을 저지했다. 후반 추가시간 5분이 주어졌고 추가시간 동안에도 골은 터지지 않았다. 그런데 경기 종료 10초 전에 말도 안 되는 기적이 일어났다. 94분 50초에 손흥민 선수로부터 시작된 공이 아약스 진영으로 넘어갔고 정확하게 95분이 되었을 때 그 공은 아약스의 골대로 들어갔다. 경기는 3:3으로 끝났고 원정다득점 원칙에 의해 토트넘은 구단 역사상 최초로 챔피언스리그 결승전에 극적으로 진출했다.

그 누구도 리버풀과 토트넘이 이길 것이라고는 생각 자체를 못했다. 영화를 이렇게 만들어도 욕을 먹는다. 하지만 이것이 인생이다. 인생에서는 어떠한 기적도 일어날 수 있다. 중요한 것은 스스로가 기적을 만들어 낼 수 있다고 믿느냐다. 리버풀과 토트넘 감독들 및 선수들의 경기 후 인터뷰를 보면 "모든 사람들이 우리가 이길 것이라고 생각을 못했겠지만 정작 우리는 절대 질 것이라 생각하지 않았다. 시간이 지날수록 이길 것이라는 믿음과 확신이 들었다"고 하나같이 말했다. 남들이 뭐라고 하든 스스로 간절한 마음, 믿음과 확신을 가지고 자신의 목표에 집중하고 모든 것을 쏟아 붓는 노력을 한다면 누구나 자신의 인생에서 기적을 만들고 마지막에 최후의 승리자가 될 수 있는 것이다.

나는 처음 공부할 때 그 어떤 누구도, 심지어 우리 부모님조차 내가 서울대에 가는 것은 상상하지 못했다. 부모님께서는 4년제 대학만 가도 대단한 것이라고 생각했다. 처음에 서울대학교가 목표라고 말했을 때 대부분의 사람들이 무시하고 불가능한 일이라고 말했다. 나는 남들보다 차원이 다를 정도로 노력했는데도 성적이 안 나온 적이 많았고 항상 바닥이었다. '얼마나 노력해야 성적이 오를 수 있는 것일까? 왜 나는 죽어라 해도 결과가 달라지지 않고 오히려 더 안 좋아지는 것일까?'라는 마음이 들었고 모든 것을 다 때려치우고 싶은 적이 한두 번이 아니었다.

고등학교 3학년 여름방학 기간에 오전에는 보충수업을 듣고 오후, 저녁 자습 시간에 보충수업 복습과 나만의 공부를 했다. 보충수업으로 국어와 수리를 들었다. 국어, 외국어, 수리, 사탐 4과목에 대해서 실전 문제를 풀고 분석하고 부족한 부분을 보완했다. 특히 사회탐구 과목 때문에 많이 힘들었다. 비중은 적은데 서울대는 4과목을 봐야 돼 공부할 양이 너무 많았기 때문이다. 여름방학 기간에는 할 것은 많고 진도는 안 나가고 힘들고 답답해서 펑펑 운 적도 있었다. 그리고 8월 15일에 수능 100일 전 프로젝트에 참여해 나의 문제점이 무엇인지 파악하고 100일 동안의 로드맵을 수립했다. 나의 문제점은 쓸데없는 것까지 완벽하게 하려고 하고 양은 생각하지 않고 너무 질적인 부분에만 포커스를 맞춰 공부를 한다는 것이었다.

여름방학이 끝나고 2학기가 시작되니 전쟁 그 자체였다. 수능 실전 문제 풀이 및 분석을 하면서 수시전형 지원에 필요한 자기소개서를 써야 했기 때문이다. 우리 학교는 95%의 학생들이 수시전형으로 대학을 가기 때문에 수시에 지원하느라 학교가 어수선하고 정신이 없었고 수능 공부하기에는 최악의 환경이었다. 9월 한 달 동안 수능 공부를 하며 틈틈이 자기소개서를 쓰고 수시 원서를 제출하고 10월부터는 수능 실전 연습에 돌입했다. 이때부터는 다른 것은 생각하지 않고 오직 수능 당일까지 수능 실전 연습에 모든 것을 걸었다.

그런데 10월이 되니 수시 원서를 넣은 친구들이 한 명씩 합격하기 시작했고 합격한 친구들은 더 이상 공부할 이유가 없었기에 떠들고 놀면서 학업 분위기를 흐트려 놓았다. 나도 사람인지라 주변 환경의 영향을 받지 않을 수가 없었고 심리적 압박은 더욱 커졌다. 나는 서울대 아니면 다른 대학은 가지 않겠다는 마음으로 수시 원서도 서울대 한 곳만 지원했다. 그러다 보니 서울대학교에 합격하면 대박이지만 만약 떨어지면(물론 정시도 있었지만) 고개를 들 수 없는 상황이 발생할 수 있었다. 고등학교에 입학할 때부터 서울대에 합격하겠노라고 자신 있게 말하고 다닌 나였는데 남들은 어디든 합격한 상황에서 나는 그렇게 노력하고도 정작 붙은 곳이 없게 되는 것이기 때문이다.

하지만 나는 그럴수록 당시 나의 성적과 상황에 신경 쓰지 않고 '누가 뭐라고 하든 무조건 서울대에 합격해서 마지막에 누구보다 멋지게 웃을 것이다'라고 마음을 먹었고 이 마음가짐을 서울대 최종 합격 발표일까지 했다. 그리고 마지막 순간까지 긴장을 늦추지 않고 그에 걸맞은 노력을 했다.

3년을 준비한 수능을 준비한대로 무사히 보고(2009년 11월 12일) 그 주는 푹 쉬고 다음 주부터 내신 및 실기 준비에 들어갔다. 왜냐하면 수시 원서를 서울대 하나만 넣은 상황인데 수시 1차 발표가 수능 끝나고 2주 후에 날 예정이었고, 수시에서 떨어질 수도 있었기에 정시 준비도 해야 했기 때문이다. 정시에서는 3학년 2학기 내신과 실기가 필수였다. 이때가 내신 1주일 전이었는데 다른 친구들은 수능 전 및 수능 이후 모두 대학에 합격한 상태라 더 이상 공부를 할 필요가 없었기에 수업 시간에 놀았다. 하지만 나는 마지막 내신 시험 점수도 잘 받기 위해 내신 전 과목을 공부했고 저녁에는 체대 입시학원에서 실기 시험을 준비했다. 수능 전보다 이때가 심리적으로 가장 불안하고 힘든 시기였다. 하지만 나는 그럴수록 '나는 누가 무엇이라고 하든지 서울대 수시에 무조건 합격한다. 나는 누구보다 미친 듯이 노력했다고 자부하기 때문에 서울대에 합격할 자격이 있다'는 마음을 가지고 서울대에 합격한 나의 모습을 더욱 강력하게 상상했다.

간절하게 원하고 상상한 결과 나는 극적으로 서울대학교 수시 1차에 합격을 했다. 서울대 수시전형에 지원한 3명 중에 나만 합격했다. 수시 1차 합격밖에 하지 않았는데도 전교에서 난리가 났다. 평소에는 인사하지 않던 후배가 나를 보자마자 90도로 인사했다. 나에게 이제 남은 것은 2차 시험과 면접이었다. 수시 1차 합격 발표 이후에 학생부, 자기소개서 등 면접에 필요한 것을 준비해서 서울로 갔다. 체대 입시 전문 학원에서 일주일 동안 아침 9시부터 새벽 2시까지 면접 준비를 했다. 철저하게 준비한 결과 떨지 않고 자신감 있게, 준비한 대로 면접을 잘 봤다. 2차 면접을 보고 1주일 뒤에 최종 합격 발표가 날 예정이었다. 나는 최종 합격 발표를 기다리는 1주일 동안 천국과 지옥이 무엇인지를 느꼈다. 합격하면 대박이고 인생역전인데 불합격하면 정시에 지원해야 하고 최악의 경우에는 재수까지 해야 했다. 하루에도 수십 번씩 마음이 왔다 갔다 했지만 그럴수록 나는 서울대 합격을 더 강력하게 상상했다.

그 결과 2009년 12월 11일, 3년 동안 꿈꾸고 목표한 서울대학교 사범대학 체육교육과에 당당히 합격할 수 있었다.

　여러분도 지금은 남들보다 성적이 낮고, 열심히 공부한 만큼 성적이 나오지 않고 2학기 때 수시 원서를 지원했는데 몇 군데는 떨어지는 상황도 생길 것이다. 하지만 인생은 마지막까지 모르는 것이다. 내가 이 책에 담은 수능 100일 공부법을 가슴깊이 새기고 끝까지 포기하거나 좌절하지 않고 마지막까지 목숨 걸고 실천하라. 그러면 반드시 원하는 수능 성적을 받고 목표 대학에 합격해서 여러분도 나처럼 인생 대역전의 주인공이 될 수 있다.

　최종 발표 전까지는 그 누구도 결과를 알 수 없다. 이번에 본 모의고사 성적이 잘 나왔다고 수능 성적이 잘 나온다는 보장이 없고 잘 나오지 못했다고 수능에서 대박을 터트리지 못한다는 보장도 없다. 최악과 최상은 반드시 연결되고 바닥을 찍어야 하늘로 날아갈 수 있다. 힘들고 어려운 상황일수록 원하는 것을 얻기 위한 과정이자 축복으로 받아들이는 마음가짐이 중요하다. 아무리 힘들고 죽을 것 같아도 수능이 끝나고 대학 합격 발표가 날 때까지 절대 포기해서는 안 된다. 누가 뭐라고 하든 마지막에 원하는 대학에 합격하면 모든 것이 해결된다. 100일이라는 기간 동안 입시 막판 뒤집기는 무조건 가능하다. 마지막에 웃는 자가 진정한 승리자다.